经济法中权力主体法律责任研究

JINGJIFAZHONG QUANLI ZHUTI FALÜ ZEREN YANJIU

赵大华 著

中国政法大学出版社

2016·北京

图书在版编目（CIP）数据

经济法中权力主体法律责任研究/赵大华著.—北京:中国政法大学出版社,2016.9

ISBN 978-7-5620-7010-8

Ⅰ.①经… Ⅱ.①赵… Ⅲ.①经济法－权利主体－法律责任-研究－中国 Ⅳ.①D922.290.4

中国版本图书馆CIP数据核字(2016)第213350号

出 版 者　中国政法大学出版社

地　　址　北京市海淀区西土城路25号

邮寄地址　北京100088信箱8034分箱　邮编100088

网　　址　http://www.cuplpress.com（网络实名：中国政法大学出版社）

电　　话　010-58908586(编辑部)　58908334(邮购部)

编辑邮箱　zhengfadch@126.com

承　　印　固安华明印业有限公司

开　　本　880mm×1230mm　1/32

印　　张　10

字　　数　240千字

版　　次　2016年9月第1版

印　　次　2016年9月第1次印刷

定　　价　36.00元

序

PREFACE

赵大华从黔西南布依族苗族自治州的布依山寨中走出来，于2010年考入中南财经政法大学，师从我研习经济法基础理论，本书是在她对博士论文进一步修改的基础上完成的。选题具有独到性，视野亦高屋建瓴，然而，在写作中如何驾驭确是实实在在的难题。作为指导老师我曾带着温润的平静质疑过，不过初稿完成时，虽然论文的一些观点尚不成熟，遗漏很多，但经济法律关系—经济法律责任—国家经济赔偿的逻辑关系已经梳理清晰。令我欣慰的是她在磕磕绊绊中磨炼了、收获了不放弃的坚毅品性。关于经济法律责任问题的研究，是经济法理论研究中的重要内容，但以往研究视角囿于从比较法的角度，对经济法律责任进行定性并力图归纳出其特征。就本书而言，作者跳出了以往对一般经济法主体的法律责任的研究，而着重对经济法中的权力主体的法律责任进行论证，提出了义务本位是经济法中权力主体权力义务配置的应然方向，以及经济法中权力主体的经济法律责任之必要性。在此基础上，从法理角度进一步深化，并从立法文本和实证的角度予以检视，分析论证从以往的研究方法和结论中跳出来，具有一定的理论深度。在稚嫩中成长，在不完善中改进，值此书出版之际，期盼得到各位专家和同仁予以批评和指正，将是她收获的更大的财富。

一、关于本书

经济法律责任作为经济法中的重要概念，对经济法理论与制度的完善至为重要。但目前我国对于经济法律责任的研究，在理论上，仍局限于经济法中的受控主体和受制主体的法律责任，而对于经济法中的权力主体的法律责任缺乏关注，特别是对权力主体应承担的国家经济赔偿责任鲜有研究。在实践中，市场权利主体的法律责任不断被强化，但是权力主体的责任却被忽视，这样的做法不仅不符合法制的平衡精神，也集中体现了现行经济立法带有的明显的国家主义倾向。因此，我国在“全面推进依法治国”“市场在资源配置中起决定性作用”的推行经济法治体系的背景下，应如何在经济法律关系中建立一个以经济法中权力主体的法律责任为中心的、逐层递进的、具有逻辑联系的范畴体系，便是本书关注的核心领域。

中国经济法学界对经济法律关系的内容的认识经历了一个从“权利义务说”到“经济权限说”，再到现今的“经济权利义务和经济职权职责说”的发展过程。此学说的提出，表明了经济法学界已经开始了对传统法律关系理论的反思和超越。就经济法律权力而言，权力既是一种责任，又是一种义务，并与法理学上的权力本质上是相通的。笔者希望进行的研究，以经济法中权力主体的法律责任为中心，通过对经济法律关系中的“权力主体的权力 - 义务”——经济法律责任中的“权力主体承担的责任”——作为权力主体承担经济法律责任方式之一的“国家经济赔偿责任”的分析，尝试建立一个以“权力-义务、权力-责任、国家赔偿责任”为中心的系统范畴体系。与此同时，提出了国家经济赔偿是经济法中权力主体所承担的经济法律责任的重要方式之一，是一种经济法中权力主体的承担责任的方式除诉讼、仲裁、复议以外的承责方式。经济法中权力主体权力与义务的配置应坚持义务本位，修正职责职权化，实行职权职责化，为国家经济赔偿这种法律制裁提供责任基础的支持。揭示经济法中权力主体的权力应当是一种受到规范的权力，这种规范体现在权力与义务（职责）、权力与责任的平衡与统一。

二、关于本书的内容

在第一章“经济法律关系检视：以权力主体的‘权力-义务’为中心”中，笔者介绍了经济法律关系基本问题以及经济法律关系理论的建立与当代发展，对经济法律关系中权力主体的“权力与义务”配置进行分析，指出权力主体的“权力-义务”在经济法律关系中的应然地位与实然状态，以及经济权力主体权力义务的配置的应然方向，认为经济法律关系是研究经济法中权力主体法律责任制度的逻辑起点。

在第二章“经济法中权力主体之法律责任基本范畴解析”中，笔者着重分析了作为独立的经济法责任、经济法中权力主体的经济法责任以及现行经济法对经济权力主体的责任规定及不足三个问题，认为国家经济赔偿责任是对现存经济法对权力主体之法律责任规定不足之弥补的有效责任形式。同时，认为经济法中权力主体之法律责任的探讨是建立在经济法具有独立法律责任的观点之上的。

在第三章“国家经济赔偿是经济法中权力主体的一种重要责任”中，笔者首先探讨了经济法中权力主体承担国家经济赔偿责任的正当性，通过借鉴公共负担平等理论、分配正义与矫正正义理论来论证国家经济赔偿的正当性。其次，论证了经济法中权力主体承担国家经济赔偿责任的必要性，认为不可诉讼不代表不可救济，而国家经济赔偿责任是国家调制行为的制动器，为国家经济赔偿责任提供了必要的有力支持。最后，分析了经济法中权力主体承担国家经济赔偿责任的可行性，认为有关立法赔偿的经验借鉴、新的《国家赔偿法》正在为国家经济赔偿责任的实现提供可行性条件。

在第四章“经济法视野下‘国家经济赔偿’理论”中，笔者介绍了经济法中国家经济赔偿的本体论研究，通过对经济法中国家经济赔偿的内涵和外延的分析，以及经济法中的国家经济赔偿与目前国家赔偿中的行政赔偿与司法赔偿的比较，认为国家经济赔偿制度对经济法律权力主体权力与义务相统一，经济法律权力主体权力与责任相统一有着重要的理论和实践价值。

在第五章“宏观调控主体的经济法责任”中，笔者关注了宏观调控行为的界定，对宏观调控权进行了形式理性以及法理学理论的解读，并对宏观调控主体法律责任的经济利益价值进行了分析。同时，从宏观调控主体法律责任的秩序价值及其与利益价值冲突出发，论证了宏观调控主体法律责任的价值定位。此外，亦探讨了宏观调控主体的经济法责任及归责原则识别以及国家经济赔偿对宏观调控主体经济法责任之优化两个问题，认为国家经济赔偿适宜于以过错责任为主，结果责任为辅的归责原则。

在第六章“市场规制主体的经济法责任”中，笔者首先关注了市场规制的界定；其次，对市场规制权产生的基础理论进行了梳理；再次，秉承国家权力的“法无授权则禁止”的原则，从类型化、程序控权、文化传统影响、法律责任制裁等方面剖析了市场规制权的控权路径；最后，对市场规制权主体的法律责任及归责原则识别、国家经济赔偿责任对市场规制主体现有责任的修正以及市场规制主体承担国家经济赔偿责任程序保障三个问题进行论证，认为在市场规制领域中，应当适用以违法归责为主，结果为辅的归责原则。当市场规制权主体出现依职权不作为而给受害人带来经济损害时，国家经济赔偿责任可以通过行政决定和协商程序加以保障。

三、关于本书的价值

目前，我国现行经济立法对经济主体的权力义务配置具有两个特点：一是重视经济权力主体的经济权力，二是职权主义倾向。同时，经济法中关于权力主体经济法责任的规定则具有如下特征：一为重经济权利主体的法律责任，轻经济权力主体的法律责任；二为法律责任的重心是对国家的责任，而非对受制主体的责任；三为责任形态有限，一些重要的法律责任没有涵盖其中。笔者对于法律责任的研究，一方面，以经济权力为中心来讨论经济法律责任，强调权力和义务，权力与责任的平衡，能够拓展和深化经济法律责任的研究内涵；另一方面，能够建立一个以“权力－义务、权力－责任、国家赔偿责任”为中心的范畴体系，有助于经济法律责任体系的完善以及加强经济法律责任作为一种独立于传统三大法律责任的责任的说服力，从而推动经济法律范畴体系的完善以及经济法作为部门法的相对独立性。

同时，现代经济法研究中的一个重大课题是如何处理“市场失灵”与“政府失灵”的关系，而国家经济赔偿责任对于如何妥善处理两者之间的关系以及对宏观调控主体和市场规制主体的现有责任加以超越和优化具有重要作用。笔者试图将国家经济赔偿责任引入经济法中权力主体的法律责任体系，以便对现有责任形式进行优化，进而反映出经济法中“服务国家”“福利国家”“经济国家”“保障国家”“税收国家”“财政国家”及“规制国家”的思维与特征。但提出一种解决问题的方法远非路途的终点，更重要的是如何实现这种路径。因此，如何将国家经济赔偿责任在宏观调控法和市场规制法中贯彻落实，对于经济法权力主体国家经济赔偿研究的趋势和方向而言，至关重要。

刘大洪

2016 年 8 月 2 日

目录

CONTENTS

绪 论

一、研究的缘起与意义

中国经济法学界对经济法律关系的内容的认识经历了一个从“权利义务说”到“经济权限说”，再到现今的“经济权利义务和经济职权职责说”的发展过程。经济权利义务职权职责说的提出，表明了经济法学界已经开始了对传统法律关系理论的反思和超越，[1] 它不仅反映了中国经济法学理论与法理学研究的良性互动，也反映了社会经济的发展对经济法理论的深刻影响以及中国经济法学研究中的控权意识的张扬。

经济法律责任无疑是经济法学中的一个重要概念，但责任理论是经济法理论中公认的“难垦之域”。[2] 当前，中国经济法学界对经济法律责任的研究存在较多分歧，学者们对经济法责任的研究大多还停留在对经济法律责任独立性、责任形式等问题的争论上。由于研究难度较大，而且研究成果的认同度较低，一些教材在经济法基本理论的章节中甚至没有对经济法责

---

〔1〕 参见岳彩申、李永成：“中国经济法学三十年发展报告”，载李昌麟、岳彩申主编：《经济法论坛》（第7卷），群众出版社2010年版，第13～32页；朱崇实、李晓辉、李刚：“中国经济法学30年发展的回顾与展望”，载漆多俊主编：《经济法论丛》（第16卷），武汉大学出版社2009年版。

〔2〕 张守文：“经济法责任理论之拓补”，载《中国法学》2003年第4期。

任问题进行专门讨论。[1]经济法责任理论研究相对滞后，不仅不利于经济法学的发展，对经济法的实施问题也产生了不良的影响。[2]

本书论及的经济法中的权力，等同于学界目前通用的政府经济调制权或政府经济调节（管理）权，也即是经济法调制主体（本书表达为经济法律权力主体）所拥有的权力。经济法中权力主体是指依宪法、经济法等法规，为实现一定经济目的而设立的经济机关的总称，是社会经济有机体的法定代表。学界有的称之为经济法调制主体[3]。调节（管理）主体[4]。经济法中的权力主要可被划分为宏观调控权和市场规制权。笔者认同岳彩申教授的观点，经济法中的权力源于经济权利，[5]其宗旨是维护、推动经济自由，[6]以维护社会整体经济利益为最终价值的目标。

从法律文本的角度来看，中国现行经济立法对经济主体的权力义务配置具有以下特点：

---

〔1〕 比如刘文华教授主编的经济法学教材中就没有专门章节讨论经济法责任的理论问题，只是在具体的经济法律法规中的介绍中介绍了其法律责任。参见刘文华：《经济法》，中国人民大学出版社 2012 年版。

〔2〕 比如，由于经济法责任理论的相对滞后，尤其是对责任形式、可诉性以及责任构成要件和归责原则等问题的研究滞后，使经济法的适用交由民事法庭和刑事法庭审判就可以了，2000 年最高人民法院撤销了经济审判庭。对于这一问题的具体论述可参见李晓辉：“经济法国际化发展趋势下的经济法责任研究的反思”，载漆多俊主编：《经济法论丛》（2011 年上卷），武汉大学出版社 2011 年版。

〔3〕 张守文：“略论经济法中的调制行为”，载《北京大学学报（哲社版）》2000 年第 5 期。

〔4〕 漆多俊：《经济法基础理论》（第 4 版），法律出版社 2008 年版，第 116 页。

〔5〕 岳彩申：“经济法的范畴体系研究”，载李昌麒主编：《中国经济法治的反思与前瞻》，法律出版社 2001 年版，第 222 ~ 223 页。

〔6〕 冯果：“宪法秩序下的经济法法权结构探究”，载《甘肃社会科学》2008 年第 4 期。

第一，重视经济权力主体的经济权力。当前，我国不同类型和层级的经济法中，大多充斥着关于经济权力的规定，其范围涉及国民经济决策权、经济协调权、经济命令权以及经济活动监督权等众多权力。并且，正如前文指出的那样，中国无论是市场规制法还是宏观调控法，关于经济权力主体的经济权力的规定始终是经济法的重心。尽管如此，经济法关于经济权力的规定仍然存在一定不足。比如，我国至今没有关于政府经济干预权的专门立法；在经济干预立法权方面，立法应有的层级顺序被颠倒，部门立法和地方立法的恶性膨胀；〔1〕在经济干预执法权方面，对于执行权主体的总体分配缺乏系统的法律规定，对政府经济职权的规定过于原则和简单，一些政府职能部门的权限缺乏法律的明确规定。上述问题对于调制机关正确行使调制权无疑有较大负面影响。〔2〕

第二，职权主义倾向。从我国现有的经济立法来看，我国的一些经济法中带有明显的职权主义倾向。这一倾向体现为，将经济权力主体的义务转化为其权力，在文字表述上，以“可以”代替“应当”。这样一种职责职权化的倾向或者说职权中心主义倾向无疑违背了国家授予权力的根本目的。如果一部法律中关于权力运行的规定，都采取职权式的规定，而不规定相应的义务，势必会造成经济权力主体的权力被无限放大的倾向，从而在法制实践中导致经济权力主体的专制，国家、社会整体利益以及受制主体的经济权利都将面临重大威胁。

我国现行经济法关于经济法中权力主体经济法责任的规定具有以下几个特征：

第一，重经济权利主体的法律责任，轻经济权力主体的法

〔1〕 李昌麒主编：《经济法学》（第2版），法律出版社2008年版，第145页。

〔2〕 李昌麒主编：《经济法学》（第2版），法律出版社2008年版，第145页。

律责任。有学者指出，经济法律责任具有不对等性和不均衡性。在市场规制法律中，对市场主体义务规定较多，则其法律责任的规定也较多。在宏观调控法中，是以规定经济行政主体的义务为主（如财政机关和征税机关、金融监管机关的法定职责），因此其法律责任的规定也应较多。[1]我国经济立法高度关注国家利益与社会公益，其重心是通过法律责任督促经济权利主体服从国家的调控和规制，至于国家能否依法进行调控和市场规制，并不是立法最重要的目标。

第二，法律责任的重心是对国家的责任，而非是对受制主体的责任。根据学者们的分析，经济权力主体实际上就是调制主体，即行使宏观调控权以及市场规制权的国家机关。行使调制权的国家机关的工作人员严格来说，并非经济权力主体，而是主体的代理人。在现行经济法当中，对经济权力主体的法律责任的规定常常被追究其工作人员的法律责任取代。几乎每部法律的法律责任章节中，都规定了行使调制权的国家机关的工作人员应对其违法行为承担行政责任，以及构成犯罪时要承担刑事责任，但是很少规定违法的国家机关应该向受害的受制主体承担责任。笔者认为，这种以工作人员的行政责任和刑事责任代替对权利主体应承担的法律责任的做法，从根本上凸显了立法时的国家中心主义倾向。

第三，责任形态有限，一些重要的法律责任没有被涵盖。中国现行经济法规定的经济权力主体的经济法责任主要包括没收违法所得、责令纠正、取消许可、消除影响和通报批评等。从责任的实质内容来看，这些责任可以分为财产性责任和非财产性责任。其中没收违法所得以及责令退回显然属于财产性责

[1] 李昌麒主编：《经济法学》（第2版），法律出版社2008年版，第673页。

任，其他多属于非财产性责任。从责任直接受益方来看，责令纠正、责令退回以及消除影响的直接受益方乃是经济权利主体，而没收违法所得等直接受益方是国家。这些责任形式虽然能从不同方面督促经济权力主体依法行使权力，但是诸如实际履行、国家赔偿之类的重要责任形式则没有被纳入经济权力主体的法律责任体系中。

上述特征事实上表明了中国现行经济法中关于经济法中权力主体法律责任的规定存在明显的问题。市场权利主体的法律责任不断被强化，但是权力主体的责任却被忽视。这样的做法不仅不符合法制的平衡精神，[1]也集中体现了现行经济立法带有的明显的国家主义倾向。它既不利于保障经济权利主体的正当权益以及维护社会公益，也不利于控制国家经济权力，尤其是国家赔偿制度的缺失，大大制约了经济法的控权价值，也极不利于中国经济法治的实现。

本书以经济法中权力主体的法律责任作为中心主题而展开，通过经济法律关系中的"权力主体的权力-义务"—经济法律责任中的"权力主体承担的责任"—作为权力主体承担经济法律责任方式之一的"国家经济赔偿责任"的分析，尝试建立一个"权力-义务、权力-责任、国家赔偿责任"逐层递进的、具有逻辑联系的范畴体系，认为国家经济赔偿是经济法中权力主体所承担的经济法律责任的重要方式之一。

二、有关本书研究的动态

1. 有关经济法律权力研究的述评

单飞跃将经济法律权力分为议会经济权力、政府经济权力、

〔1〕 李昌麒主编：《经济法学》（第2版），法律出版社2008年版，第676页。

专门性国家机关经济权力以及社会成员经济权力。[1]认为在社会需要不断提高、国家职能不断扩大的经济环境下，经济权力已成为相对独立于政治权力的一个活跃的权力要素，经济权力是社会成员与国家对公共经济事务安排的社会契约。经济权力至少应当由议会、政府、专门性国家机关、社会成员所共享。[2]

岳彩申将经济法律权力表达为国家干预权，认为国家干预权是经济权利引导出来并作为经济权利从属性的基本范畴。岳彩申教授提出经济权利是经济法的初始范畴。初始范畴之后是基本范畴。他提出，经济法的基本范畴有三类：一是由经济权利直接分类而产生的经济平等权与经济自由权两个概念；二是由经济权利引导出来并作为经济权利从属性概念的国家干预权；三是由经济权利引导出来的经济法律主体等基本范畴宏观调控权是国家干预权之下的范畴。基本范畴下，是宏观调控权、微观调控权、国家参与经济活动权、经济权利主体对国家的请求权等普通范畴，由普通范畴又派生出市场准入调控权、市场竞争调控权、市场利益分配调控权等具体范畴。[3]

秦国荣认为，经济学的任务主要在于证明政府干预经济的有效性和重要性，法学则应从宪政、有限政府和控权理论出发，注意设定法律制度去防范和规制政府对经济运行的不当干预行为，架构精致透明的法律机制来制约政府机关及其官员的权力滥用行为，保护市场主体和普通民众的合法权益不受非法行政

---

〔1〕 单飞跃、李莉："语境中的经济法——关于经济法的话语体系"，载《南京大学学报》2005 年第 3 期。

〔2〕 单飞跃："'需要国家干预说'的法哲学分析"，载《现代法学》2005 年第 3 期。

〔3〕 岳彩申："经济法的范畴体系研究"，载李昌麒主编：《中国经济法治的反思与前瞻》，法律出版社 2001 年版，第 222 ~ 226 页。

行为的侵害。经济法在授予政府行使市场监管职能时，要求行政机关必须要遵循行政行为的合法性、有限权力、正当程序性和责任性等原则。[1]

冯果认为，国家可以基于社会整体利益的需要对经济活动实施控制、引导，这就是国家经济调制权，即国家基于公共利益的需要对社会经济生活进行规制和调控的权力。但其权力的行使必须基于正当的程序和目的，并对自己的行为承担相应的责任。因此，权力法定、法律保留、正当程序及责任控制等应该成为经济法法权结构设置坚守的原则。[2]

笔者认同岳彩申教授的观点，经济法律权力源于且服务于经济权利，经济法律权力主体具有调制市场的权力，但这种权力本身也应当是一种受到规范的权力，这种规范体现在权力与义务（职责）、权力与责任的平衡与统一。

2. 有关经济法律责任研究的述评

第一，经济法律责任[3]定义：

学界对经济法律责任的定义可归纳为义务说、后果说、代价说、惩罚说四种。

义务说，认为经济法律责任是指经济法主体因实施了违反经济法律法规的行为而应承担的由法律规定的具有强制性的法律义务，或经济法主体因违反经济法律法规而应承担的特殊义务。[4]

---

〔1〕 秦国荣："维权与控权：经济法的本质及功能定位——对'需要干预说'的理论评析"，载《中国法学》2006 年第 2 期。

〔2〕 冯果："宪法秩序下的经济法法权结构探究"，载《甘肃社会科学》2008 年第 4 期。

〔3〕 与经济法律责任类似的表述，还有经济责任、经济法责任、经济法律中的法律责任等。

〔4〕 参见李昌麒主编：《经济法学》，中国政法大学出版社 1997 年版，第 89 页；刘瑞复：《经济法学原理》，北京大学出版社 2000 年版，第 161 页。

后果说，认为经济法律责任是经济法主体对其违反经济法义务或不当行使经济法权利的行为所应承担的法律后果；或经济法主体在违反经济法规范时，应当对国家或者受害人承担相应的法律后果。〔1〕

代价说，认为经济法律责任是指人们违反经济法规定的义务所应付出的代价。〔2〕代价说所指的违反法定义务而应付出的代价与前述第二性义务相似，实际上也可理解为一种义务说。

惩罚说，认为经济法律责任是在经济法主体进行了经济违法行为和未能完成经济义务时，所应承受的处罚的责任。〔3〕

笔者将经济法律责任定义为经济法律关系主体违反经济法第一性义务而应该承担的第二性义务，是经济法对经济法律关系主体的否定性评价，也是主体因其违法行为必须承担的不利后果。

第二，经济法律责任是否构成独立法律责任形态：

否定说，认为经济法不存在自己独立的法律责任形态。认为，经济法中的法律责任实际上分别是民事责任、行政责任的一部分，如果非要将民事责任和行政责任中的某些部分抽出来，作为一种独立的法律责任，则理论上很难做出明确的界定，因此它并非一个严格的概念。〔4〕

相对独立说，认为经济法中存在独立的责任形态。经济法

---

〔1〕 参见石少侠：《经济法新论》，吉林大学出版社1996年版，第56页；潘静成、刘文华：《经济法基础理论教程》，高等教育出版社1994年版，第330页。

〔2〕 漆多俊：《经济法基础理论》，武汉大学出版社2000年版，第190页。

〔3〕 戴凤岐、李新新、金晓晨：《经济法》（修订本），经济科学出版社1996年版，第96页。

〔4〕 分别参见李曙光："经济法词义解释与理论研究的重心"，载《政法论坛》2005年第6期；党宪中："经济责任质疑"，载《政治与法律》1990年第6期；等等。

中的责任既有公法的性质也有私法的性质，是一种相对独立的责任，而且在性质上兼具补偿性和惩罚性，其责任承担形式是一种组合或者综合的形式。[1]

独立说责任，近年来，经济法应该有独立的法律责任形态得到了越来越多的经济法学者的认同，认为经济法作为调整个体与社会之间经济关系的法，理应有自己特殊的法律责任。认为经济法中的法律责任是一种完全独立的法律责任形态，这种责任与传统的三大责任并行存在，是传统法律责任形态不能包容的新的责任类型。有学者从法律责任分类标准角度论证经济法中法律责任的独立性，认为不能把以责任的性质为标准和以责任所属的部门法为标准对责任的划分相混淆。经济法中法律责任的独立源自其所属的部门法的独立性，而不在于责任的具体形式的独立。从逻辑上来讲，经济法不可能规定民事责任、行政责任或刑事责任，同样，其他部门法也不可能规定经济法责任，这种观点实际上是绝对独立说的一种表现。[2]

笔者认同经济法律责任是三大传统法律责任之外的一种独立法律责任形态，本书主要讨论与经济法律权力主体（市场调制主体）所承担的经济法律责任，这也是当下有关经济法律责任研究中关注相对不足的一个部分。

第三，经济法律责任的构成要件：

王兴运认为，经济法律责任的构成一般情况下包括四个要件，即必须有违反法律规定的行为、行为人主观上有过错、有

---

〔1〕 井涛：“经济法责任的独立性探讨——第四届经济法前沿理论研讨会综述”，载《华东政法学院学报》2004 年第 1 期。

〔2〕 参见韩志红：“关于经济法中以‘新型责任’弥补‘行政责任’缺陷的思考”，载《法商研究》2003 年第 2 期；张守文：“经济法责任理论之拓补”，载《中国法学》2003 年第 4 期；翟继光：“论经济法责任的独立性”，载《当代法学》2004 年第 4 期。

损害事实、行为主体具有责任能力。但是，在特殊情况下，只要有损害结果，行为人就应承担经济法律责任。[1]韩志红对经济法律构成要件的看法是经济法律责任既不以存在损害事实为必要，也一般不要求行为人有主观过错。[2]

另外一些学者根据经济法的主体和责任形态对经济法责任构成进行了区分。李建华认为，政府管理机关的经济侵权责任的构成要件包括经济违法行为、给市场主体造成了损害、主观过错和因果关系；其补偿责任的构成要件包括政府经济管理机关不当行使经济法权力的行为、须为维护公益或因公共设施的需要、市场主体合法权益受损；以及有经济法明确具体的规定。[3]

笔者认为，对于经济权利主体的责任构成要件来说，一般应以有主观过错为条件，但是，对经济权力主体的责任构成要件来说，并不需要以主观过错为条件。不论是否有主观过错，只要有违法行为，就应承担相应的责任，只要有损害，就应承担赔偿或补偿责任。

至于因果联系，由于损害事实并非必需的责任要件，因此也就不论违法行为与损害事实之间的因果联系了。但是，一旦以损害事实作为构成要件，就必须考虑违法行为与损害事实之间的因果联系。

3. 有关国家经济赔偿的述评

张守文认为，经济法主体可能承担的赔偿性责任，主要有

---

〔1〕 王兴运："试论经济法律责任的独立性和局限性"，载《河南省政法管理干部学院学报》2004 年第 4 期。

〔2〕 韩志红："关于经济法中以'新型责任'弥补'行政责任'的思考"，载《法商研究》2003 年第 2 期。

〔3〕 李建华："论经济法责任构成要件及承担方式"，载《法制与社会发展》1995 年第 6 期。

两类：一类是国家赔偿，一类是超额赔偿。国家赔偿的主体是国家。经济法中的国家赔偿的特殊之处在于，它不同于狭义的行政赔偿或司法赔偿，而更主要的是“立法赔偿”。国家赔偿的难点还是集中在宏观调控法领域。〔1〕

焦富民认为，经济法中的国家赔偿责任是指调制主体所进行的宏观调控或市场规制立法上或立法性决策上不当，而导致的损害赔偿责任的产生。一般说来，承担这种责任，须符合如下构成要件，即：一是调制主体须违反了经济法义务即主要相关立法、立法性决策不当；二是须给调制受体造成了相应的损害；三是调制主体所实施的宏观调控或市场规制不当立法或立法性决策行为与损害后果之间存在因果关系。这种责任的承担方式主要是国家赔偿，当然理所当然地还包括停止侵害行为等。由于在严格的“调制法定原则”的约束下，调制主体的调控失当，往往与立法上的失误或者立法性决策的失误有关，因而当其造成相应的损害时，就不应当是一般的行政赔偿或司法赔偿，而应当是“立法赔偿”。这种赔偿主要缘于国家政策或法律对调制受体的权益的实质侵害，是一种广义的赔偿责任，同时不以过错为必要。〔2〕

颜运秋认为，经济法责任的典型形态有：国家赔偿、超额赔偿、实际履行、信用减等、资格减免、颁发禁止令、引咎辞职、经济宪政责任等等。这里的国家赔偿实际上是政府经济失误赔偿，是因政府经济决策失误而导致的赔偿。政府失误赔偿制不同于传统的民事责任，因为政府承担赔偿责任的原因既不是违约也不是违法侵权，而是决策失误。政府失误赔偿制也不同于传统的行政责任，因为行政责任的构成要件之一是存在违

〔1〕 张守文：“经济法责任理论之拓补”，载《中国法学》2003 年第 4 期。

〔2〕 焦富民：“论经济法责任制度的建构”，载《当代法学》2004 年第 6 期。

反行政法律义务的行为。决策失误并不属于违反行政法律义务的行为，因而它是一种新型政府责任。[1]

以笔者所掌握的材料而言，北京大学的张守文教授是国内较早，更重要的是较为系统地提出了国家经济赔偿的一系列问题，并就此进行了初步的探讨，对笔者的启发极大。

三、研究途径与研究方法

按照方法论的定义，研究途径与研究方法不同。戴尔伯特·米勒指出，研究者必须先确定所要采取的研究途径，然后才能选择所要使用的研究方法。[2]研究途径指选择问题与相关资料的标准，以便建立一个有组织的概念或一套概念来探讨该主题与相关问题，也即确定研究的方向与切入问题的角度问题。研究方法指搜集、处理资料的程序、技巧与手段。主要是指作者针对自己所欲探讨的主题与相关问题，打算如何进行搜集和分析资料。[3]

（一）研究进路

本书以规范、价值、法经学、人文关怀研究进路对主题进行论证。

1. 规范、价值分析的研究进路

笔者认同经济权力源于经济权利，经济权力的活动应该服务于社会整体利益，人民的利益是最大的法律，经济权力违背法定义务应该承担相应的法律责任，这是中国法治国家和责任

〔1〕 颜运秋："经济法责任基本问题研究"，载《山东警察学院学报》2010 年第 2 期。

〔2〕 [美] 德尔伯特·C. 米勒、内尔·J. 萨尔金德：《研究设计与社会测量导引》，风笑天译，重庆大学出版社 2004 年版。

〔3〕 转引自张金翠："从维护'人权'到防止'威胁'——1989 年美国对华军事制裁研究"，复旦大学 2007 年博士学位论文。

政府建设的必由之路。

2. 法经济学研究进路

法经济学理论认为：所有法律活动，包括一切立法、司法以及整个法律制度事实上是在发挥着分配稀缺资源的作用。因此所有法律活动都要以资源的有效配置和合理利用，即效率最大化为目的，所有的法律活动基于此论断都可以用经济学的方法来分析和指导；把法律过程看成一个经济过程，在法律这个模拟的市场里，立法者的立法活动，执法者的执法活动，司法者的司法活动，法律职业者的法律服务活动，及守法者的守法活动等按照经济人的理性选择规则进行，此时法律或政策作为隐性价格，便成了这些活动作出与否的元规则或次规则。在这一过程中，效益既是法律所要求的价值目标之一，又是法律制度取舍和优劣与否的判断标准。政治利益和情感利益是很难被定量分析的，唯有经济利益可以，而经济分析是一种有关选择的理论。

3. 人文关怀研究进路

人文关怀就是一种对人的存在意义、人的价值及人类命运的关注和反思，也可以表述为对人的一种终极关怀的思考。用个人存在意义的权利来思考法律，用法律来思考国家，用个人权利来评价法律，用法律来评价国家。

（二）研究方法

在本书中采取的研究方法包括：资料文献分析方法、规范与价值并重的统一研究方法。

1. 价值分析方法

“由于法学的应用一般围绕现实的法律规定进行，所以法学的人文关怀也就主要依靠法学的理论研究建立，法学研究对象的这个特点直接决定了法律理论研究方法中的一个基本倾向：

法律理论不可能保持‘价值中立’”,〔1〕“法学研究无法做到价值中立和价值无涉，对价值的诉求是法学实现人文关怀的主要依凭”。〔2〕因此本书认为运用价值分析方法，主张用形而上学的思路去解读国家经济赔偿理论中蕴含的正当性、人道性的人文关怀，其意义就在于价值问题的不可避免，那么思考法的普世价值观，对人类的终极意义和个体生命的尊重还是有超越时间和空间的正义价值的。理应思考“法律应该是什么”，并对其进行价值判断和道德评价。因为“法律现象既是一种事实，同时又是有意义的，即包含着人们对它评价的价值观”。〔3〕

2. 规范分析方法

法律制裁本身是法律规范性要素的一部分，制裁不应被排除在规范性要素之外，如果法律没有制裁，那么法律秩序就无法正常维持。既然制裁在法律中必不可少，那么规范性的分析进路便不可或缺。之所以强调规范分析方法，是因为规范性是法律与其社会规范区别开来的重要特点之一。坚持规范性分析方法，才能坚持将法律责任作为法律制裁的基础。主张国家主导的法律制裁的原因，在于规范性的分析方法强调制裁的确定性界限，需要证据去证明责任。因此，规范分析方法在理论和实践上也必须保持一定的张力。首先，规范性的制裁理论需要得到相当程度上的认可，进而指导实践。一个规范性的理论不仅从实践中来，而且还要回到实践中去，为当下的实践提供指导。其次，规范性的制裁理论，就理论本身而言是“应然”的，

〔1〕 葛洪义：《法论与理性——法德现代性问题》，法律出版社2001年版，第35页。

〔2〕 葛洪义：“法律的理论与方法——法理学作为一门科学的条件和界限”，载《中外法学》2001年第2期。

〔3〕 吕世伦、文正邦主编：《法哲学论》，中国人民大学出版社1999年版，第619页。

就实践活动而言则是“实然”的，所以理论高于实践，其目的性或理想性受到批判并在实践中不断修正是自然而然的。

3. 资料文献分析方法

运用历史资料、官方数据、学术著作和论文等资料来源，对收集的各种资料进行甄别和整合的分析方法。

四、本书的结构安排

本书的具体内容由五个章节组成：第一章“经济法律关系检视——以权力主体的‘权力－义务’为中心”；第二章“经济法中权力主体之法律责任基本范畴解析”；第三章“国家经济赔偿是经济法中权力主体的一种重要责任”；第四章“宏观调控主体的经济法责任”；第五章“市场规制主体的经济法责任”。

五、本书的理论创新和不足之处

（一）理论创新

（1）以经济权力为中心来讨论经济法律责任，强调权力和义务，权力与责任的平衡，在现行研究成果的基础上，较大地拓展和深化了经济法律责任的研究内涵。[1]

（2）通过经济法律关系中的“权力主体的权力－义务”—经济法律责任中的“权力主体承担的责任”—作为权力主体承担经济法律责任方式之一的“国家经济赔偿责任”的分析，尝试建立了一个“权力－义务、权力－责任、国家赔偿责任”逐层递进的、具有逻辑联系的范畴体系，有助于经济法律责任体

---

〔1〕 与诸多部门法学重视权利与权力问题研究相比较，经济法学虽然认识到该问题的重要性，但研究并不发达，这不仅制约了经济法的科学性与经济法学科的发展，而且影响了经济法立法与司法实践。杨忠孝：“经济法中的权利与权力之争”，载《法学》2009年第8期。

系的完善，有助于加强经济法律责任作为一种独立于传统三大法律责任的责任的说服力；从而有助于经济法律范畴体系的完善；进而有助于经济法作为部门法的相对独立性。

（3）通过引入“溢流”的分析，有助于增强设立国家经济赔偿制度的说服力，认为国家经济赔偿是制度内的问题处理办法，其效果明显优于制度外的问题处理办法，因为制度外的问题处理办法后果一般是无法控制的，造成的代价或社会成本是巨大的。

（二）不足之处

（1）对根植于法律传统的深处的理性价值因素的研究分析很不够。比如中国传统文化中遗留的宝贵的精神财富，天下为公的人文主义、扶弱抑强、亲民的伦理道德等等，而这不仅对构架具体的经济法律权力制度，还是对于设计经济法律责任及其经济法的体系，都会是大有裨益的。

（2）比较分析的研究不够。文化的阶级性、时代性、民族性前提下，文化共同性方面对经济法发展的影响还待深入研究。

（3）社会实证分析未能融入论证中，对经济法具体制度的分析没有更进一步展开，与相关部门法有机衔接的研究还待拓展。

第一章

经济法律关系检视：以权力主体的“权力-义务”为中心

第一节　经济法律关系基本问题

一、法律关系理论：经济法律关系理论的逻辑起点

1. 民法学中法律关系理论的兴起

我国台湾地区民法学者郑玉波曾经指出：“法书万卷，法典千条，头绪纷繁，莫可究诘，然一言以蔽之，其所研究或所规定者，不外法律关系而已。”〔1〕王利明先生也认为：“法律关系的分析方法是法学最基本的分析方法和分析框架，不仅适用于对案例的分析，而且适用于民法体系的构建。”〔2〕郑玉波先生和王利明先生的上述论断无疑表明了民法学者对法律关系理论的高度重视。事实上，法律关系这一源于德国的理论范畴尽管没有得到英美法系国家民法理论的吸收，但是对日本、苏联以及中国民法学产生了深远的影响。法律关系理论不仅成了民法理论中的核心内容，在民事司法实践中它也是分析主体间权利义务关系的最基本分析工具。

---

〔1〕 郑玉波：《民法总则》，三民书局1979年版，第63页。

〔2〕 王利明：“民法案例分析的基本方法探讨”，载《政法论坛》2004年第2期。

作为法律关系理论的最早提出者之一，德国法学家萨维尼认为："任何一项法律关系都是由法律规则规定的人与人之间的关系。"[1]在萨维尼看来，法律关系首先是一种事实关系，其实质上乃是生活关系，这一生活关系乃是法律关系的"题材"，法律关系乃是法律对生活关系作出规定的后果。正因如此，法律关系实质上是一种规范关系。[2]受德国民法学法律关系理论的影响，苏联以及中国民法学者们也将这一概念纳入了民法学领域，认为民事法律关系是一个平等主体之间依照法律形成的财产关系和人身关系，其主体是平等主体，其内容是民事权利和民事义务，其客体为物、行为和智力成果等。

2. 法理学对民法法律关系理论的吸收

当前来看，法律关系不只是民法学领域的重要理论范畴，法理学界也非常重视这一理论。中国著名法理学者张文显先生认为："法律关系是凝结国家意志的法律规范作用于社会生活的过程和结果，是法律从静态到动态的转化，是法律秩序的存在形态（法律秩序乃是各种法律关系的总和），法律关系也是各种法律价值得以表现和实现的形式……在法学理论体系中，法律关系理论是其重要组成部分。深化对法律关系的研究具有不容忽视的实践意义和理论意义。"[3]

张文显先生对法律关系的上述论断，高度概括法律关系理论的重要意义。也正由于对法律关系理论意义的清醒认识，法律关系理论成了法理学的重要研究对象。无论是苏联的法理学，

---

〔1〕［德］弗里德里希·冯·萨维尼："萨维尼论法律关系"，田士永译，载郑永流主编：《法哲学与法社会学论丛》（七），中国政法大学出版社 2004 年版。

〔2〕朱虎："萨维尼视野中的法律关系的界定——法律关系、生活关系和法律制度"，载《比较法研究》2009 年第 3 期。

〔3〕张文显：《法哲学范畴研究》（修订版），中国政法大学出版社 2001 年版，第 94 页。

还是当代的俄罗斯法理学，还是中国法理学，大多重视法律关系理论，绝大多数教材中包含了法律关系理论的专门章节，[1]它们对法律关系的定义、主体、客体、内容与法律关系产生、变更和消灭进行了分析。

不过，由于法律关系理论原本起源于民法学领域，并且民法学的民事法律关系定义不可避免地包含了民法自身的特点，因此法理学这一以构建法的一般理论和基础理论为宏图大业的学科在构建法律关系的一般理论的时候，必须从民法学的法律关系理论中剥离那些具有民法独立特点的内容，从而将法律关系理论变成一个可以适用于所有部门法领域的理论。

然而，令人遗憾的是，苏联的学者对法律关系理论的研究并没有对其他部门法给予应有的关注。针对这一现象，一位苏联学者遗憾地指出：“在苏维埃法学理论中，法律关系问题直到今天仍然是结合民法加以研究的。”[2]这样的做法无异于以一颗树木代替整个森林，完全可能导致以偏概全的逻辑错误。张文显先生也指出，苏联法学对法律关系的研究“形式上是把法律关系作为法学的一般概念，实际上法律关系问题主要是结合民法加以研究的，有关法律关系理论基本上是民事法律关系理论的简单升格或翻版，因而不能解释宪法、行政法、经济法、

---

〔1〕 比如，苏联学者马尔琴科、中国学者沈宗灵、张文显、孙国华、朱景文、孙笑侠和姚建宗等主编的教材中都有关于法律关系的章节。参见［俄］M. H. 马尔琴科：《国家与法的理论》，徐晓晴译，中国政法大学出版社 2010 年版；张文显：《法理学》（第 3 版），高等教育出版社、北京大学出版社 2007 年版；沈宗灵主编：《法理学》，北京大学出版社 2000 年版；孙国华、朱景文主编：《法理学》，中国人民大学出版社 2004 年版；周永坤主编：《法理学——全球视野》，法律出版社 2004 年版；姚建宗主编：《法理学》，科学出版社 2010 年版。

〔2〕 ［苏联］亚历山大洛夫：《苏维埃社会中的法制与法律关系》，宋生、孙国华译，中国人民大学出版社 1958 年版，第 85 页，转引自童之伟：“法律关系的内容重估与概念重整”，载《中国法学》1999 年第 6 期。

刑法、诉讼法等领域的法律关系的复杂现象”。[1]

正是意识到苏联法理学的法律关系理论的局限性，改革开放后奋力扭转盲目“苏化”现象的中国法理学试图对苏联的法律关系理论进行修正。但是令人遗憾的是，尽管中国部分学者对苏联法理学中的法律关系理论中的一些问题进行了批判，但是在他们构建有中国特色的法律关系理论的工作中，其关于法律关系内容及本质的理解与苏联学者并无实质差异。

综观改革开放以来几本颇具权威性的法理学教材，我们发现中国法理学学者们尽管试图将民法中的法律关系理论适用于一切部门法，但是在法律关系内容方面，中国学者与苏联学者并无差异。大多数法理学者既要坚持民法法律关系内容的权利义务说，又要将行政法等公法性法律关系涵盖在其研究范围中。为了使本源于民法的法律关系理论适用于公法领域，在法律关系的内容时，中国学者们在坚持权利义务说的同时，大多沿袭了民国时期的公私权划分理论，[2]认为立法、司法和行政等公权属于广义的权利的组成部分。在此基础上，有教材明确表示

---

〔1〕 张文显：《法哲学范畴研究》（修订版），中国政法大学出版社 2001 年版，第 95 页。

〔2〕 参见袁坤祥：《法学绪论》，东吴大学出版社 1990 年版，第 123 页。事实上，持这一观点的并非袁祥坤一人。在民国时期的学者以及我国台湾地区学者中，将权利分为公权和私权者十分常见。但是，学者们对公权之定义和范围稍有区别。在公权定义上，一些学者认为公权乃是关于公益之权，一些学者认为公权乃是公法上规定的权利；关于公权之范围，李岱等学者将权力等同于公权，具体包括立法、司法与行政之权，朱采真、吴学义等多数学者认为公权包括人民之公权（如自由权和参政权等）以及国家之公权（如立法权、司法权和行政权）。参见朱采真：《现代法学通论》，世界书局 1935 年版；吴学义：《法学纲要》，中华书局 1935 年版；李岱：《法学绪论》，中华书局 1966 年版，转引自王勇飞：《法学基础理论参考资料》（第 5 册），北京大学出版社 1981 年版，第 226～255 页。

法律关系包括权利义务关系和权力义务关系，[1]也有教材在论述国家机关的权力和义务时采用了“权利（职权）”和“义务（职责）”的表述。[2]但是，令人费解的是，这些将权力（职权）涵盖在权利之中的学者们，有的不仅认为权利、权力有时是通用的概念，又认为这两个概念存在实质上的差异。[3]有的学者在将职权包含在权利之内的同时，又主张权利与义务存在价值主次关系，甚至认为在权利和义务间应遵守权利本位。[4]按照这一逻辑势必推导出，职权在价值上优于职责，并且应该是职权本位而非职责本位。

综上可见，中国学者关于权利与权力关系的种种不同论述，无疑表明中国法理学学者们对权利与权力关系的论述，并没有保持前后一致性，存在着众多逻辑上的矛盾，这也直接造成了法律关系内容的权利义务说本身难以保持逻辑上的自洽。并且，将法律关系视为权利义务关系，将权力与职权涵盖在权利概念中，已经成为中国法理学的法律关系理论的通说。

二、经济法律关系理论的建立与当代发展

1. 经济法学对传统法律关系理论的继承

受法理学以及民法学法律关系理论的影响，也考虑到法律

---

〔1〕参见北京大学法律系法学理论教研室主编：《法学基础理论》（新编本），北京大学出版社 1984 年版，第 387 页；沈宗灵主编：《法理学》，北京大学出版社 2000 年版，第 105、107、490 页。

〔2〕该教材认为：“户籍管理机关的户口登记活动，就户籍机关与住户的关系来说，是户籍机关的权利（职权），就户籍机关与国家的关系来说，则是户籍机关的义务（职责）。”参见孙国华主编：《法学基础理论》，中国人民大学出版社 1987 年，第 454 页。

〔3〕沈宗灵主编：《法理学》，北京大学出版社 2000 年版，第 105、107、490 页。

〔4〕张文显主编：《法理学》，法律出版社 2004 年版，第 92 页；张文显：《法理学》（第 3 版），高等教育出版社、北京大学出版社 2007 年版。

关系在分析法律问题时的实用价值，一些部门法学也纷纷将法律关系理论纳入其理论体系中，经济法学就是其中之一。无论是苏联的经济法学教材，还是当代中国的经济法学教材，不少都包含了经济法律关系的章节。[1]“用经济法律关系原理解释经济法现象成了中国经济法研究中的一个较为普遍的做法……经济法律关系成了经济法学研究的基本模型。”[2]

纵观三十多年来中国关于经济法律关系理论的研究，我们发现尽管经济法学界对经济法律关系的界定存在细微的差别，[3]但是从本质上来看，学者们对经济法律关系的界定基本上继承了苏联经济法学以及中国民法学与法理学的法律关系理论。具体体现为以下三点：

首先，学者们都承认经济法律关系是根据经济法形成的关系，这一点与民法学以及法理学法律关系理论完全一致。因为，在法理学与民法学的法律关系理论中，法律关系乃是建立在法律基础上的关系，是法律对生活关系进行规范的结果。

---

〔1〕 比如在苏联经济法学界的重要人物拉普捷夫主编的教材中，就包含了经济法律关系章节。参见拉普捷夫［苏联］B. B. 拉普捷夫：《经济法》，中国社会科学院法学研究所民法经济法研究室译，群众出版社 1987 年版。当前中国许多经济法学教材中，李昌麒教授、刘大洪教授等人主编的诸多教材中都包含了经济法律关系的章节。杨紫烜、张守文以及刘文华等主编的教材虽然没有经济法律关系的章节，但是在书中都提及了法律关系或者经济法律关系的概念，并且书中的部分章节其实是围绕经济法律关系展开。参见杨紫烜、徐杰主编：《经济法学》（第 4 版），北京大学出版社、高等教育出版社 2007 年版，第 10 页；张守文主编：《经济法学》，北京大学出版社 2007 年版，第 61、64 页。刘文华主编：《经济法》，中国人民大学出版社 2012 年版，第 81 页。

〔2〕 李昌麒主编：《经济法学》（第 2 版），法律出版社 2008 年版，第 86 页。

〔3〕 比如，李昌麒等学者将经济法律关系界定为国家干预经济活动过程中形成的关系，漆多俊先生将经济法律关系界定为国家协调经济活动过程中形成的关系，也有学者将经济法律关系界定为国民经济管理法律关系。参见李昌麒主编：《经济法学》（第 2 版），法律出版社 2008 年版，第 87 页。

其次，学者们一致认为法律关系乃是主体之间的关系。这一主张无疑是继承了民法学与法理学的法律关系理论，稍有不同的是，民法学的法律关系理论强调的民事主体和平等主体，法理学法律关系理论所界定的主体则是笼而统之的法律关系主体，而经济法律关系理论强调的是经济法主体。

最后，大多数经济法学者都继承了苏联经济法学〔1〕以及中国法理学法律关系内容的权利义务说，将经济法律关系界定为经济权利和经济义务关系。比如，中国最早的一部经济法教材就主张经济法律关系的内容是经济权利和义务。〔2〕在经济法学界泰斗徐杰、杨紫烜以及漆多俊先生等人主编的教材中，经济法律关系也都被视为是根据经济法的规定发生的权利义务关系。〔3〕除了上述法学家的教材之外，其他许多经济法学教材、著作以及论文也多坚持“权利义务说”，认为经济法律关系的内容就是经济权利和经济义务。〔4〕更为重要的是，学者们对法律关系中的权利的理解与法理学法律关系理论也基本一致，都将经济权力、经济职权涵盖在经济权利之中，将经济职责涵盖在

---

〔1〕 比如，苏联著名经济法学家拉普捷夫主编的教材就认为经济法律关系参加者的权利和义务构成了经济法律关系的内容。参见［苏联］B. B. 拉普捷夫：《经济法》，中国社会科学院法学研究所经济法研究室译，群众出版社 1987 年版，第 14 页。

〔2〕 陶和谦主编：《经济法学》，群众出版社 1983 年版，第 198 页。

〔3〕 参见徐杰、杨紫烜主编：《经济法学》，北京大学出版社 1994 年版，第 81 页；杨紫烜、徐杰主编：《经济法学》（第 5 版），北京大学出版社 2009 年版，第 10 页；漆多俊：《经济法基础理论》，武汉大学出版社 2004 年版，第 81 页；杨紫烜：《经济法原理》，北京大学出版社 1987 年版，第 71 页。

〔4〕 具体可参见侯怀霞：《经济法学》，北京大学出版社 2003 年版，第 71 页；王全兴：“论经济法律关系的构成”，载《法学评论》1988 年第 2 期；蔡磊：《经济法律关系主体论》，中国社会科学出版社 2007 年版。

经济义务之中。[1]

2. 权利义务说的困境与经济法理论的超越

尽管权利义务说几乎成了中国经济法学关于权利义务的通说，但是这一学说无疑存在其内在的困境。尽管迄今为止，经济法学界还没有人对权利义务说提出明确的批判，但是法理学界已经有学者对权利义务说提出了质疑。作为权利义务说的重要批评者，童之伟先生认为："将法律关系内容定位于权利和义务，是现有法律关系内容学说的根本问题所在。""其不可弥补的缺陷是，其用作核心范畴的权利和义务概念涵盖不了真实的公法中的权力关系，因而只适用于解释私法关系，不能合理解释公法关系。"[2]他认为，这一做法的根本原因是，将权利和权力这两个完全不同的概念混淆起来，从而将权利－权力关系以及权力－权力关系改写成了权利义务关系，这一做法不仅在理论上是不合逻辑的，在实践中也不利于权利制约权力，甚至

---

〔1〕 比如，陶和谦先生主编的经济法教材就认为经济职权是国家机关依法行使领导和组织经济建设职能时所享有的一种权利。参见陶和谦主编：《经济法学》，群众出版社1983年版，第198页。杨紫烜先生主编的教材也明确指出，经济权利的基本内容包括经济职权。参见杨紫烜：《经济法原理》，北京大学出版社1987年版，第71页。此外，王兴运、倪振峰等人主编的教材皆认为经济权利包括经济职权。参见王兴运：《经济法学原理》，中国政法大学出版社2008年版，第143页；倪振峰：《经济法概论》，复旦大学出版社2009年版，第15页。单飞跃先生实际上也将公权与私权统一于经济权利概念之中，认为经济法权利理念是公权与私权相互渗透和作用的产物。参见单飞跃：《经济法理念与范畴重构》，中国检察出版社2002年版，第246页；张守文主编：《经济法学》，北京大学出版社2007年版，第78页；刘文华：《经济法》，中国人民大学出版社2012年版，第91页。漆多俊先生事实上也主张国家机关的职权乃是权利。他认为："权力部门对于一定利益资源的支配，就是一种权利——权力部门拥有的权利。可见权力部门是既有权力也有权利的。"参见漆多俊："控权：通向法治之路的关键"，载《经济社会体制比较》2006年第3期。

〔2〕 童之伟："法律关系的内容重估和概念重整"，载《中国法学》1999年第6期。

于助长权力压制权利，十分有害于法治建设。[1]正因如此，童之伟教授的观点无疑具有一定的真理性。在童教授看来，将公法关系的内容也置于权利义务概念之中，是超逻辑强制的结果。权利义务关系取代公法中的权利－权力关系，依靠的正是这种“指鹿为马”的方法和技巧。学界之所以安然接受这一理论，根本的原因也就在于“对权利、权力和义务的联系与区别缺乏应有的认识”。[2]

在笔者看来，童之伟教授对权利义务说的批判，对经济法律关系理论无疑也具有一定借鉴意义。事实上，与法理学中法律关系理论中的权利义务说一样，经济法律关系理论中的权利义务说也过分受限于以私法关系为原型的传统的法律关系理论，它既没有考虑到权利与权力概念的本质区别，也没有顾及经济法自身的特质。与民法这样的私法相比，经济法显然具有极不相同的特征。民法乃是关于平等主体之间的财产关系与人身关系的法律，其坚守的是主体平等、意思自治以及诚实信用原则，其法律关系的主体是国家以外的私人主体，即便主体是国家机关，其此时的身份也并非公益管理者，主体之间的关系乃是平权型关系，其保障的利益主要是私人利益。但是，经济法是调整在现代国家进行宏观调控和市场规制过程中发生的社会关系的法律规范。[3]其应坚持的基本原则是资源优化配置原则、国家适度干预原则、经济民主原则、经济公平原则、经济效益原则、经济安全原则和可持续发展原则等等。其根本目的在于约

---

〔1〕 童之伟：“法律关系的内容重估和概念重整”，载《中国法学》1999年第6期。

〔2〕 童之伟：“法律关系的内容重估和概念重整”，载《中国法学》1999年第6期。

〔3〕 张守文：《经济法理论的重构》，人民出版社2004年版，第212页。

束经济调制主体的权力，保障受调制主体的正当权益，从而保障国家经济的健康与可持续发展。当然，与民法最为不同的是，民事法律关系中主体地位是平等的，但是在经济法律关系中，经济法律关系主体是一个由经济调制主体和调制受体组成的“二元结构”。其中，调制主体一方代表国家行使经济调制权力，调制受体一方接受调制主体的调制行为，调制主体与调制受体之间有隶属和上下服从的关系。正因如此，经济法律关系本质上是公法法律关系，权力和职权乃是经济法律关系中的重要内容。

经济法律关系的公法性特质以及权利与权力的本质差别，使经济法律关系的权利义务说面临尴尬的两难困境。如果坚持传统法律关系理论的权利义务说，势必在实质上将权力排除在经济法律关系的内容之外，因此无法恰当地解释经济法中主体之间的法律关系。如果将权力等同于权利，或者将权力涵盖在权利之内，就会将两个原本相差甚大的概念等同起来，犯童之伟先生所谓的“指鹿为马”的错误。

也正由于经济法律关系的权利义务说可能遭遇的两难困境，经济法学界开始了对传统法律关系理论的超越。早在20世纪90年代，以需要国家干预说享誉全国的李昌麒先生就曾经把经济法律关系定义为经济权限关系。但是根据王全兴先生的批判，这一表述其实是对以拉普捷夫为首的苏联经济学派的观点的误读。因为拉普捷夫等人在提及经济权限时，实际上是在分析主体的资格条件，在分析经济法律关系的内容时，苏联经济学派仍然坚持经济法律关系的内容是经济权利义务。正因如此，王全兴先生认为，经济权限说的变革并不成功，经济法律关系说到底仍然是经济权利和经济义务关系。〔1〕

---

〔1〕 参见王全兴：“论经济法律关系的构成”，载《法学评论》1988年第2期。

为了摆脱权利义务说的两难困境，还有学者将经济法律关系的内容表述为经济职权与职责、经济权利与义务。[1]这一表述不仅充分考虑到了经济法律关系自身的特质，充分涵盖了经济法律关系应有的内容，也避免了将权力等同于权利或者将权力涵盖在权利之内的逻辑错误。

总体上看来，中国经济法学界对经济法律关系的内容的认识经历了一个从“权利义务说”到“经济权限说”，再到现今的“经济权利义务和经济职权职责说”的发展过程。经济权利义务职权职责说的提出，表明了经济法学界已经开始对传统法律关系理论的反思和超越，[2]它不仅反映了中国经济法学理论与法理学研究的良性互动，也反映了社会经济的发展对经济法理论的深刻影响以及中国经济法学研究中的控权意识的张扬。

第二节　经济法律关系中权力主体的“权力与义务”配置

法理学学者对传统法律关系理论的批判，以及经济法学界权利义务职权职责理论的提出，不仅代表了中国法理学和经济法学者对传统法律关系理论的超越，也表明对经济法律关系中权力主体的权力和义务的研究具有现实紧迫性，同时这一理论上的超越也为研究经济权力主体的权力义务配置的应然和实然状态提供了一个逻辑起点。本节将在法律关系理论的框架之下，

---

〔1〕李昌麒主编：《经济法学》，法律出版社2008年版，第91页。

〔2〕参见岳彩申、李永成：“中国经济法学三十年发展报告”，载李昌麟、岳彩申主编：《经济法论坛》（第7卷），群众出版社2010年版，第13～32页；朱崇实、李晓辉、李刚：“中国经济法学30年发展的回顾与展望”，载漆多俊主编：《经济法论丛》（第16卷），武汉大学出版社2009年版。

研究经济权力主体的经济权力和经济义务的实然状态，论证现实配置中存在的不足，探讨其改进的方向。

一、权力主体的“权力－义务”在经济法律关系中的应然地位

如前所述，经济法律关系不应是单纯的权利义务关系，而应该是以经济权利主体（即受制主体）的经济权利和经济义务以及调制主体的经济权力和经济义务为内容的法律关系。笔者以为，在经济法律关系中，经济法中权力主体的经济权力和经济义务，都是经济法律关系不可或缺的核心内容。

之所以得出这一结论有两个理由：第一个理由乃是实现经济法目的的根本要求。耶林曾经指出：“目的乃是全部法律的创造者。每条法律规则的产生都源于一种目的，即一种实际的动机。”[1]因此，目的乃是法律的灵魂。就经济法而言，其根本目的就是经济的和谐运转秩序、社会整体经济效益、个体经济效益、经济制度正义和经济发展等内容。[2]对经济法的上述目的来说，经济权力主体的权力义务无疑是其根本保障。因为经济法本身是国家协调经济活动之法，没有国家协调经济活动的行为，无疑就不可能实现协调经济活动之目的。秉着国家权力的“法无授权则禁止”的原则，国家协调经济活动的行为必须有法律的授权，并且必须依照法律规定的权力行使。因此，国家协调经济活动的过程实质上乃是经济权力主体行使经济权力和履行其经济义务的过程。从这一点来看，经济法的根本目的

---

〔1〕 转引自［美］E. 博登海默：《法理学——法律哲学与法律方法》，邓正来译，中国政法大学出版社 1999 年版，第 109 页。

〔2〕 竺效：“论经济法之法律目的”，载《西南政法大学学报》2002 年第 3 期。

实现离不开权力主体对于经济权力的行使和经济职责的履行，权力主体的经济权力和义务的法律规定乃是国家协调经济活动的逻辑起点，权力主体依法行使经济权力和履行义务的行为乃是国家协调经济活动的伴生物。如果没有权力主体的经济权力，国家就不能协调经济活动；如果权力主体在行使经济权力的同时，不履行法律规定的经济义务，其协调经济活动的行为很有可能蜕变为一种毫无约束的任意干预，甚至出现以协调经济活动之名而寻求权力寻租之实的完全背离经济法目的的行为，这无疑会使经济法目的彻底落空。正因如此，经济法中权力主体的经济权力与经济义务乃是实现经济法目的的根本保证。

除了实现经济法目的这一理由之外，我们还可以从关系性视角论证权力主体的经济权力与义务的重要性。从关系性视角来看，经济法律关系作为在国家协调经济活动中形成的关系，并非主体与客体之间的关系，其本质上乃是主体之间的关系，即代表国家行使调制权的不同调制机关与诸多受制主体之间的无缝之网。在这张无缝之网中，行使调制权的经济权力主体与被调制的经济权利主体之间存在一种既对抗又合作的复杂关系，经济权利与经济权力以及双方的经济义务，乃是其对抗与合作的基本工具。

从对抗的角度来看，经济法中权力主体与经济权利主体始终存在冲突。其根本原因有两点，首先，权力主体协调经济活动的应然目的是保障社会公共利益、提高经济效益以及保障个人经济效益，虽然个人经济效益与社会整体经济效益皆为经济权力主体的目的，但是从根本上而言，权力主体协调经济活动的哲学基础乃是整体主义。与权力主体不同的是，经济权利主体参加经济活动的根本目标是捍卫个人经济权利，并谋求自身经济利益的最大化，其遵循的是个人主义哲学。正是由于哲学基础与根本目标的差异，使得经济活动中权力主体与权利主体之间始终会存在一定的紧张和冲突。其次，无论是经济权利还是经济权力本身都离不开人，人的脆弱性以及主观的恶性，不仅会使经济权利主体为了实现私利以及追求利润的最大化而肆意妨碍国家机关行使经济协调与经济管理的权力；同时，权力主体在行使经济权力的过程中，也可能出现权力异化的现象，即调制机关及其工作人员为了部门利益、地方利益或者为了一己私利而滥用手中的权力，侵害权利主体的经济权利以及国家利益。正是这一对抗关系的存在，使得所有利益相关方都必须手握制服对方之强大武器，以克制和防范其它主体的脱轨以及侵害行为。为了防止经济权利主体滥用权利，国家设定了经济权利主体的相关义务。要想防止调制机关滥用调制权力，国家在授予相关国家机关的经济调制权的同时必须给其设定明确的义务（或职责），并且在授予经济权利主体经济权利的同时，建立健全的权利保障机制，从而以权利来制约权力。

从合作的角度来看，经济法中权力主体执行经济权力，显然离不开经济权利主体积极服从经济权力主体依法行使的经济权力。同样，经济权利主体在经济活动中要想其经济权利得到有效保障，显然也需要经济权力的有效行使。对于经济权利主体的权利而言，其实现的根本不仅在于经济权力主体积极行使自己的权力，通过宏观调控化解经济风险，提高经济效益，也需要权力主体积极防范和规制市场中的违法行为，尤其需要权力主体的自我克制，防止自身去侵害经济权利。从这一点看，经济权力主体权力的正当行使以及义务的依法履行，都是经济权利主体权利实现的关键保障。

综上所述，我们可以发现，经济法中权力主体权力的正当行使以及义务的依法履行，乃是经济法目的实现的根本保证；

同时，从关系型视角来看，经济法中权力主体的义务乃是防止经济权利主体与权力主体根本对立的基本保证，而权力主体的经济权力的正当行使与经济义务的依法履行，也是促成权力主体与权利主体有效合作的良好途径。正因如此，经济法中权力主体的经济权力与义务乃是经济法律关系的核心内容。

二、权力主体的“权力－义务”配置在现行经济法中的实然状态

由于经济法中权力主体的权力与义务乃是经济法律关系的核心内容，并且权力主体的义务乃是规范经济权力行使的有力武器。因此，权力主体的权力义务的配置情况对经济法的立法质量和经济法的目的实现都会产生深刻的影响。正因如此，有必要结合经济法的条文，分析经济法中权力主体的经济权力义务的配置状况。在笔者看来，由于经济法律关系事实上是经济权力主体与经济权利主体的对抗与合作关系，同时经济权利与经济权力存在着对抗、经济权力主体的义务乃是经济权力的制约和经济权利的保障。因此，研究经济法中权力主体的经济权力义务的配置可以围绕着经济权力与经济权利配置的比较与经济权力和经济义务（职责）的比较展开。

1. 经济法对权力主体的权力义务的表达方式

如前所述，本书所指的经济法中权力主体的权力其实相当于经济法学者广泛使用的经济职权，而权力主体的义务等同于经济权力主体的职责。因此，对权力主体的经济权力与经济义务的关系事实上也是经济权力主体职权与职责的关系。

在职权与职责的关系方面，一些学者认为职权与职责之间存在包容关系。比如，有学者指出，有关国家机关组织和活动的法律规则常常以权义复合规则的形式出现。这些规则一方面

是授权性规则，另一方面也是义务性规则。〔1〕也有学者认为："国家行政机关行使职权也是履行义务，所以行政职责广义也包括行政职权。"〔2〕在经济法学界，这一观点也得到了部分学者的认同。有学者认为，从本质上来说，经济职责乃是经济权力主体的应该履行的义务。有学者指出："经济职权与经济职责并无本质区别，经济职权同时也是其享有者必须履行的经济职责……怠于行使其经济职权，即是没有履行其经济职责。""由于经济职权在一定意义上也可以看成是经济职责，明确了经济职权的内容，即可划定经济职责的内容。"〔3〕

上述观点显然是有问题的，因为尽管职权与职责乃是一枚硬币的两面，但是二者有本质的区别，职权和权力意味着支配他人的力量，而职责本质上属于义务或者责任，不作为便意味着失职。〔4〕正因如此，尽管理论上依法履行权力（职权）乃是权力主体的义务（职责）所在，但是在法律规范的表达上，权力条款与义务条款之间实际并且应当存在明显的差异。

从法律条文的表述来看，现行经济法并没有采取所谓的"包容说"，而是对经济权力主体的权力（职权）与义务（职责）采用了不同的表述：在规定经济权力主体的经济权力（职权）时，通常采用权力主体"有……职权""有权……"和"可以……"的表述，有时也通过规定权利主体义务的方式设定

---

〔1〕张文显主编：《法理学》，高等教育出版社、北京大学出版社 2007 年版，第 119 页。另外，有学者也认为，职权本身便内含着职责，依法行使职权就是依法履行职责。参见吕世伦、李英杰："职权与职责研究"，载《北京行政学院学报》2011 年第 1 期。

〔2〕黎国智：《行政法词典》，山东大学出版社 1989 年版，第 9 页。

〔3〕李昌麒主编：《经济法学》（第 2 版），法律出版社 2008 年版，第 127 页。

〔4〕关于职权与职责的差别的相关论述可参见柳砚涛："论职权职责化及其在授益行政领域的展开"，载《山东社会科学》2009 年第 2 期；方世荣：《论具体行政行为》，武汉大学出版社 1996 年版，第 54 页。

权力主体的权力。在权力主体的义务（职责）方面，现行立法的主要表达方式是权力主体“有……职责”“应当……”和“不得……”等方式加以表述。

2. 现行经济法中经济权力与经济权利配置比较

由于经济权力与经济权利乃是不同经济法主体依法享有的资格，前者属于国家机关，后者属于私人主体，因此经济权力与经济权利在法律中的地位可能直接反映一国立法的价值趋向。

根据学者们的论述，现行经济法中关于经济权力主体与经济权利主体的权利义务配置存在不均衡性，在宏观调控法中，调控主体的权利规定较多，受体权利规定较少；在市场规制法中，往往对从事市场经营活动的受制主体的义务规定较多，而对规制主体的权利规定较多。在规范方面，权利规范向调制主体倾斜，义务规范向调制受体倾斜。[1]这一论断虽然采用的广义的权利义务说，但是其对权利主体的明确区分表明，无论是在宏观调控法还是在市场规制法当中，关于经济权力主体的权力的规定，明显多于关于经济权利主体的权利的规定。经济法主体之间存在的权利义务不对等性反映了经济法本身的特质，其存在是实现经济法宗旨和职能的需要。[2]

3. 经济法中经济权力主体权力义务配置比较

由于经济权力代表了国家对经济干预的程度和范围，也由于经济法中权力主体的经济义务（职责）代表了国家对调制机关的控制，因此经济义务（职责）本质上乃是对经济权力的第一道制约，权力主体的权力与义务的配置状况也会直接反映并影响一个国家经济法治以及经济宪政的水平。正因为上述理由，

---

〔1〕 张守文主编：《经济法学》，北京大学出版社 2007 年版，第 87 页；刘文华：《经济法》，中国人民大学出版社 2012 年版，第 87 页。

〔2〕 张守文主编：《经济法学》，北京大学出版社 2007 年版，第 87 页。

比较经济法对权力主体的权力义务的配置状况无疑具有重要意义。

从法律文本的角度来看，中国现行经济立法对经济主体的权力义务配置具有以下特点：

第一，重视权力主体的经济权力。当前，我国不同类型和层级的经济法中，大多充斥着关于经济权力的规定，其范围涉及国民经济决策权、经济协调权、经济命令权以及经济活动监督权等众多权力。并且，正如前文指出的那样，中国无论是市场规制法还是宏观调控法，关于权力主体的经济权力的规定始终是经济法的重心。尽管如此，经济法关于经济权力的规定仍然存在一定不足。比如，我国至今仍没有关于政府经济干预权的专门立法；在经济干预立法权方面，立法应有的层级顺序被颠倒，部门立法和地方立法恶性膨胀；〔1〕在经济干预执法权方面，对于执行权主体的总体分配缺乏系统的法律规定，对政府经济职权的规定过于原则和简单，一些政府职能部门的权限缺乏法律的明确规定。上述问题对于调制机关正确行使调制权无疑有较大的负面影响。〔2〕

第二，职权主义倾向。从我国现有的经济立法来看，我国一些经济法中带有明显的职权主义倾向。这一倾向体现为，将权力主体的义务转化为其权力，在文字表述上，以“可以”代替“应当”。一个典型的例证是，《反不正当竞争法》第16条规定：“县级以上监督检查部门对不正当竞争行为，可以进行监督检查。”从法理的角度来看，监督检查不正当竞争行为乃是县级以上监督检查部门不可推卸之责任，如果不检查可能构成失职。采用“可以”一词之后，如果监督部门进行监督检查乃是行使自己的职权，被检查者负有协助检查之义务，当检查部门不行

---

〔1〕 李昌麒主编：《经济法学》（第2版），法律出版社2008年版，第145页。

〔2〕 李昌麒主编：《经济法学》（第2版），法律出版社2008年版，第145页。

使检查职权时，也不构成违法。这样的例子其实还有很多，比如《商业银行法》第64条规定：“商业银行已经或者可能发生信用危机，严重影响存款人的利益时，国务院银行业监督管理机构可以对该银行实行接管。”在笔者看来，既然银监会负有监督商业银行的义务，在商业银行发生信用危机，严重影响存款人利益时，商业银行“应当”而不是“可以”对银行实行接管，否则银行业监督管理机构便会失去其存在的价值。毋庸置疑，法律条文将经济权力主体“应当”的行为表述为“可以”的行为，将不可避免地给权力主体和调制受体带来一种错觉，即这一行为乃是一种可以选择的行为，不实行这一行为也不违法，利益受损者也不可能寻求法律救济。这样一种职责职权化的倾向或者说职权中心主义倾向无疑违背了国家授予权力的根本目的。如果一部法律中关于权力运行的规定，都采取职权式的规定，而不规定相应的义务，势必造成权力主体的权力被无限放大的倾向，在法制实践中导致经济权力主体的专制，国家以及社会整体利益以及受制主体的经济权利都将面临重大威胁。

三、义务（职责）本位：经济权力主体权力义务的配置的应然方向

尽管20世纪90年代以来，“权利本位”理论已经得到了法学界广泛的认同，但是笔者以为，在经济法学领域主张这一理论是有问题的。因为，权利本位显然是以个人为中心，其哲学基础是个人主义，而经济法学对社会整体利益的重视胜过个人利益，其哲学基础是整体主义，从这一点来看，经济法学坚持的应该是“社会本位”。

不过，必须强调的是，这里强调的义务本位，并非权利本位的对称。因为，在与权利本位对应的义务本位中，义务乃是指针对个人权利的个人义务，而此处的义务本位是指针对国家

权力的调制机关的义务，用一个更为常用的词汇来表达就是“职责本位”。只有坚持义务（职责）本位，经济立法中才不会片面地注重权力，而忽略权力主体的经济义务；在经济执法中，权力主体才不至于怠于行使自己的职权，出现权力主体的权力寻租和权力专制现象。

为了实行“义务本位”，一个非常关键的举措应该是在经济立法时，除了在法律条文中明确指出哪个机关享有本法调整经济领域的调制权之外，其他关于调制权的条款，凡是可以采用职责式的表达的，都应该以职责的方式表达，而不以职权的方式来表达。凡是属于权力主体义务的行为，都不宜采用“可以……”和“有权……”等职权式的规定，而应该表述为“应当……”和“必须……”等。只有坚持义务本位，实行职权职责化，当权力主体进行权力寻租或者怠于履行自己的职权时，国家才有正当理由追究没有履行义务的权力主体的法律责任。

本章小结

本章阐述了经济法律关系是研究经济法中权力主体法律责任制度的逻辑起点的基本观点。中国经济法学界对经济法律关系的内容的认识经历了一个从“权利义务说”到“经济权限说”，再到现今的“经济权利义务和经济职权职责说”的发展过程。经济权利义务职权职责说的提出，表明了经济法学界已经开始对传统法律关系理论的反思和超越，它不仅反映了中国经济法学理论与法理学研究的良性互动，也反映了社会经济的发展对经济法理论的深刻影响以及中国经济法学研究中的控权意识的张扬，也表明对经济法律关系中权力主体的权力、义务及责任的研究具有现实紧迫性。就经济法律权力本身而言，其与法理学上的权力在本质上是相通的，权力（权力既是一种职责，又是一种义务）与责任是相生相伴的，一项权力必然与一项责任相关联，只享受权力而不承担责任，或享受很大权力而承担较小责任的经济法律权力必然导致权力的失范。

第二章

经济法中权力主体之法律责任基本范畴解析

正如有学者指出的那样，经济法律责任伴随着经济法律关系运行的全过程，是经济法律规范得以实施，经济法目的得以实现的最终保障，对经济法理论与制度的完善至为重要。[1]经济法律责任无疑是经济法学中的一个重要概念。但是，正如张守文先生所言，责任理论是经济法理论中公认的"难垦之域"。[2]当前，中国经济法学界对经济法律责任的研究存在较多分歧，学者们对经济法责任的研究大多还停留在经济法律责任独立性、责任形式等问题争论上，由于研究难度较大，而且研究成果的认同度较低，一些教材在经济法基本理论的章节中甚至没有对经济法责任问题进行专门讨论。[3]经济法责任理论研究相对滞后，不仅不利于经济法学的发展，对经济法的实施问题也产生了不良的影响。[4]本部分将在厘定经济法律责任的

---

〔1〕 李昌麒主编：《经济法学》（第2版），法律出版社2008年版，第668页。

〔2〕 张守文："经济法责任理论之拓补"，载《中国法学》2003年第4期。

〔3〕 比如刘文华教授主编的经济法学教材就没有专门章节讨论经济法责任的理论问题，只是在具体的经济法律法规中的介绍中介绍了其法律责任。参见刘文华：《经济法》，中国人民大学出版社2012年版。

〔4〕 比如，由于经济法责任理论的相对滞后，尤其是对责任形式、可诉性以及责任构成要件和归责原则等问题的研究滞后，使经济法的适用交由民事法庭和刑事法庭审判就可以了，2000年最高人民法院撤销了经济审判庭。对于这一问题的具体论述可参见李晓辉："经济法国际化发展趋势下对经济法责任研究的反思"，载

概念以及探讨经济法律责任独立地位的基础之上，分析经济法中权力主体法律责任的制度价值与构成要件，分析中国关于经济法律责任的现实规定及不足，探讨我国经济法对经济法律责任规定的完善。

第一节 作为独立的经济法责任

一、经济法责任概念的界定

与其它许多经济法学的概念一样，经济法学界对经济法律责任这一概念的认识也存在着多样性。在经济法律责任概念的称谓上，除了惯用的经济法律责任以外，还有学者称之为经济法责任。在这些学者看来，使用经济法责任的称谓，可以避免将经济法律责任理解为违背法律产生的责任，并避免排除违背经济法规产生的责任。〔1〕笔者认为，在法律责任这一概念中，法律本是一个广义的词汇，并非是与法规等并列的概念，而是一个包含各种层级的法律的概念，因此上述担心纯属多余。并且，“法律部门+法律责任”已经成为中国法学界称呼部门法律责任的惯用语。为了与民事法律责任、刑事法律责任等习惯性称谓保持一致，本书采用经济法律责任的称谓。

综观经济法学界对经济法律责任或者经济法责任的定义，我们发现法学界对经济法律责任的界定存在一定的分歧。总体来看，主要有以下几种学说：

（接上页）漆多俊主编：《经济法论丛》（第20卷），武汉大学出版社2011年版。

〔1〕 参见李昌麒主编：《经济法学》（第2版），法律出版社2008年版，第668页；此外，张守文主编的教材也使用了经济法责任的概念。参见张守文主编：《经济法学》，北京大学出版社2007年版，第87页。

第一，“义务说”。该学说认为，经济法中的法律责任是指经济法主体因实施了违反经济法律法规的行为而应承担的由法律规定的具有强制性的法律义务；[1]或者，经济法主体因违反经济法律法规而应承担的特殊义务。[2]

第二，“后果说”。该学说认为，经济法中的法律责任是经济法主体对其违反经济法义务或不当行使经济法权利的行为所应承担的法律后果。[3]或经济法主体在违反经济法规范时，应当对国家或者受害人承担相应的法律后果。[4]

第三，“代价说”。该学说认为，经济法中的法律责任是指人们违反经济法规定的义务所应付出的代价。[5]代价说所指的违反法定义务而应付出的代价与前述第二性义务相似，实际上也可理解为一种义务说。

第四，“惩罚说”。该学说认为，经济法中的法律责任是在经济法主体进行了经济违法行为和未能完成经济义务时，所应承受的处罚的责任。[6]

纵观上述四种学说，尽管“惩罚说”和“代价说”最能从字面上反映法律责任的本质，但是“代价”一词乃是经济学上的用语，本身并非法言法语，因此将法律责任定义为代价虽然形象，但是并不严谨。“惩罚说”将承担经济法律责任的原因归纳为经济违法行为和未完成经济义务，但是经济违法行为本身

---

〔1〕 李昌麒主编：《经济法学》，中国政法大学出版社 1997 年版，第 89 页。

〔2〕 刘瑞复：《经济法学原理》，北京大学出版社 2000 年版，第 161 页。

〔3〕 石少侠：《经济法新论》，吉林大学出版社 1996 年版，第 56 页。

〔4〕 潘静成、刘文华：《经济法基础理论教程》，高等教育出版社 1994 年版，第 330 页。

〔5〕 漆多俊：《经济法基础理论》，武汉大学出版社 2000 年版，第 190 页。

〔6〕 戴凤岐、李新新、金晓晨：《经济法》（修订本），经济科学出版社 1996 年版，第 96 页。

就是没有履行法律规定的义务，因此“惩罚说”本身也有逻辑问题。“后果说”因为没有指出明确责任主体承担的是好的后果或者不利的后果，因此也并不明确。[1]相比而言，“义务说”似乎更为完整，也比较符合法律用语的表达。但是，将经济法律责任定义为特殊性义务，特殊性这一词语具有多种含义，并不能准确凸显作为法律责任的义务与其他义务之间的本质差别。有鉴于此，笔者主张以“义务说”为基础并综合“后果说”等学说对经济法律责任进行定义，但是为了有效突出经济法律责任与其他义务的不同，笔者认为我们应该采纳张文显先生对法律责任的界定，[2]将经济法律责任定义为经济法律关系主体违反经济法第一性义务而应该承担的第二性义务，是经济法对经济法律关系主体的否定性评价，也是主体因其违法行为必须承担的不利后果。

二、经济法律责任的理论基础及其独立地位

德国法学家耶林曾经断言：“没有强制力的法就像一团烧不燃的火，一盏点不亮的灯。”耶林之所以得出这一结论，一个根本的原因是法律作为一种行为规范并不会被所有人完全自觉地遵守。人类追逐私利的本性以及强烈的占有欲望，使法律时刻面临着被侵害的风险，法律要保障的权利可能会受到无耻侵害，法律授予的权力可能被滥用，法律要求的履行的义务可能被拒绝，法律要维护的秩序可能被无情打破，法律要捍卫的正义无

〔1〕 事实上，对于经济法律责任的定义上，二元论者认为经济法律责任既包括不利后果，也包括一般义务，甚至包括有利后果。参见李昌麒主编：《经济法学》（第2版），法律出版社2008年版，第669页。

〔2〕 张文显先生认为，法律责任是没有履行第一性义务而应该承担的第二性义务。参见张文显：《法哲学范畴研究》（修订版），中国政法大学出版社2001年版，第122页。

法得到实现，法律的目的可能落空。为了维护被打破的秩序，保障主体的权利，恢复被打破的正义，法律必须拿起强制的武器，这种强制本身就是法律责任的追究。可见，国家追究法律责任的过程从根本上而言就是一个对违法者运用国家强制力的过程，法律责任“始终要涉及国家强制措施”。〔1〕没有责任的范畴体系是不完整的，没有责任强制力支持的法律规范是软弱的。〔2〕

正是由于违法现象的不可避免，有法律就必须有法律责任。作为法律体系中的一个重要部门，经济法也必须有对应的法律责任。但是，令人遗憾的是，一些法理学学者对法律责任的分类并没有为经济法律责任预留空间。根据这些学者的论断，法律责任可以划归为四大类型，即民事法律责任、刑事法律责任、行政法律责任以及违宪责任。〔3〕从这一分类我们可以得出以下两种结论，要么是经济法根本不需要法律责任；要么是经济法需要法律责任，但是不需要也不可能有独立的法律责任，经济法追究法律责任只能借助前面分类中的四种法律责任。显然，以上两种结论都排除了经济法律责任的独立地位。总体来看，第一种结论似乎不太可能，没有哪位法学理论家会挑战有法律必有法律责任的公理。因此，坚持四大法律责任的划分的学者其实主张的是，这四大法律责任可以被其他任何部门法采用。

法理学对四大法律责任的划分事实上也影响了一些经济法学者对经济法律责任的论述。有学者指出，经济法是在民法、

〔1〕［俄］M. H. 马尔琴科：《国家与法的理论》，徐晓晴译，中国政法大学出版社 2010 年版，第 459 页。

〔2〕李昌麒主编：《经济法学》（第 2 版），法律出版社 2008 年版，第 668 页。

〔3〕参见张文显主编：《法理学》（第 3 版），高等教育出版社、北京大学出版社 2007 年版，第 172 页。

刑法和行政法等基础上发展起来的法律部门，经济法律责任也因此与传统法律责任具有渊源性联系，没有传统的法律责任就没有经济法律责任，经济法律责任的形式也就包括刑事责任、民事责任和行政责任。〔1〕另外有学者认为："根据法律规定，违反经济法律、法规应负的法律责任有经济责任、行政责任和刑事责任三种。"〔2〕尽管这一观点已经得到了中国一些权威性教材的认可，〔3〕但是仍有学者对其提出质疑和批判。

批评者认为，上述观点可以被称为"综合责任论"。〔4〕该学者指出，法律的发展经过了从责任中心主义到义务本位再到权利本位的过程。责任中心主义围绕法律责任的形式、依据和内容等展开，而不以权利义务方式事先为人们预设行为模式；义务本位坚持的是义务－责任模式，该模式以义务为设置和归结责任的根据，相比责任中心主义，这一模式使人们被追究责任前有选择自己行为方式的权利；而权利本位坚持的是权利－义务－责任的理论逻辑，在这一模式中，法律义务的设置乃是为了保障法律权利，法律责任的设置也是为了督促义务主体履行义务并最终保障权利。在这一模式中，"权利、义务和责任构成了三位一体的关系。权利和义务成为责任存在的依据和正当前提，责任则是权利义务安排的必需结果"。〔5〕正是沿着这一理论逻辑，该学者认为，综合责任论没有也不可能从经济法中的权利义务推出经济法律责任乃是综合责任，综合责任论可能完全脱离了自身对经济法调整对象的界定，是对经济法本身的

〔1〕 吕忠梅："经济法律责任论"，载《法商研究》1998年第4期。

〔2〕 杨紫烜、徐杰主编：《经济法学》，北京大学出版社2001年版，第34页。

〔3〕 李昌麒主编：《经济法学》（第2版），法律出版社2008年版，第673页。

〔4〕 薛克鹏："经济法综合责任质疑"，载《政法论坛》2005年第4期。

〔5〕 薛克鹏："经济法综合责任质疑"，载《政法论坛》2005年第4期。

自我否定。[1]

在笔者看来，上述学者的分析显然有一定问题。首先，其主张责任中心主义到义务责任模式再到权利本位模式三个阶段的划分显然是有问题的。因为法律文明的发展虽然是一个不断进化的过程，但是这一进化过程只是一个从义务本位到权利本位的发展过程，法律责任的发展也不可能经历一个没有义务的责任中心主义阶段。法律责任乃是法律实现的基本保障，即使是最野蛮的法律，也总会通过确立行为规则来维持统治者理想的社会秩序。义务和权利恰恰是这种行为规则的表达方式，只不过义务本位的法律倾向于以义务为中心，在权利本位的法律中，义务的设置最终也是为权利服务。但是不管怎样，义务始终是追究法律责任的前提，法律责任终归是违背了第一性义务而引发的第二性义务。因为，侵犯他人权利的行为本身就是没有履行法定的尊重他人权利的义务的行为。可见，法律义务始终是法律责任的逻辑起点，没有法律义务，也不可能有法律责

---

〔1〕 参见薛克鹏："经济法综合责任质疑"，载《政法论坛》2005年第4期。除了薛克鹏的批判外，翟继光也对薛克鹏所指的综合责任论进行批判。翟继光指出，法律责任本质上是对责任主体权益的限制和剥夺，责任主体权益的限制和剥夺的种类是有限的，法律不可能无限地发展出责任形式。因此，不同的法律部门间责任形式的重合是难免的，即使同一性质的责任在不同部门法中也会被冠以不同的称谓，正如罚款和罚金。经济法责任的独立性在于其所属部门的独立，而不在于其具体责任形式的独立。参见翟继光："论经济法责任的独立性"，载《当代法学》2004年第4期。韩志红批判了将经济法律责任视为行政责任的做法，并提出了经济责任的概念。韩志红认为，将经济法律责任视为行政责任，可能排除法院追究此类责任的可能性，形成审判盲区，并且用行政法理念执行经济法不能有效维护公共利益。如果使用经济责任概念，在理论上有利于确立经济法的独立地位，实践中有利于经济法实现调整机制的创新。参见韩志红："关于经济法中以新型责任弥补行政责任的思考"，载《法商研究》2003年第2期。尽管韩志红提出的经济责任一词可能引起误读，被理解为财产性责任，但是他对把行政责任视为经济责任的做法的批判，无疑具有一定的真理性。

任。因此关于法律责任三阶段的划分，归根到底只能划分为责任的义务本位阶段和权利本位阶段。

其次，该学者将法律责任建立在权利义务上，事实上采取的是一种广义的权利观，也就是说将权力包含在权利概念之中，这样的表达方式在理论上无疑犯了童之伟教授所言的“指鹿为马”的错误，混淆了权利与权力这两个完全不同的概念，忽略了经济调制活动中调制主体的经济权力与受调制主体的经济权利义务之间存在的本质差异。在实践中，这样的做法可能造成一种重视追究受制主体的法律责任而忽略调制主体的法律责任的极端危险的倾向。

然而，尽管该学者关于法律责任发展的三阶段划分及其采用的广义的权利观存在一定瑕疵，但是其对综合责任论的批判仍然有一定道理。因为，虽然经济法律责任既可能根源于受制主体的经济权利义务，也可能以经济权力主体的经济权力义务作为正当前提，但是一个明显的事实是，经济法并不以民事权利和民事义务、行政法的权利义务为内容，否则经济法就不可能成为与民法、刑法以及行政法并列的独立法律部门。也正由于经济法并不以民事权利义务等为内容，当然也不可能从逻辑上推出经济法律责任包括民事法律责任、行政法律责任和刑事法律责任的结论。正因如此，经济法应该有独立于民事法律责任、刑事法律责任以及行政法律责任之外的经济法律责任。

总之，根据法律责任对应同一法律部门的理论模式以及有法律必有责任的法理，经济法必然有与其对应的经济法律责任。正因如此，经济法律责任必须作为一种与民事责任等法律责任类型并列的责任形态。至于经济法律责任的具体形式，尽管其与民事责任或者其他责任中的一些责任方式相同或相似，但是我们不宜认为经济法律责任的形式包括民事责任等。因为，民事法律责任和刑事法律责任这样的概念是部门法意义上的类型，而不是具体的责任形式。如果坚持要探寻经济法律责任的形式，显然将其划分为财产性责任和非财产性责任较为合适，并且非财产责任又可以进一步划分为声誉责任、行为责任、能力责任、自由责任和生命责任等。[1]

第二节 经济法中权力主体的经济法责任

如前所述经济法律责任作为一种独立的法律责任的必要性。由于经济法律责任是经济法主体违法行为所引起，经济法律关系主体既包括掌握调制权的经济权力主体，也包括受调制的经济权利主体，因此，经济法律责任不仅包括经济权力主体的法律责任，也包括经济权利主体的法律责任。从控权经济法的角度来看，经济权力主体的法律责任对经济法而言似乎更为重要。

一、经济权力主体的经济法责任制度价值

经济权力主体的经济法律责任的设立和追究，很明显具有以下三方面的制度价值：

首先，经济权力主体的法律责任的设立和追究，有利于防范经济权力的滥用，督促经济权力主体积极有效地行使自己的权力。作为国家调控以及规制经济活动的权力，经济权力无疑是国家权力的重要组成部分，它对国家经济活动的健康运行无疑具有十分重要的作用。但是，与任何权力一样，经济权力本身也是一种控制他人的力量，并且该项权力含有的经济利益使其比其它方面的权力更有诱惑力。但是，所有权力都需要人来

[1] 汪莉："论经济法律责任的独立性"，载《政治与法律》2007年第3期。

行使，追逐私利的普遍人性使权力附上了寻租和腐败的魔咒。无怪乎孟德斯鸠宣称："一切有权力的人都容易被滥用权力，这是一条万古不变的经验。"[1]阿克顿爵士也认为："权力导致腐败，绝对的权力导致绝对腐败。"事实上，正是权力头上的"腐败魔咒"，才使人类一直在探寻制约权力的法宝，而法律责任就是制约权力、防止权力寻租和权力滥用的有益工具。在经济法领域，经济法律责任的设置、归结和追究，不仅可以警示经济权力的主体，防止其滥用经济权力，也可以对违法行使经济权力者实行制裁，并且教育和警示其他执掌经济权力者，引导其在法律设定的权力边界范围内行使自己的权力。

其次，经济权力主体的法律责任的设置可以督促经济权力主体积极行使经济权力，履行经济职责和义务。在当代法治国家，权力并非无边无际，权力主体也并非能够为所欲为，权力本身意味着并且也应该对应着依法行使权力的职责和义务。但是，从实践中来看，权力主体的违法不仅包括积极的权力寻租和权力腐败，也包括消极怠工、不履行法律赋予自己的职责和义务。这样的现象在实践当中并不少见，肩负市场规制任务的经济权力主体对市场的失范可能视而不见，负有宏观调控任务的国家机关在国家经济面临巨大风险时无动于衷，这样的行为小则可能使市场中出现不正当竞争等行为，大则可能使国家陷入严重的经济危机甚至引发经济的崩溃。可见，尽管经济权力主体的懈怠和不作为从表面上看来没有积极的权力腐败主观恶性大，但是其在实践中有可能带来更大的社会风险。正因如此，经济法不仅要防范经济权力主体滥用经济权力，也要督促经济权力主体积极履行自身的职责和义务。经济法律责任恰恰是这

---

〔1〕［法］孟德斯鸠：《论法的精神》（上册），张雁深译，商务印书馆 2004 年版，第 184 页。

样一个有效的防范工具，当经济权力主体怠于履行法定职责和法定义务时，国家理应追究其法律责任，使其承担不利后果。

再次，经济权力主体的经济法律责任有助于保障经济权利主体的经济权利。根据古典自然法学派学者洛克等人提出的社会契约理论，国家乃是契约的结果，国家权力终归来源于公民权利的让渡。正因如此，国家权力存在的正当理由与合法根据都在于公民权利的保障。当国家权力怠于保障公民权利甚至于积极侵害公民权利时，公民可以撤回对其的信托。〔1〕尽管社会契约论已经给出了公民权利与国家权力之间的应然关系，但是在实践当中，在利益的驱使下，肩负权利保障使命的权力主体有可能蜕变为权利的最大侵害者。在经济法领域，市场规制的主体可能与某些市场主体合谋共同侵害另外一些市场主体的正当权利，这样的例子在现实当中比比皆是。在巨额利润的诱使之下，产品质量监督部门的工作人员可能驳回产品召回的正当请求，房屋质量监督部门也可能给工程质量低劣的房屋贴上合格的标签，所有的这一切其实都是建立在侵害经济权利主体的经济权利的基础之上。经济权力主体对侵犯经济权利的行为的袖手旁观或者亲力亲为使其变成了经济权利的侵害者，对于市场秩序以及法治秩序无疑有着巨大的危害性，其对侵权行为的视而不见就好比医生的见死不救，其积极侵犯经济权利的行为则犹如医生积极杀人。显然，这些行为既不符合政治道德和职业道德，也不符合经济法立法的目的。对于此类危害行为，任何明智的立法者都应该早有应对手段，经济法律责任便是克制这些行为的有力武器。一旦发生经济权力主体侵犯经济权利的行为，国家理应启动责任追究程序，使违法的主体受到法律制裁。

〔1〕［英］洛克：《政府论》（下篇），叶启芳、瞿菊农译，商务印书馆 1964 年版，第 42 页。

最后，经济权力主体的经济法律责任有助于保障社会整体利益。经济法乃是社会法，是经世济民、维护社会整体利益之法，但是经济法并非不关心个人利益，其对利益的调控方式是通过调整社会利益与个人利益之间的冲突来维护社会整体利益，并通过社会整体利益的维护最终实现社会中个人利益。因此，经济法要达到的社会目标就是“总量增进，公平分配”。[1]当然，经济法这一社会目标之实现不可能离开经济权力主体，没有经济权力主体的宏观调控与市场规制行为，经济法无疑会变成一纸空文。从这一点来看，经济权力主体正确行使手中权力，依法履行法定职责和义务，无疑是经济法社会目标实现之根本保证。令人遗憾的是，并非所有的经济权力主体每时每刻都乐于履行经世济民之义务。一些经济权力主体可能会欣喜于其违法或者失职行为只侵害了社会整体利益，而没有直接侵害到个人权利。因为在经济公益诉讼不完善的国家中，不太可能出现因单纯侵害公益的违法行为而成为被告，并被追究经济法律责任的现象。正因如此，完善并充分利用经济法律责任制度来惩罚经济权力主体的违法行为，对社会整体利益的保障无疑有重大的推动作用。

二、经济权力主体的经济法律责任构成要件与归责原则

如前所述，中国经济法学界对经济法责任的研究大部分还是集中在经济法责任的独立性以及经济法责任形式的研究，关于经济法责任构成要件以及归责原则的研究相对较少。有学者虽然认为传统责任理论中的归责基础理论、责任形态理论、责任构成理论以及归责原则理论等理论对经济法责任理论的研究

---

〔1〕冯果、万江：“求经世之道，思济民之法”，载《法学评论》2004 年第 3 期。

同样有借鉴意义，但对于它们是否都构成责任理论的不可或缺的组成部分仍然表示怀疑。[1]在我看来，上述学者所指出的传统法律责任理论的组成部分，对经济法学的研究具有非常重要的意义，经济法学要成为一门自足的、独立的应用法学学科，就必须深入探讨经济法责任的适用问题，否则经济法学可能被视为是一门可以被行政法等学科代替的学科，[2]或者可能被视为是这些学科的亚部门。

考虑到责任构成以及归责原则等问题对经济法研究以及经济法制建设的重要意义，也考虑到经济权力主体的经济法责任的重要制度价值，依法追究经济权力主体的经济法责任便是一个经济法治国家必须认真对待的问题。也正因如此，对经济权力主体的经济法律责任问题的探讨也必须从责任构成要件与归责原则开始。

1. 经济权力主体的经济法律责任的构成要件

根据传统的法律责任理论，法律责任的追究必须从责任构成要件开始。根据法理学的法律责任理论，法律责任的追究一般要符合以下条件：即违法行为、损害后果、主观过错以及因果联系。

至于经济权力主体的经济法律责任的构成是否必须要符合上述四个条件，学者们看法不尽一致。王兴运先生认为，经济法律责任的构成一般情况下包括四个要件，即必须有违反法律规定的行为、行为人主观上有过错、有损害事实、行为主体具

〔1〕 张守文："经济法责任理论之拓补"，载《中国法学》2003年第4期。

〔2〕 事实上，关于取消经济法学作为法学一门核心课程的理论争议已经凸显了这一学科危机，在笔者看来，这一危机存在的根源主要源于经济法责任理论和实践的滞后，尤其是在责任形态、责任要件以及归责原则和程序等方面的滞后，使人怀疑经济法的实用性以及经济法作为独立法律部门存在的价值。

有责任能力。但是，在特殊情况下，只要有损害结果，行为人就应承担经济法律责任。[1]韩志红对经济法律构成要件的看法是经济法律责任既不以存在损害事实为必要，也一般不要求行为人有主观过错。[2]

与王兴运先生和韩志红先生不同的是，另外一些学者根据经济法的主体和责任形态对经济法责任构成进行了区分。比如李建华先生认为，政府管理机关的经济侵权责任的构成要件包括经济违法行为、给市场主体造成了损害、主观过错和因果关系；其补偿责任的构成要件包括政府经济管理机关不当行使经济法权利的行为、须为维护公益或因公共设施的需要、市场主体合法权益受损；有经济法明确具体的规定。[3]焦富民认为，调制主体的国家赔偿责任的构成要件包括：调制主体的主要相关立法、立法性决策不当、损害以及因果关系；其补偿责任的构成要件包括：不当行使经济法权利、出于维护社会公共利益或公共设施之需要、须有经济法明确而又具体直接的规定。[4]

结合上述学者对经济权力主体的经济法责任构成的分析，笔者认为，违法行为应该是首要条件，不过此处违法行为并非单纯指违反法律规范，在经济权力主体没有明确，违反不仅指违反法律的禁止性规范，违背法律原则以及倡导性规范也属违法行为。李建华先生和焦富民先生强调的“不当”行使经济权

〔1〕 王兴运：“试论经济法律责任的独立性和局限性”，载《河南省政法管理干部学院学报》2004 年第 4 期。

〔2〕 韩志红：“关于经济法中以‘新型责任’弥补‘行政责任’的思考”，载《法商研究》2003 年第 2 期。

〔3〕 李建华：“论经济法责任构成要件及承担方式”，载《法制与社会发展》1995 年第 6 期。

〔4〕 焦富民：“论经济法责任制度的建构”，载《当代法学》2004 年第 6 期。

利，就隐含了实体与程序、合法与合理性多个层面。尽管对合理性的要求可能并非以禁止性规范体现，但是合理性原则当然是经济法之基本原则。

至于损害事实，韩志红已经指出损害事实并不一定是构成要件，李建华先生列举的两类责任都将损害事实作为构成要件，焦富民只将其列入经济赔偿责任的构成要件，而没有将其作为补偿责任的构成要件。在我看来，经济权力主体责任的构成要件不一定以损害事实为前提，通常只要有违法行为，国家就可令其承担相应的责任，只有在要求国家赔偿或补偿的情况下，才需要以损害事实为要件。

就主观过错来说，韩志红已经否认了其作为构成要件的必要性。在我看来，对于经济权利主体的责任构成要件来说，一般应以有主观过错为条件，但是，对经济权力主体的责任构成要件来说，并不需要以主观过错为条件。不论是否有主观过错，只要有违法行为，就应承担相应的责任，只要有损害，就应承担赔偿或补偿责任。

至于因果联系，由于损害事实并非是必需的责任要件，因此也就不论违法行为与损害事实之间的因果联系了。但是，一旦以损害事实作为构成要件，就必须考虑违法行为与损害事实之间的因果联系。

2. 经济权力主体经济法律责任的归责原则

尽管在民法中，过错责任乃是最基本的归责原则。但是，在经济法这样的公法领域，鉴于保护社会和公民的利益乃是经济权力主体的当然使命，也考虑到证明调制主体的过错对受制主体来说乃是不可完成的任务，所以即使其无过错也应承担责任。因此，对于经济权力主体来说，严格责任乃是最基本的归责原则。同时，在具体归责时，应该坚持责任法定和责罚适应原则。其中，责任法定原则强调责任的追究应该事先规定责任构成要件和相关程序等。责罚适应原则强调追究责任时，处罚的严重程度应该与行为主观过错与危害后果成正比，这一原则与陈婉玲教授主张的定量原则含义大体类似。[1]

第三节　现行经济法对经济权力主体的责任规定及不足

经济权力主体的经济法律责任对控制权力、保障权利以及保障社会利益的重要意义表明，经济法必须加强经济权力主体的经济法律责任的规定。正因如此，分析现行经济法中经济权力主体的经济法律责任规定的现状，发掘其存在的问题，探讨如何完善关于经济权力主体的经济法律责任，便十分必要。

一、现行经济法中经济权力主体的责任形态

自20世纪80年代以来，随着改革开放的深入以及市场经济的日益发展，中国的经济法迎来了高速发展时期。不论是宏观调控的法律还是市场规制的法律，在法律法规的数量和立法质量上都有了明显的提升。在法律责任方面，责任主体范围不仅包括经济权力主体（即调制主体），也包括经济权利主体（即受调制主体）。在责任形态上，根据现代社会经济结构的特点和人们的行为特点，经济法学界提出了惩罚性赔偿、产品召回、结构控制（分拆垄断企业）、资格减免、信用减等和行为控制等新的责任形式。这些新的责任形式不仅丰富了法学关于责任形式

---

〔1〕 陈婉玲教授认为，经济法责任归责应遵守定性原则和定量原则，前者决定是否承担责任，后者决定责任要承担到何种程度。参见陈婉玲：“经济法责任的归责原则”，载《政法论坛》2010年第6期。

的理论，[1]对经济法的发展和完善也起到了重要的作用。

然而，必须指出的是，中国经济法在经济法责任上的进步主要体现在受制主体经济法责任方面的进步，在调制主体的经济法责任方面，现行经济法的规定并不显著，其责任形态并不如经济法权利主体的责任形态丰富。综合现行经济法，我们发现经济权力主体的责任形态主要有以下几种：

第一，没收违法所得和责令退回。两者都是财产性责任，没收违法所得是指行使调制权的机关滥用手中权力，为本机关谋取不正当利益时，有权机关可没收其违法获得的利益。责令退回是要求调制主体应该返还其违法从受制主体处获得的钱物。尽管实践当中这些现象并不少见，但是当前规定这一法律责任的法律其实并不多。没收违法所得的典型例子有《产品质量法》的第67条。根据该条规定："产品质量监督部门或者其他国家机关违反本法第25条的规定，向社会推荐生产者的产品或者以监制、监销等方式参与产品经营活动的，由其上级机关或者监察机关责令改正，消除影响，有违法收入的予以没收。"要求责令退回的法律有《城市房地产管理法》。该法第70条规定："没有法律、法规的依据，向房地产开发企业收费的，上级机关应当责令退回所收取的钱款。"

第二，责令改正。责令改正是指调制机关出现违法行为时，由有权机关责令改正，杜绝出现再次违法现象。比如《预算法》第75条规定："隐瞒预算收入或者将不应当在预算内支出的款项转为预算内支出的，由上一级政府或者本级政府财政部门责令纠正，并由上级机关给予负有直接责任的主管人员和其他直接责任人员行政处分。"该条规定实际上规定政府及其部门承担

[1] 岳彩申："中国经济法学30年发展的理论创新及贡献"，载《重庆大学学报》2008年第5期。

的纠正违法行为的责任。

第三，消除影响。消除影响是由于政府及其工作部门的违法不当行为造成了不良影响，影响了市场主体的正当权益，在此情况下应该承担的法律责任。当前来看，现行经济法中规定消除影响的责任形态的也不多，比较典型的事例有《产品质量法》第67条。至于如何消除影响，经济法中并未明确规定，不过可以借鉴民事法律责任中的消除影响措施。

第四，撤销许可。经济法中的市场规制法中牵涉到许多经济行政许可的事项，在现实当中也难免出现权力寻租、违法授予许可权的现象，此类现象危害甚大。为此，一些经济法中规定了撤销法律许可的责任形式。比如，《矿产资源法》第47条规定，违法颁发的勘查许可证、采矿许可证，上级人民政府地质矿产主管部门有权予以撤销。

第五，通报批评。比如，《价格法》第45条规定，地方各级人民政府或者各级人民政府有关部门超越定价权限和范围擅自制定、调整价格或者不执行法定的价格干预措施、紧急措施的，责令改正，并可以通报批评。通报批评这一做法是精神上或者非财产性的法律责任。

二、现行经济法对经济权力主体的责任规定的不足

对比现行经济法中关于经济权利主体的经济法责任的规定，我们发现我国现行经济法关于经济权力主体经济法责任的规定具有以下不足：

第一，重经济权利主体的法律责任，轻经济权力主体的法律责任。有学者指出，经济法律责任具有不对等性和不均衡性。在市场规制法律中，对市场主体义务规定较多，则其法律责任的规定也较多。在宏观调控法中，是以规定经济行政主体的义

务为主（如财政机关和征税机关、金融监管机关的法定职责），因此其法律责任的规定也应较多。[1]但是，笔者分析了《产品质量法》《反不正当竞争法》《商业银行法》《中国人民银行法》等诸多法律，发现无论是市场规制法，还是宏观调控法，中国现有的经济法中关于经济权利主体的法律责任的条文远远多于关于经济权力主体法律责任的规定（详见表2－1）。现有的关于经济权力主体的法律责任的规定，偏重于追究其积极违法行为的法律责任，对于其不作为法律行为应承担的法律责任关注较少。比如，《矿产资源法》只是规定了滥发许可证应负的法律责任，而没有规定无正当理由拒不发放许可证应承担的法律责任。此外，政府宏观调控引起的巨大政策风险的责任承担几乎是空白，经济管理和调节主体因错误估计和判断经济形势或因官僚主义导致经济发展出现严重问题，也难以适用经济法来追究责任。[2]这些现象表明，我国经济立法高度关注国家利益与社会公益，其重心是通过法律责任督促经济权利主体服从国家的调控和规制，至于国家能否依法进行调控和市场规制，并不是立法最重要的目标。

表2－1　现行经济法对权力主体经济法责任规定的条文数量统计

法律名称	经济法责任总条文数	经济权力主体经济法责任条文数
《产品质量法》	33	4
《反不正当竞争法》	13	2
《反垄断法》	8	1

---

〔1〕 李昌麒主编：《经济法学》（第2版），法律出版社2008年版，第673页。

〔2〕 李晓辉：“经济法国际化发展趋势下对经济法责任研究的反思”，载漆多俊主编：《经济法论丛》（第20卷），武汉大学出版社2011年版。

续表

法律名称	经济法责任总条文数	经济权力主体经济法责任条文数
《商业银行法》	18	0
《中国人民银行法》	10	4
《保险法》	33	1
《城市房地产管理法》	8	2
《价格法》	8	1
《审计法》	10	1

第二，法律责任的重心是对国家工作人员的责任，而非是对国家的责任。根据学者们的分析，经济权力主体实际上就是调制主体，即行使宏观调控权以及市场规制权的国家机关。行使调制权的国家机关的工作人员严格来说，并非是经济权力主体，而是主体的代理人。在现行经济法当中，对经济权力主体的法律责任的规定常常以追究其工作人员的法律责任取代。几乎每部法律的法律责任章节中，都规定了行使调制权的国家机关的工作人员应对其违法行为承担行政责任，以及构成犯罪时要承担刑事责任，但是很少规定违法的国家机关应该向受害的受制主体承担责任。笔者认为，这种以工作人员的行政责任和刑事责任代替对权利主体应承担的法律责任的做法，从根本上凸显了立法时的国家保护中心主义倾向。

第三，责任形态有限，一些重要的法律责任没有涵盖其中。如前所述，中国现行经济法规定的经济权力主体的经济法责任主要包括没收违法所得、责令纠正、取消许可、消除影响和通报批评等。从责任的实质内容来看，这些责任可以分为财产性责任和非财产性责任。其中没收违法所得以及责令退回显然属于财产性责任，其他多属于非财产性责任。从责任直接受益方来看，责令纠正、责令退回以及消除影响的直接受益方乃是经济权利主体，而没收违法所得等直接受益方是国家。这些责任形式虽然能从不同方面督促经济权力主体依法行使权力，但是诸如实际履行、国家赔偿之类的重要责任形式并没有被纳入经济权力主体的法律责任体系中。

三、国家经济赔偿对经济权力主体的现有经济法责任的弥补

上述三个不足事实上表明了中国现行经济法中关于经济权力主体法律责任的规定存在明显的问题。市场主体的法律责任不断被强化，但是经济行政主体的责任却被忽视。这样的做法不仅不符合法制的平衡精神，[1]也集中体现了现行经济立法带有的明显的国家主义倾向。它既不利于保障经济权利主体的正当权益以及维护社会公益，也不利于控制国家经济权力，尤其是国家赔偿制度的缺失，大大制约了经济法的控权价值，也极不利于中国经济法治的实现。正因如此，国家经济赔偿责任引入经济法中权力主体的法律责任体系尤有重要。

本章小结

本章对经济法中权力主体之法律责任的前提、制度价值、构成要件、归责原则、现存规定之实然状态进行了理论的探讨和实现的检讨，尤其指出了国家经济赔偿责任是对现存经济法对权力主体之法律责任规定不足之弥补的有效责任形式。经济法中权力主体之法律责任的探讨是建立在经济法具有独立法律责任的观点之上的。经济权力主体的经济法律责任的设立和追

---

〔1〕 李昌麒主编：《经济法学》（第2版），法律出版社2008年版，第676页。

究，很明显具有以下三方面的制度价值：首先，经济权力主体的法律责任的设立和追究，有利于防范经济权力的滥用，督促经济权力主体积极有效地行使自己的权力。其次，经济权力主体的法律责任的设置可以督促经济权力主体积极行使经济权力，履行经济职责和义务。再次，经济权力主体的经济法律责任有助于保障经济权利主体的经济权利。最后，经济权力主体的经济法律责任有助于保障社会整体利益。依法追究经济权力主体的经济法责任是一个经济法治国家必须认真对待的问题，而此问题的解决必须依赖于责任构成要件及归责原则。经济权力主体承担法律责任的首要前提是违法性，即违反经济法规定；损害事实在国家经济赔偿时才是必备的；主观过错是经济法中权利主体的责任构成要件而非权力主体责任的必需要件；违法行为与损害事实之间的因果关系是国家经济赔偿责任的构成要件。严格责任乃是经济法中权力主体承担责任最基本的归责原则。综观现行经济法规范，经济法权力主体的责任形态主要有没收违法所得和责令退回、责令改正、消除影响、撤销许可及通报批评。反思经济法权力主体的现存责任体系，存在三大缺陷：重经济权利主体的法律责任，轻经济权力主体的法律责任；法律责任的重心是对国家的责任，而非是对受制主体的责任；责任形态有限，一些重要的法律责任没有涵盖。国家经济赔偿责任应该也是可以对经济法中权力主体责任现存不足进行有力的弥补。

第三章 

国家经济赔偿是经济法中权力主体的一种重要责任

张守文教授认为："经济法中的国家赔偿，主要是缘于国家所实施的宏观调控或市场规制不当，而给调制受体所造成的损害。为了补偿这种损害，从应然的角度说，国家应当通过一定的途径和形式来给予赔偿。"[1]同时，他还指出："事实上，在社会保障、转移支付等领域的某些措施，就是国家给特定地区或特定人群的一种补偿（因为各地的人民有权得到大体相同的基本公共物品）。"[2]这种积极补偿，主要缘于国家政策或法律对其权益的实质侵害，可视为政府承担的一种隐性责任。与政府积极的宏观调控或市场规制相反，国家或政府应该作为而不作为，这种情况下，产生一种与国家经济赔偿责任相当另外一种"实际履行"的责任。

经济法中的国家赔偿的特殊之处在于，它不同于狭义的行政赔偿或司法赔偿，而更主要的是"立法赔偿"。因为在严格的"调制法定原则"的约束之下，调制主体的调控失当，往往与立法上的失误或者立法性决策的失误有关，因而当其给国民造成损害时，就不应当是一般的行政赔偿或司法赔偿，而应当是"立法赔偿"。这与传统的国家赔偿的发生原因、存在领域、制

---

〔1〕 张守文："经济法责任理论之拓补"，载《中国法学》2003年第4期。

〔2〕 张守文："经济法责任理论之拓补"，载《中国法学》2003年第4期。

度目标、法律依据、赔偿对象、基本理念等，都是不同的。[1]

张守文教授提出的经济法中的国家赔偿，在本书中主要是国家经济赔偿，我们也认为，国家所实施的宏观调控或市场规制不当，给调制受体造成损害，应该赔偿。现从理论上论证经济法中国家经济赔偿的正当性、必要性和可行性。

第一节　经济法中权力主体承担国家经济赔偿责任的正当性

正如张守文教授所言，国家经济赔偿类似于"立法赔偿"。因为宏观调控行为属于决策行为和国家行为。[2]因此，立法与宏观调控在本质上有共通之处。本书将在这里借鉴立法赔偿的正当性理论，来论证国家经济赔偿的正当性，当然是在借鉴的基础上，又有所拓展。

一、公共负担平等理论

"公共负担平等理论"认为："政府所有活动均是为了公共利益而实施，故应当由全体社会成员共同分担其产生的费用；国家与公民之间的命令－服从关系使得国家活动必然给公民造成损害，而这种损害是受害人在缴纳赋税以外额外承受的负担；为了恢复公众与特定受害人之间在公共负担方面的平衡，国家应当用公共财政弥补因公共活动而遭受严重损失的特别受害人。"[3]回到宏观调控行为或市场规制行为，国家均是以公共

---

〔1〕张守文："经济法责任理论之拓补"，载《中国法学》2003 年第 4 期。

〔2〕邢会强："宏观调控行为不可诉探析"，载《法商研究》2002 年第 5 期。

〔3〕参见王名扬：《法国行政法》，中国政法大学出版社 1989 年版，第 711 页。

利益而为之的行为，必定会给一些人利益造成损害，在这种情况下，给予受损者一定国家经济赔偿，是一种公共负担平衡。

反对立法赔偿或者经济法中国家经济赔偿的理论，其中之一就是“人民主权理论”。卢梭的社会契约论主张，人是对社会负责的，社会同时也对人负责，法律的地位高，但是高不过人的地位，各种社会关系都是契约，人人要遵守契约，否则严惩不贷。社会契约赋予了政治体生命，而立法则赋予它行动和意志，卢梭认为，法律是“全体人民对全体人民作出的规定”，主权者即是立法者。主权作为整体意志而具有绝对性。〔1〕还有一个反对理由是“国家主权豁免理论”。该理论认为立法是国家主权行为，因而享受豁免，也不需要进行赔偿。虽然近几年提出了有限豁免的理论，但是国家主权豁免理论仍占主要地位。

随着法律合宪性审查理论与实践在欧美国家的出现，“议会主权理论”日益受到质疑。人们开始接受法律在内容上并非永远正确、在效力上并非永远无可挑剔的思想。狄骥在《公法的变迁》一书中，揭示了主权理论的衰落，并认为公共服务的概念正在取代主权的概念。狄骥认为，国家不再是一种发布命令的主权权力。它是由一群人组成的机构，这些个人必须使用他们所拥有的力量来服务于公众需要。公共服务的概念是现代国家的基础。没有什么概念比这一概念更加深入地根植于社会生活的事实。〔2〕“在公共服务依照法令的规定发挥作用的情况下，那些因为它的运营而遭受损害的公民个人也自然享有求偿权，这是因为无论国家的行为是合法的还是错误的，只要它给某位

---

〔1〕 吴晨佳、范晓飞：“浅析我国立法赔偿制度的构建”，载 http://www.jsfy.gov.cn/llyj/xslw/2012/05/15155615422.html，2013 年 7 月 30 日访问。

〔2〕［法］莱昂·狄骥：《公法的变迁》，郑戈译，中国法制出版社 2010 年版，第 7 页。

公民个人或一群体所造成的负担超过了整个社会的平均负担，它就必须承担责任。”[1]狄骥的公共服务理论其实也揭示出了公共负担平等理论。由此可知，国家公务活动的目的是为了全体公民的公共利益，其利益由全体公民同等享受，由此产生的费用也应当由全体公民平等地分担。如果因公务活动而使某个人或某一群体遭受损害，实际上是受害人在一般纳税负担以外承担了额外的负担，这种额外负担不应当由受害人自己承担，而应当平等地分配于全体社会成员，即由全体公民分担损害，这才符合公平与正义的原则。宏观调控行为或市场规制行为，都是公共服务行为，按照狄骥的理论，因调控和规制给某个人或一群体造成损害，其损害即为额外的负担，理应获得公平的分担。

狄骥的国家经济赔偿归责，不适用过错责任，而是风险责任。个人之间的关系，一般适用过错责任。但是，集体之间的关系，过错概念的位置可能并不是很重要。当我们考虑一项个人行动的时候，由于存在驱使这种行动的意志以及这种行动所追求的目的，所以我们可能可以找出个人的过错，而且，我们应当根据这种过错来确定个人的责任。但是，在社团的行为中，情况就并非如此了。这种行动无疑也是由个人意志来驱使的，但它所追求的目的却是集体性的。如果这个集体的某个代理人犯下了一种过错，我们不应该把责任归诸他个人，因为他是在为集体的目的而行动时，才犯下了过错，我们也不应该把责任归诸集体，因为，除了在法律家们的思想之外，集体并不具有人格性的存在。在这里，过错的概念和可归责性的概念都被排

[1] 转引自孙光焰：“经济立法中的国家赔偿——以狄骥的公共服务理论为基础”，载郭道晖主编：《岳麓法学评论》（第3卷），湖南大学出版社2002年版，第183页。

除了。[1]唐纳德·布莱克也表达了同样的观点。他认为："严格责任和无过错责任标准更经常的适用于集体而非个人。"[2]

因此，要求经济法中国家经济赔偿，公共负担平等理论在一定程度上给予其正当性的理论支持。

二、分配正义与矫正正义理论

卡罗尔·哈洛在其《国家责任：以侵权法为中心展开》一书中，揭示出了国家责任由矫正正义向分配正义的转变。他指出："在我们所生活的这个时代，人们对于国家的态度正在发生剧烈变化。在这个福利国家，分配正义，在更为公平和资源分配更为平等这层广泛意义上讲，它已经成为一种为大家所接受的集体目标。"[3]

亚里士多德关于分配正义与矫正正义的范畴，为各人应得的归于各人的原则在政治行动和社会行动中进行检验指出了主要的检验场域。分配正义所主要关注的是在社会成员或群体成员之间进行权利、权力、义务和责任配置的问题。[4]伊斯塔克·昂格拉尔认为，分配正义旨在根据一定的价值标准在不同的人之间分配既定的对象。[5]罗伯特·卡恩沃斯认为，分配正

---

〔1〕 孙光焰："经济立法中的国家赔偿——以狄骥的公共服务理论为基础"，载郭道晖主编：《岳麓法学评论》（第3卷），湖南大学出版社2002年版，第184页。

〔2〕［美］唐纳德·布莱克：《正义的纯粹社会学》，徐昕、田璐译，浙江人民出版社2009年版，第58页。

〔3〕［英］卡罗尔·哈洛：《国家责任：以侵权法为中心展开》，涂永前、马佳昌译，北京大学出版社2009年版，第12页。

〔4〕［美］E. 博登海默：《法理学——法律哲学与法律方法》，邓正来译，中国政法大学出版社2001年版，第265页。

〔5〕［英］卡罗尔·哈洛：《国家责任：以侵权法为中心展开》，涂永前、马佳昌译，北京大学出版社2009年版，第13页。

义意味着“分享一个蛋糕”。[1]无论是亚里士多德、斯密、洛克、卢梭、休谟、康德，还是罗尔斯等，卡罗尔·哈洛认为，他们都关注的是蛋糕以及吃蛋糕者，而切蛋糕者的行为就显得不那么重要了。[2]也就是说，分配正义中我们忽视了国家这个切蛋糕者的行为，如果国家宏观调控行为或市场规制行为，给个人或一群体造成某种损害，给予经济法中的国家经济赔偿，不是基于国家的过失或者国家的法定责任，而是属于分配正义的范畴之内。

经济法属于公法范畴，公法是根据其宗旨来确定哪些是公共职能的；政府在推进公益事业发展的过程中，通常是满足大多数人的公共利益，但是政府在履行这些公共职能时，与公民的行动自由、人身和财产安全，以及改善个体或者社会中某些团体的成员的福利相冲突。无论是西方还是我国，在公共服务上，都是以“集合”形式来分配利益的。这种公共服务为整个社会利益而设计，绝非为个体利益而设计。因此，从某种意义上来讲，我们今天的分配正义这种理念没有为个体获得补偿权提供正当性支持。[3]但我们认为经济法中国家经济赔偿恰恰体现了国家对个人或一群体利益受害提供一种矫正正义。

也就是说，在民事、刑事和行政法领域，体现的是矫正正义，而我们看到今天这三大领域出现了一种新趋势，由矫正正义向分配正义转变。如民事领域中，出现了大量的严格责任和无过错责任，这些都体现了民法领域中的分配正义。立法行为、

---

〔1〕［英］卡罗尔·哈洛：《国家责任：以侵权法为中心展开》，涂永前、马佳昌译，北京大学出版社2009年版，第13页。

〔2〕［英］卡罗尔·哈洛：《国家责任：以侵权法为中心展开》，涂永前、马佳昌译，北京大学出版社2009年版，第13页。

〔3〕［英］卡罗尔·哈洛：《国家责任：以侵权法为中心展开》，涂永前、马佳昌译，北京大学出版社2009年版，第14页。

宏观调控行为和市场规制行为，在最初阶段，都是一种利益分配，是一种分配正义。大多数国家打着公共服务名义，损害了少部分人的利益，就目前大部分国家来看，他们一般很难获得赔偿，其损失也往往被认为是理所当然。但这并不是真正的公平，而是一种“多数人的暴政”。因此，给予经济法中少数受损害者赔偿，我们认为是一种由分配正义向矫正正义的转变。或者说是对分配正义中“不合理”的“分配”的矫正。

第二节　经济法中权力主体承担国家经济赔偿责任的必要性

在上节中，笔者从“公共负担平等理论”和“分配正义和矫正正义”理论论证了国家经济赔偿的正当性。在这一节，笔者将论证国家经济赔偿的必要性。本节将从损害的客观性及处理时的制度溢流、国家调制行为不可诉不代表不可以救济及国家经济赔偿是国家调制行为的又一制动器三个方面加以论述。

一、损害的客观性与处理时的制度溢流

1. 损害的客观性

国家进行宏观调控或者市场规制，意味着某种制度的变迁。有些制度变迁看似无法解释，而所有的制度变迁都会产生得益者和受损者。为何得益者倾向于某个特定制度变迁这个问题并不神秘，同时也不难理解为何我们不期望受损者会感到高兴。[1]制度代表了集体对于个体行为的限制、解放和扩展。因此，国家宏观调控或市场规制，一定会对某些人有利，对另一

---

〔1〕［美］丹尼尔·W. 布罗姆利：《充分理由——能动的实用主义和经济制度的含义》，简练等译，上海人民出版社2008年版。

些人不利。

自20世纪80年代以来，就我国而言，随着改革开放的深入以及市场经济的日益发展，中国的经济法迎来了高速发展时期。宏观调控和市场规制体系亦逐步在不断完善中成熟起来，完善过程中难免有受损者，法律救济途径的不足，损害的客观存在，极有可能诱发受损者不会接受国家宏观调控或市场规制的安排，寻求其他途径的诉求。所以，应当明确的是经济权利是源，经济权力是流，经济权力源于且服务于经济权利，权利得到拓展和延伸是一种渠道，而不少权利是通过对权力约束所获得的。

忽视损害的客观存在性，这是我国宏观调控或市场规制一个严重问题。在法律上不能给予受损者救济，不甘的受损者会寻求其他途径表达其诉求或者不满。如“凤凰古城收费事件”。2013年4月11日，凤凰古城实行“一票制”，即每一位进入湖南凤凰古城风景名胜区的游客，不论是否参观古城内的景点，都将收取148元门票费。第二天，大批商户和当地居民因不满“一票制”政策关门歇业，这一政策引起了当地居民和游客的普遍质疑。还有国家房地产调控，被政策限制的人，有的会想其他途径获得需求，而且调控受到多方面的抵制，导致调控效果欠佳。民众对政府不满，而房价也没有降下来，结果使得民众嘲笑宏观调控，影响了调控的威信。

上面举的例子可能与主题有点不符，但笔者主要是想表达这样一层意思，即宏观调控或市场规制行为，一定会有受损者，而且受损者的损害是客观存在的，这些受损者其中一定有人会寻求其他途径表达其诉求或者不满，也一定在某种程度上对社会产生不利影响。

2. 制度溢流

所谓制度的溢流，乃指制度内的处理管道，无法回应社会现实的需要，而任由主体寻求其他制度外的途径处理，以谋求解决的现象。[1]叶俊荣教授指出，在实际的运作层面，问题的因应与原本设计的制度，并不必然处于相对应的关系。许多原本应循既有制度处理的问题，往往在现实的运作下，寻求制度外的解决，或由担负其他功能的制度所承受。即制度内的处理管道，无法回应社会现实的需要，而任由主体寻找其他制度处理，以谋求解决的现象，称为制度的溢流现象。[2]

溢流现象的基本模型表现在三个方面：首先，促成问题显现的力或动因不会因制度汇纳能力的限制而自行消弭，只会从其他管道寻求突破。因此，在问题确实存在的情况下，面对制度内的管道闭塞，促成问题显现的力或动因，不是暂且蛰伏，便是寻求其他制度或制度外的管道谋求解决。其次，当问题的处理产生溢流现象时，该问题确实可能被解决，但其处理方式却往往对其他问题产生示范作用，形成制度内与制度外的抗衡，进而引发更多的社会成本。最后，当问题的处理溢流于外时，往往造成不可逆的后果。换言之，即令溢流的后果已经彰显，也无法重头来过，只能期望未来。[3]

就我国的现实情况来看，宏观调控行为或市场规制行为，如果给个人或一群体造成某种损害，一般是无法获得法律的救济的。如上所述，因调控或规制的行为给某些人造成的损害是客观存在的，这些受害者中的一部分一定会寻求制度外的处理办法。如在“凤凰古城收费事件”中，凤凰古城开始收费，通

---

〔1〕 叶俊荣：“国家责任的溢流：国家赔偿法实施现况的检讨”，载《台大法学论丛》(第24卷第2期)，台湾大学法学院1995年版，第123~147页。

〔2〕 叶俊荣：“国家责任的溢流：国家赔偿法实施现况的检讨”，载《台大法学论丛》(第24卷第2期)，台湾大学法学院1995年版，第123~147页。

〔3〕 叶俊荣：“国家责任的溢流：国家赔偿法实施现况的检讨”，载《台大法学论丛》(第24卷第2期)，台湾大学法学院1995年版，第123~147页。

票148元。始料未及的是，古城内的一些商户罢市并聚集抗议。当地政府慌不迭地出动防暴警察，事件就此升级。该事件说明，在市场规制中，损害部分人的利益，而不给予国家经济赔偿，妄图用权力强制压制，其结果未必能够达到。在制度内，受损者找不到问题处理的办法，一定会在制度外寻找问题处理的办法。在我国发生的众多群体性事件，充分说明了，当今社会再也无法忽视宏观调控或市场规制给个人或一群体造成的损害。

因此，从宏观调控或市场规制造成的客观损害和溢流现象，我们认为国家经济赔偿具有必要性。在宏观调控或市场规制进行时，应考虑到给予部分受损者国家经济赔偿。国家经济赔偿是制度内的问题处理办法，这样国家就可以控制、处理问题，一旦受损者寻求制度外的问题处理办法，其后果一般是无法控制的，造成的代价或社会成本也是巨大的。

二、国家调制行为不可诉不代表不可以救济

事实上，我国宏观调控或市场规制是不可诉的。也有学者从理论上论证宏观调控不可诉性。如邢会强博士认为，宏观调控行为是宏观调控决策，不具有可审查性。法院既不能撤销、变更或废止宏观调控行为，也不能判决宏观调控机关对宏观调控决策给受控主体造成的损害承担赔偿责任。他还认为，承认宏观调控行为的不可诉性实质上是在承认司法失灵前提下的一种司法克制主义。宏观调控行为的不可诉性要求发展经济法的追责模式，建立宏观调控复议制度、政治责任制度和经济法中的国家赔偿制度。〔1〕邢会强博士虽然认为宏观调控具有不可诉

〔1〕 邢会强："宏观调控行为不可诉探析"，载《法商研究》2012年第5期。

性，但他同时也说明，宏观调控不可诉要求发展经济法的追责模式，其中就提到了经济法中的国家赔偿。

当然，也有从理论上支持宏观调控可诉的。如胡光志教授认为宏观调控是可诉的。他认为，国家宏观经济调控的正当性来源于两个方面：一是经济生活中的市场失灵；二是宏观调控能够法治化。宏观调控法治化的最终标志，是司法可以也能够对宏观调控行为进行审理与裁判。宏观调控行为具有不可诉性的观点在理论上因有悖于法治的基本理念而不合时宜，在实践中则可能因应人治的需要而十分有害。虽然要实现宏观调控的可诉性在目前还存在许多障碍，但这并不能成为否认宏观调控可诉性的理由。通过对现行司法制度的改革，以建立公益诉讼为突破口，辅之以法院之友等手段，宏观调控的可诉性是可以实现的。[1]

因此，在理论上，虽然宏观调控行为是否可诉存在争议，但是都不妨碍宏观调控对受控者造成的损害进行经济法中的国家赔偿。综合归纳双方争议的观点，均不否认对不当的一些宏观调控行为进行责任的追究。那些支持宏观调控具有可诉性的论者，则无一例外地有这种误解——没有可诉性就没有救济性。在法律上，有“无救济即无权利”的法谚，这是正确的，但是，救济和可诉性究竟不是一码事，“无救济即无权利”不等于“无可诉性就无权利”。事实上，正如有的论者所言，宏观调控行为的不可诉性不意味着宏观调控行为可以不负责任。[2]我国经济法学者王全兴教授特别指出，法的可诉性不同于权利的可救济性，有权利必有救济，没有救济的权利不是真正的权利。但救

〔1〕 胡光志：“论宏观调控行为的可诉性”，载《现代法学》2008 年第 3 期。

〔2〕 肖顺武：“质疑宏观调控行为的可诉性”，载李昌麒主编：《经济法论坛》，群众出版社 2008 年版，第 292 页。

济的途径除了诉讼、仲裁外，还有其他方式。[1]

三、国家经济赔偿责任是国家调控与规制的制动器

2011 年 4 月 22 日，《华西都市报》报道了一个香港老太逼停 700 亿大桥的事件。家住香港东涌的 66 岁老太朱绮华认为港珠澳大桥没评估臭氧、二氧化硫及悬浮微粒的影响，因而是不合理也是不合法的。她通过申请法律援助入禀香港高等法院，就大桥香港段环评报告申请司法复核。2011 年 4 月 18 日，香港高等法院作出裁定：香港环保署于 2009 年完成的环保报告无效。[2]这件事在大陆引起了很大的反响。有人赞成老太的行为，认为该事件是民权的彰显；有人反对，认为该事件给后续工程带来了巨大损失。在笔者看来，这件事是香港法制健全的一个例证。也正好说明，在法制健全的香港，法制可以作为社会发展的“刹车”。

就我国大陆而言，地方政府为了政绩，追求 GDP、追求高速和与人攀比，经常会忽视建立在最大限度地保护民众权益基础之上的发展，才是稳健的、可持续的发展。在我国的很多地方，诸多的社会管理创新都包含地方政府的宏观调控或市场规制行为。这些调控或规制有的是超越了法律底线，有的是违反法律调控或规制，进而侵害民众民权。但是在我国高速发展的快车道上，经济发展一路狂飙。而这样的发展繁荣背后却掩盖了一些受损的人群，他们在得不到法律保障的情况下，成了社会的不稳定因素。因此，宏观调控行为或市场规制行为的首要

〔1〕 转自肖顺武：“质疑宏观调控行为的可诉性”，载李昌麒主编：《经济法论坛》，群众出版社 2008 年版，第 292 页。

〔2〕 赵勇：“一老太何以能逼停 700 亿大桥”，载《华西都市报》2011 年 4 月 22 日。

前提是政府要依法调控或规制。短期的高效益往往要付出管理混乱、损害群众利益甚至损害政府公信力的代价。[1]诚然，宏观调控或市场规制有时会与法治同步，有时又会超前于法治甚或与之相悖。但是，在一个法治社会，我们应该忍受法治同步或落后于我们的时代，因为法治不仅是社会生活的规范，而且还是我们社会发展前进中的“刹车”。在我们的生活中，各种车辆都会安装有刹车，这主要是保护我们和行人的安全。特别是在今天的风险社会，法治这一“刹车”的作用更为显现。没有法治的社会管理创新，就像是一辆没有安装“刹车”的高铁，安全是无法保障的。

因此，我们认为，宏观调控或市场规制行为应该有两个“刹车”：一是依法调控或规制；二是在调控或规制没有违法的情况下，如果给正当的受害者造成了损害，也应该给予经济法中的国家赔偿。国家经济赔偿的目的一是安抚无辜受控者，二是这些国家经济赔偿也是加给调控者或规制者的一种负担，使其在宏观调控或市场规制时，要好好想想调控或规制的社会成本，不能肆意做决定，给个人或一群体造成了损害，却什么责任也不负。这无疑是在鼓励一种冒险行为，因为在风险社会，结果由以前的封闭性转向了开放性。在以前，一个事件的结果导致的危害后果是可控的，而现在，任何一个国家政府都没有绝对的能力清楚预测后果并控制后果。

回到本书主旨上，经济法中的国家经济赔偿，是宏观调控行为或市场规制行为的“刹车”之一。正是因为没有国家责任，也没有国家经济赔偿，宏观调控或市场规制就可以肆意发起，这种调控或规制毫不顾忌对那些无辜的受控者或被规制者造成

---

〔1〕 薛薇：“法治应该是社会管理创新的核心”，载《检察日报》2011年8月9日。

的损害。如果其是在合法状况下作出的调控或规制，便会更加肆无忌惮。没有法治和国家经济赔偿的宏观调控或市场规制，将存在巨大的社会风险，而且对于这些风险后果，国家再也不能像以前那样应对或控制自如，稍有不慎，就会酿成群体性事件。故用法治和国家经济赔偿作为宏观调控或市场规制的“刹车”是再好不过了。

第三节　经济法中权力主体承担国家经济赔偿责任的可行性

如果经济法中的国家经济赔偿具有正当性，并且在理论上和现实中均具有必要性，那么国家经济赔偿在我国现实的条件下是否具有可行性呢？在搜集相关资料中，有人认为在目前我国现行体制下，国家经济赔偿实施的条件并不具备，因而在我国现阶段是无法实行的。但我们并不否定在未来条件成熟时，国家经济赔偿实施的可能性。

一、经济法中权力主体承担国家经济赔偿责任的现实障碍

1. 文化障碍

胡光志教授认为，我国传统文化是阻碍我国国家经济赔偿的一个因素。一是根植于传统文化土壤中的法观念，主要是“无讼息讼”观念。他认为这种厌讼、息讼观念的存在和延续，是我国宏观调控行为诉讼难以有效进行的主要文化障碍。二是吏官文化和人治理念是制约我国宏观调控行为的司法控制的又一文化障碍。[1]“中国有史以来就存在一个统摄一切、高高在

〔1〕 胡光志：“论宏观调控行为的可诉性”，载《现代法学》2008年第3期。

上的政治权威，所有活动均以此为核心展开，所有文化的缘起不妨看作是对这种核心的说明和解释。”〔1〕与这种观念相伴随的，便是人们对行政权力的仰视和对民告官的恐惧。正是这种文化观念，阻碍了对宏观调控行为的司法监控。〔2〕传统文化影响国家经济赔偿，其实质就是民众没有通过权利的斗争，来保护自身的权益。个人与个人之间发生的纠纷，在我国一般是在万不得已情况下，才会寻求诉讼途径，何况是一个涉及众多人的宏观调控行为或市场规制行为。在传统文化的潜意识影响下，民众往往会保持沉默。正所谓，一切有权力的人都爱滥用权力，直到有限制的地方为止。而民众的诉讼意识和权利意识。是限制宏观调控或市场规制的一个重要因素。

2. 体制性障碍

正如有的学者指出，无论是立法赔偿还是经济法中的国家经济赔偿，在我国现行体制下都存在障碍。

第一，中国还不存在有效的违宪审查制度，因此，全国人大的法律是不可能受到违宪评价的，因而也不可能确立立法赔偿责任。〔3〕同样如此，宏观调控或市场规制行为也不可能受到违宪评价。那么，对于违宪的宏观调控或市场规制行为，应该由谁来判定呢？由中央或政府来判定，便会违反“任何人都不能成为自己案件的法官”的原则。因为中央或地方政府本身就是宏观调控或市场规制的制定和实施者，当然不能自己判断自己行为是否违宪；如果由民众来判断，因为民众本身就是受控

〔1〕 尹伊君：《社会变迁的法律解释》，商务印书馆2003年版，第398～399页。

〔2〕 胡光志：“论宏观调控行为的可诉性”，载《现代法学》2008年第3期。

〔3〕 田飞龙：“立法赔偿纳入国家赔偿法范围的法理思考”，载 http://www.legaldaily.com.cn/fxy/content/2008-06/02/content_870685.htm? node=6068，2013年8月10日访问。

者或受规制者，是调控或规制的利益相关方，因此，也不能判断宏观调控或市场规制行为的合宪性。只有建立宪法法院或违宪审查委员会等机构进行违宪审查，才能做到公正。正是由于缺乏宪法审查制度，在我国，立法赔偿、宏观调控或市场规制等的违宪行为，并没有得到及时的纠正，受损者也不能获得国家经济赔偿。

第二，当下司法在中国至今尚未获得真正的独立，法院和法官在人民大众心目中的形象并未得到根本的改变。与普通的私权之间的纠纷对司法权的援引相比，司法权的独立与否，对宏观调控行为纠纷能否公正裁决更为关键。〔1〕私权间的纠纷仅仅涉及个人利益，相对而言，法院来自行政的干涉要少得多，而且在媒体监督以及法律程序制约之下，绝大部分法院还是能够作出公正裁判的。“而宏观调控行为引起的诉讼需要对宏观调控行为的合法与否、合理与否作出评判，甚至需要相关主体承担法律责任，不独立的司法一般不能抵御来自行政的干扰。更为严重的是，司法的不独立必然对司法权威造成破坏，进而引起人们对法律的信仰危机。”〔2〕因此，在我国如果司法没有真正独立，而是依附政治甚至作为行政御用工具，那么，用司法权来对宏观调控或市场规制行为进行规制，实际效果可能并不理想。因为宏观调控权或市场规制权本质上是一种政府的权力行为，涉及对行政权的司法监督和制约，在形式上看起来很美，但现实确实效果不佳。

3. 立法性障碍

立法性障碍主要表现为法律把宏观调控或市场规制行为界定为抽象的行政行为，而我国《行政诉讼法》规定，抽象行政

〔1〕胡光志：“论宏观调控行为的可诉性”，载《现代法学》2008 年第 3 期。

〔2〕胡光志：“论宏观调控行为的可诉性”，载《现代法学》2008 年第 3 期。

行为不是司法审查的对象。因此，该法从立法的角度就排除了宏观调控行为的可诉性。即在行政诉讼法领域，抽象行政行为，无论是较高位阶的行政法规与规章，还是较低位阶的规章以下的规范性法律文件，都被排除在司法审查的范围之外。但行政法学界对于抽象行政行为的可诉性业已达成共识，并积极提议修改行政诉讼法，将抽象行政行为纳入司法审查的范围。当然，这些共识只是从理论上探讨抽象行政行为的可诉性，在实际生活中仍然没有实施。我们可以看到，一些宏观调控行为经常会出于了地方保护、部门保护的动机，甚至出现了滥用宏观调控和市场规制行为，来获取或扩展地方利益和部门利益。在现有法律体系中，立法不仅没有制约这种调控或规制行为，相反还阻止了民众获取法律救济的途径。

二、经济法中权力主体承担国家经济赔偿责任可行性的证成

1. 对国家救济赔偿现实障碍的反驳

传统文化、体制性和立法性等因素成了我国国家救济赔偿障碍。我们认为，这些障碍在当下正在发生转变，这些转变为国家救济赔偿实施提供了条件。

就传统文化中的厌讼、息讼而言，经过国家几十年的普法教育，以及大学对法律人的不懈培养，已经深刻地改变了这种文化传统。我们不否认在我国还大量存在厌讼、息讼之人，但是法律并寻求法律救济的人确实在逐渐增多。我们相信，将会有越来越多的人摆脱传统文化的影响，接受依法治国，并通过诉讼的途径获得救济。因此，传统文化在我国现阶段仍然存在影响，但是影响在趋向减弱，而争取权利、为权利而斗争的人将会越来越多。这种发展趋势意味着宏观调控或市场规制中的受损者不会再保持沉默，他们会拿起法律的武器为权利而斗争。

从世界范围来看，许多国家都建立了违宪审查制度，虽然它们设立的方式或者机构不尽相同，但其实质都是对违反宪法的立法、宏观调控和市场规制进行审查。从我国自身来看，我们在理论上已经做好了充分准备，在现实中也有着迫切的需求和诉求。违宪审查制度的建立，在我国只是迟早的事。对于司法独立问题，吴邦国委员长曾在全国人民代表大会强调，我国不搞三权分立，要建设有中国特色的社会主义法律体系，但是不搞三权分立，不代表我国司法不独立。司法独立无论是在理论上还是在实践中，都已经成为普遍的共识。我们只能说，我国目前司法独立不完善，在某些方面有时会受到来自行政方面的干扰。但是，这种干扰司法活动的行为，都被界定为违法和不合时宜的行为，是应该受到谴责的行为。因此，我们不能把我国司法独立的不完善当作延缓我国经济赔偿的借口。

就立法性障碍而言，虽然宏观调控被视为是抽象行政行为，不具有可诉性。但是我们看到了一种趋势，即规章以下的规范性法律文件将被纳入司法审查的范围。主要是因为其体制阻力远比人大立法赔偿制度的确立要小。目前的情况是，规章以下的规范性法律文件可以在提起行政复议时一并进行审查，但这不是司法审查，而是行政系统的内部审查。既然能够提起行政系统的内部审查，这就为宏观调控或市场规制开辟了一条路，即先从宏观调控或市场规制在内部系统审查，当人们接受了宏观调控或市场规制应该受到监督或制约的理念后，再把规章以下的规范性法律文件纳入司法审查，在形成基本共识后，扩大到整个国家宏观调控领域。

由此可见，无论是厌讼、息讼，还是体制性和立法性等因素，它们妨碍国家经济赔偿，其实质就是这些因素阻碍了对宏观调控的可诉性。但经济法中的国家经济赔偿的障碍在现代社会已经开始发生消减，正在向着宏观调控的可诉性方向发展。这个发展趋势，有着更强的动因，去呼吁和促使因宏观调控或市场规制行为对无辜遭受损害的受控者给予国家经济赔偿。况且，宏观调控或市场规制是否具有可诉性，在一定程度上不影响调控或规制的救济性。

2. 来自域外立法赔偿的借鉴

立法与宏观调控、市场规制，都是针对的普遍性行为，但是立法行为无论是制定还是实施，都要比宏观调控、市场规制更严格，影响也更大。如果能够证明立法赔偿的可行性，那么宏观调控和市场规制行为就更没有不实行的理由了。

（1）法国的立法赔偿。法国是世界上比较早的实施国家立法赔偿的国家，并形成了一套较为完善的立法赔偿制度。法国的立法赔偿经历了从不赔偿到赔偿、从消极地依文本赔偿到积极地探寻立法目的赔偿，最终确立国家立法赔偿的原则。[1]现在，我们回顾一下 1938 年“小花奶制品有限公司案”，是如何奠定了法国现代立法赔偿制度的基础的。案情大致是在 1934 年，法国颁布《奶制品保护法》，禁止生产、销售、进出口冠以“奶油制品”之名，具有奶油外观和用途但成分却并非全部源自奶液的产品。“小花公司”因为生产一种由奶油、花生油和蛋黄共同制成的“奶油产品”而被迫停产。而这一产品并未被认为损害健康，遂提起诉讼请求国家赔偿。法国最高行政法院认为原告有理由请求赔偿，但根据案件卷宗尚无法确定损害范围，故判决撤销受诉的农业部长对原告企业赔偿请求的默示拒绝决定，责令农业部长在确定原告损害范围后作出赔偿决定。[2]

---

〔1〕 张莉：“法国立法赔偿制度评析”，载《行政法学研究》2012 年第 4 期。

〔2〕 转自张莉：“法国立法赔偿制度评析”，载《行政法学研究》2012 年第 4 期。

“小花公司案”将法国立法赔偿判例体系化，并最终确立了立法赔偿的原则，国家法律不能为了一部分公民的利益，而牺牲特定人或少数人的利益。

（2）日本的立法赔偿。日本的国会立法赔偿已为通说并被判例所认可。[1]我们可通过日本的“麻风病案”来了解日本立法赔偿的制度需求、合理性和可行性。1996 年 3 月 27 日，日本国会通过《废止麻风预防法法案》，废除了《麻风预防法》。但由于长期的强制隔离，即使在《麻风预防法》被废除之后，隔离给患者及其家属造成的痛苦仍然难以消除。于是原麻风病患者们根据《日本国家赔偿法》，向法院提起以国家为被告的损害赔偿诉讼请求。2001 年 5 月 11 日，日本熊本地方法院作出立法赔偿的判决，指出国家依据《麻风病预防法》实施的隔离政策严重侵害了患者的人权，因此认为厚生大臣和国会议院懈怠废除《麻风预防法》的不作为行为中具有《国家赔偿法》上的故意和过失，遂判决确认厚生大臣和国会议员的违法性及其故意和过失，并以此判断其具备国家赔偿的要件，判决承担国家赔偿责任。[2]

（3）德国的立法赔偿。对于德国的立法行为如果对个人或一群体造成损害，是否负国家责任，目前就收集到的资料来看，仍未能确定，也没有看到德国因立法制定或变更造成的损害要承担赔偿责任的案例。不过，在德国，从学说上，学界普遍认为，立法机关对存在基本权利保护义务的情形可能承担职务义务。

从法国、日本和德国等国的经验来看，法国和日本已经开始实施立法赔偿，并且取得了一定效果，而且从现有的资料来看，也没有看到这两个国家要停止实施立法赔偿的趋势，而更

〔1〕 王元朋：“国家立法赔偿的逻辑”，载《行政法学研究》2008 年第 2 期。
〔2〕 王元朋：“国家立法赔偿的逻辑”，载《行政法学研究》2008 年第 2 期。

多的是看到立法赔偿理论在更多的国家被研究、接受并形成共识，如德国。我们可以看到立法赔偿的未来。由此观之，立法可以因给少数人造成损害而承担国家责任，那么宏观调控或市场规制行为有什么理由不可行呢?

3. 国家经济赔偿可行的现实条件

改革开放已逾三十载，我国已经跃升为世界第二大经济体，财力有了很大的提升，财政盈余也比较丰厚。这就为国家经济赔偿提供了物质条件。再从费用来看，无论是民事、刑事还是行政赔偿，国家均列有一定的财政预算。而且上至中央下至各级地方政府，都列有应对各种风险的财政预算。以国家赔偿为例，《国家赔偿法》中规定，费用列入各级财政预算，由各级财政按照财政管理体制分级负担。新《国家赔偿法》更是完善了赔偿费用支付方式，明确赔偿决定履行期限。这为国家经济赔偿提供了很好的基础。若建立了国家经济赔偿，对于赔偿费用，可以从国家财政单列出一定财政预算。对于中央层面的宏观调控或市场规制行为，国家经济赔偿可由国家财政纳入预算。对于地方政府宏观调控或市场规制行为，国家经济赔偿由地方政府从地方财政中纳入预算。有学者可能会认为，这会增加国家或地方政府的财政负担，但我们从社会稳定和社会和谐角度看，国家经济赔偿是值得的。前文中我们已经谈到，宏观调控或市场规制行为造成的损害是客观存在的，受损者在制度内得不到其赔偿，便会寻求制度外的救济途径。比如，我国存在大量的上访人群。上访的实质就是不寻求制度内问题处理办法，而寻求制度外的问题处理办法。据不完全统计，我国每年花费的维稳经费是相当大的。列出一定预算，让宏观调控或市场规制受损者获得国家经济赔偿，其实质就是在体制内处理问题。

本章小结

本章论述了国家经济赔偿责任是经济法中权力主体应承担的一种重要责任形式。此论述主要从正当性、必要性和可行性三个层次展开。公共负担平等理论、分配正义与矫正正义为国家经济赔偿责任提供了正当性。经济法中权力运行中产生的损害客观性及其处理中出现的制度溢流，不可诉讼不代表不可救济，以及国家经济赔偿责任是国家调制（宏观调控与市场规制）行为的又一制动器，这些都为国家经济赔偿责任提供了必要性的有力支持。虽然传统文化、体制性和立法性等因素成了我国国家经济赔偿的现实障碍，但这些障碍在当下正在发生转变，而这些转变、域外有关立法赔偿的经验借鉴、新的《国家赔偿法》为国家经济赔偿责任的实现提供了可行性条件。

第四章

经济法视野下“国家经济赔偿”理论

第一节　经济法中国家经济赔偿的本体论研究

一、有关国家经济赔偿研究现状述评

张守文在《经济法责任理论之拓补》（《中国法学》2003 年第 4 期）一文中认为：经济法主体可能承担的赔偿性责任主要有两类：一类是国家赔偿，一类是超额赔偿。国家赔偿的主体是国家。经济法上的国家赔偿的特殊之处在于，它不同于狭义的行政赔偿或司法赔偿，而更主要的是“立法赔偿”。因为在严格的“调制法定原则”的约束之下，调制主体的调控失当，往往与立法上的失误或者立法性决策的失误有关。因而当其给国民造成损害时，就不应当是一般的行政赔偿或司法赔偿，而应当是“立法赔偿”。这与传统的国家赔偿的发生原因、存在领域、制度目标、法律依据、赔偿对象、基本理念等，都是不同的。经济法上的国家赔偿，主要是缘于国家所实施的宏观调控或市场规制不当，而给调制受体所造成的损害。为了补偿这种损害，从应然的角度说，国家应当通过一定的途径和形式来给予赔偿。与上述国家的赔偿性责任相关联，国家还可能承担一种“实际履行”的责任。现代国家或政府的主要责任，就是提

供公共物品，而对于公共物品的需求，一般是私人物品所不能替代的，它通常只能由政府来提供。如果政府不作为，有时就可能会对调制受体产生不良影响。例如，公平竞争环境的营造、市场秩序的维持、必要的宏观调控等公共物品的提供，都需要政府实际履行，而不能或不可能完全用承担国家赔偿责任的方式来代替，也不可能都用纳税人的钱（进行全额赔偿）来为自己开脱。因此，普遍、全面的国家赔偿，不仅在某些方面存在技术性的困难，而且更存在合法性的问题。可见，国家赔偿的难点还是集中在宏观调控法领域。如前所述，由于追究调控主体的责任存在着一系列障碍，如可归责性、可感受性、承担责任的经济能力、管理体制的问题等等。因而对其责任的追究往往举步维艰，实际的承责者往往是作出具体决策或执行决策的直接责任人员。我国《预算法》和《中国人民银行法》等宏观调控立法中的相关规定也说明了这个问题。（例如，我国《预算法》第73、74、75条规定了擅自变更预算、动用库款、违法收支行为的法律责任，强调对相关的直接责任人员追究行政责任。）

焦富民在《论经济法责任制度的建构》一文中认为（《当代法学》2004年第6期）：经济法上的国家赔偿责任是指调制主体所进行的宏观调控或市场规制在立法上或立法性决策上不当，而导致的损害赔偿责任的产生。一般说来，承担这种责任，须符合如下构成要件：一是调制主体须违反了经济法义务即主要相关立法、立法性决策不当；二是须给调制受体造成了相应的损害；三是调制主体所实施的宏观调控或市场规制不当立法或立法性决策行为与损害后果之间存在因果关系。这种责任的承担方式主要是国家赔偿，当然理所当然地还包括停止侵害行为等。由于在严格的“调制法定原则”的约束下，调制主体的调控失当往往与立法上的失误或者立法性决策的失误有关。因而当其造成相应的损害时，就不应当是一般的行政赔偿或司法赔偿，而应当是“立法赔偿”。这种赔偿主要缘于国家政策或法律对调制受体的权益的实质侵害，是一种广义的赔偿责任，同时不以过错为必要。

颜运秋在《“经济法责任”基本问题研究》（《山东警察学院学报》2010 年第 2 期）一文中认为：求同存异地总结已有研究成果，我们初步梳理出经济法责任的如下典型形态：国家赔偿、超额赔偿、实际履行、信用减等、资格减免、颁发禁止令、引咎辞职、经济宪政责任等等。这里的国家赔偿实际上是政府经济失误赔偿，是因政府经济决策失误而导致的赔偿。政府失误赔偿制不同于传统的民事责任，因为政府承担赔偿责任的原因既不是违约也不是违法侵权，而是决策失误。政府失误赔偿制也不同于传统的行政责任，因为行政责任的构成要件之一是存在违反行政法律义务的行为。决策失误并不属于违反行政法律义务的行为，因而它是一种新型政府责任。

二、本书的界定

以笔者所掌握的材料而言，北京大学的张守文教授于国内较早且较为系统地提出了国家经济赔偿的一系列问题，并就此进行了初步的探讨，对笔者的启发极大。

但张教授等学者主张国家经济赔偿主要是“立法赔偿”的观点是笔者所不能认同的。笔者的基本思路是国家经济赔偿是国家承担社会责任的一种体现，也是责任政府和法治政府的一种重要体现，这种责任在理论上既需要一种必要的张力，同时也必须与现实的法律状况保持一种起码是最低限度的涵接。在现行国家赔偿法的行政赔偿都不包含对抽象行政行为也即对

“立法赔偿”不予认可的情形下，要在国家经济赔偿中一步到位地提出国家经济赔偿主要是指“立法赔偿”，在理论上显得有些“冒进”——跨度过大，在实际立法中可操作性也成问题（对这一问题张教授的论文已经有了很好的论述）。笔者的基本观点是，国家经济赔偿问题的关键首先要解决的是制度上“有和无”的问题，其次才是赔偿范围“小和大”的问题；国家经济赔偿在初期的范围宜小不宜大，应该严格控制在市场规制行为的范围内，同时，也不是市场规制的所有情形都能够适用，这种情形如同中国改革开放初期先行在深圳等建立经济特区进行改革有类似之处。基于国家经济赔偿在世界上都还没有成熟的经验可以吸取，但在当下的中国确实又具有现实性和必要性的前提下，国家经济赔偿只能一步一步地来，随着中国法治政府、责任政府进程的推进，其范围可以扩大。法理上，国家经济赔偿对国家来说是一种责任，但对公民而言则是一种权利，权利的取得和完善从来就不是一蹴而就的，就算在法治先进的国家也是如此，这方面可以参照18世纪至今美国黑人平等权从最初的情形到不断进步的例子。

笔者认为，有关经济法律关系，现有相关成果对经济法律权力的关注和讨论都是不够充分的。经济法语境下经济法律权力主体的权力主要体现为宏观调控权和市场规制权，就经济法律权力本身而言，其与法理学上的权力本质上是相通的，权力与义务（职责）是相生相伴的，一项权力必然与一项义务（职责）相关联，只享受权力而不承担义务，或享受很大权力而承担较小义务的经济法律权力必然会导致权力的失范。此种情形体现在几乎所有的现行经济法律法规中，经济法律权力主体的权力与义务的规定极为不平衡，经济法律权力主体的权力趋向于无穷大，而义务规定却很少。正因为经济法律关系中对经济法律权力主体应该承担的义务缺乏足够的关注，结果在目前有关经济法律责任的相关讨论中，对经济法律权力主体应该承担的责任研究相对薄弱。同时，在现行的经济法律法规中，与经济法律权力主体的义务的规定情形相关联，经济法律权力主体的权力和责任规定明显不成比例，经济法律权力主体享受着极大的权力却承担着极少的责任，违背了权力必然与责任相伴的法理常识。同时，现行的《国家赔偿法》，只有行政赔偿和司法赔偿，不能适应经济发展和法治建设的需要。在笔者看来，经济法律权力主体所承担的经济法律责任是经济法律责任中不可忽视的一个部分，而国家经济赔偿责任是经济法律权力主体所承担的经济法律责任方式中的一种。笔者尝试以国家经济赔偿为主线，在“经济法律关系－经济法律责任－国家经济赔偿”之间建立一种内在的逻辑联系，对经济法视野下的国家经济赔偿进行较为全面的分析论证。

引起经济法律关系产生、变更和终止（消灭）的原因，一方面是现行的经济法律、法规；另一方面是经济行为（合法行为和违法行为）、经济事实（经济危机、自然灾害、金融危机等）。本书以经济法中权力主体的权力义务为中心梳理经济法律关系理论，反思权力主体的“权力－义务”配置在现行经济法中的实然状态，认为经济法中权力主体的经济权力与义务构成经济法律关系的核心内容，义务（职责）本位是经济法中权力主体权力义务配置的应然方向。承认经济法律责任是一种独立的法律责任形式，是经济法律规范得以实施，经济法目的得以实现的最终保障。经济法律责任包含权力主体和权利主体的法律责任，从控权经济法的角度来看，权力主体的经济法律责任对经济法而言更为重要。现行经济法重经济权利主体的法律责任，轻经济权力主体的法律责任；涉及权力主体法律责任的条文，其重心是国家工作人员的责任，而非是国家的责任，同时，责任形态较为单一。

经济法中权力主体除了承担他法责任如刑事责任、民事责任、行政责任外，还承担着经济法自有的责任形式。法治在进步，经济法中权力主体的责任形式也在不断修正，权力主体的责任体系也在逐渐地完善起来。宏观调控主体和市场规制主体在潜移默化地规范着自己的权力，对宏观调控权力主体和市场规制权力主体的现有责任加以超越和优化的国家经济赔偿责任也是一种解决问题的路径。确定国家责任原则，建构经济法中国家经济赔偿制度，突显国家在经济危机、自然灾害、金融危机、良性违法等经济事实中救助供给的兜底性作用，对被救助主体权益的保障和实现至关重要。同时，国家经济赔偿作为国民收入再分配的一种方式，其供给过程以实现社会公平为根本任务。在现代国家，国家经济赔偿本质上是一种单向的授益性行政给付行为，事关国家自身存在的正当性的证成。国家责任原则是以社会救助权作为一种基本人权内在逻辑的要求和反映。“任何对基本权利的保障最终都落实或者表现在国家义务及其履行上。”〔1〕当然，强调国家责任原则，不仅仅体现在国家制度供给责任与财政责任，也反映在国家对于市场、家庭以及社会力量等主体的引导与监督责任。因为，国家经济赔偿是制度性公共物品，其具有非排他性和非竞争性的特征，公民救助权的实现易产生“搭便车”现象，即权利的滥用。政府虽然不断强调救助权益，但面对出现较大分化的需救助主体却缺乏有效的区分机制，由于缺乏有力的利益表达机制，弱势主体的利益诉求难以得到有效表达，其“弱势”形象却可能被救助群体中的

〔1〕 龚向和：“国家义务是公民权利的根本保障——国家与公民关系新视角”，载《法律科学》2010 年第 4 期。

强势群体利益“借用”，真正弱势的需救助群体的权益常常得不到有效保护，国家与需救助主体的关系互动出现障碍。因此，国家责任原则是对社会救助权作为一种基本人权内在逻辑的要求和反映，如何落实和贯彻国家责任才是关键。“任何对基本权利的保障最终都落实或者表现在国家义务及其履行上。”〔1〕当然，强调国家责任原则，不仅仅体现在国家制度供给责任与财政责任上，也反映在国家对于市场、家庭以及社会力量等主体的引导与监督责任上。因为，国家经济赔偿是制度性公共物品，其具有非排他性和非竞争性的特征，公民救助权的实现易产生“搭便车”现象，即权利的滥用。因此，规范权力的行使方式和防止权利的滥用都是不可或缺的。

第二节　经济法中国家经济赔偿的内涵和外延

一、经济法中国家经济赔偿的内涵

经济法律责任不仅包括权力主体的法律责任，也包括权利主体的法律责任。从控权经济法的角度来看，权力主体的经济法律责任对经济法而言似乎更为重要。控权方式包括权利控制权力、权力控制权力、规则控制权力、程序控制权力，前两种控权路径在法理上由抽象的“人民主权”“分权制约平衡”提供理论支持，后两种控权方式在具体意义层面通过法律的规定，提供预期性防范控制，特别强调程序规则规范权力的运行。经济法中权力主体的经济权力与义务构成经济法律关系的核心内容，义务（职责）本位是经济权力主体权力义务配置的应然方向。

〔1〕 龚向和：“国家义务是公民权利的根本保障——国家与公民关系新视角”，载《法律科学》2010 年第 4 期。

国家经济法律责任是与民事责任、行政责任、刑事责任不同的责任。国家经济法律责任体现三种纬度责任，即道义责任、社会责任、经济法律责任。

经济法视野下的国家经济赔偿理论研究，走的是从“国家经济赔偿是一种国家责任”谈开去的思路，经济法基础理论中市场失灵、政府失灵的理论，是学界的共识。在借鉴这些研究成果的基础上，经济法视野下的国家经济赔偿，是以国家理论及经济法中权力主体的承担责任的方式除诉讼、仲裁、复议以外为切入新路径为切入点论证的国家经济赔偿。狭义为政府的经济法律责任抑或政府所承担的社会责任，广义为国家的道义责任即国家经济赔偿指引了现代国家福利化的发展方向。国家经济赔偿具有正当性、合法性、限度性、人文关怀性的特征，将国家经济赔偿视为向前看的利益激励机制的组织性赔偿研究以及为适应多变、风险、不确定性、开放性的社会结构特征而出现的具有责任转移性和组织依赖性的组织性赔偿研究。国家经济赔偿与行政赔偿、司法赔偿、立法赔偿有联系，更有区别。

二、经济法中国家经济赔偿的外延

笔者将国家经济赔偿责任的类型化研究严格限制在市场规制的范围内。认为国家经济赔偿是国家机关及其工作人员，在市场规制过程中，由于不作为、乱作为或怠于作为的情形，对不特定的公民群体的财产和人身造成了严重损失和损害。同时，这种损失和损害又是市场受制主体无力承担或无力独立承担的情形下，国家机关向不特定的受损公民群体所承担或分担的一种责任。国家经济赔偿责任可以是国家机关的直接责任，也可以是间接责任。

笔者之所以主张严格限制这种范围，主要是基于以下的考虑。首先，国家经济赔偿对于国家而言是一种责任，国家经济赔偿使用的财力都是全民所有的，必须审慎地使用；其次，国家经济赔偿对于公民而言则是一种权利，而任何权利从获得到扩展都有一个渐进的过程。

宏观调控权造成的客观损害是无法避免的，但应考虑到给予部分受损者国家经济赔偿，防止制度的溢流现象出现。国家对于公共决策的民主性、公共性不足，失误，失效而对特定群体制定的福利政策、优惠政策、开发政策、转移支付政策等以实质正义的补救方式给予弥补，对程序不足进行修正，它所体现的是分配正义，但又是对分配正义中“不合理”的“分配”进行矫正。国家致力于社会保障、社会救助、社会优抚方面的建立和健全，这将是国家对法律平等和事实平等之间的分离现实进行正义矫正。

市场规制权力主体承担的法律责任具有过去责任和预期责任的特点，并强调互动性，特别关注团体责任、预期责任的设计。当市场规制活动中发生的违法、违规或不作为的市场规制行为造成私人成本、社会成本问题时，还应当引入国家经济赔偿责任对经济法中的民事责任、行政责任和刑事责任予以修正。市场规制权力主体的国家赔偿责任具有组织性、替代性、人道性、人际性和关联性，是依法规范市场规制权、防范怠于行使市场规制权力的有效途径。当市场规制权力主体出现依职权不作为而给受害人带来经济损害时，特别是当市场规制权力主体出现依职权不作为而给受害人带来经济损害时，或者利用极其隐蔽的方式侵犯公共利益时，无法适用行政复议、行政诉讼及行政赔偿救济时，国家经济赔偿的存在就是十分必要的了。国家经济赔偿责任是可以通过行政决定和协商程序加以保障的。

三、经济法中国家经济赔偿是权力主体责任形式的优化路径

法经济学理论认为，所有法律活动，包括一切立法、司法以及整个法律制度事实上都是在发挥着分配稀缺资源的作用。因此，所有法律活动都要以资源的有效配置和合理利用，即效率最大化为目的，所有的法律活动基于此论断都可以用经济学的方法来分析和指导。[1]事实上，不光是法律活动，法学研究的现状亦可用法经济学方法来进行剖析。从法经济学的角度看，有效率的法律制度必须设立对称的法律责任体系，一方面处理负外部性的内部化问题，另一方面则关注正外部性的内部化问题。因此，法律责任制度的设计亦可以此为指导。宏观调控权力主体的经济法责任制度构建也不例外。

根据“主体-行为-责任”的研究框架，宏观调控主体的违法行为引起的宏观调控法律责任与“政治责任”“违宪责任”“行政法律责任”“刑事责任”有密切联系但不应该是替代性的，宏观调控主体的合法行为良性违宪、良性违法引发的损害，经济危机、自然灾害、金融危机等经济事实引发的损害，国家制度供给责任与财政责任无疑都是一种行使宏观调控权对客观损害的国家救济。宏观调控权在平衡各种利益的过程中，或因公共决策民主性、公共性不足，或因人的理性不足、集体理性的不足，或因试错过程中实践经验及其风险的代价，或因假借国家利益、社会整体利益之名侵吞私人利益的机会主义的存在，对抗和合作的关系是激烈的也是必然的，造成的客观损害是无法避免的。除诉讼、仲裁、复议、政治追责外，还应考虑到给

---

〔1〕 刘大洪：《法经济学视野中的经济法研究》（第2版），中国法制出版社2008年版，第6页。

予部分受损者国家经济赔偿，防止制度的溢流现象〔1〕出现。

根据法律责任有正责任（正责任体现为行为主体对行为对象的一种负担）和负责任（负责任体现为行为主体对行为对象的一种鼓励、奖励或保障）之分。在强调宏观调控主体应承担不利负担的同时，也应该鼓励宏观调控主体弘扬道义，而这也是可以通过国家经济赔偿责任的方式体现的。经济法因其法益目标和干预手段的特殊性，天然地具有对权力行为进行调适的能力。〔2〕经济法中的权力主体无论是承担正责任还是承担负责任都应秉承义务本位而非职权本位的法理，公共负担平等理论、分配正义与矫正正义理论能给予国家经济赔偿正当性的理论支持，诸如社会保障、社会救助、福利政策、优惠政策、开发政策、转移支付政策等以国家经济赔偿方式实现。亦如蒋悟真教授的观点，国家应在社会救助责任上彰显国家责任，保证社会救助机制的合理运行。〔3〕

国家经济赔偿是制度内的问题处理办法，亦是一种经济法中权力主体除诉讼、仲裁、复议以外的承责方式。其效果明显优于制度外的问题处理办法。因为制度外的问题处理办法后果一般是无法控制的，造成的代价或社会成本也往往是巨大的。诚然，宏观调控主体的国家经济赔偿责任的追责机制面临着建构问题，宏观调控主体的法律责任承担及其实现仍有诸多问题需深入探讨，比如在具体的调控行为中调控主体责任如何落实。

从个人利益和社会公共利益的划分角度看，市场规制主体

---

〔1〕 叶俊荣："国家责任的溢流：国家赔偿法实施现况的检讨"，载《台大法学论丛》（第24卷第2期），台湾大学法学院1995年版。

〔2〕 刘大洪、郑文丽："政府权力市场化的经济法规制"，载《现代法学》2013年第3期。

〔3〕 蒋悟真："社会救助法与社会保险法的衔接与调适"，载《法学》2014年第4期。

在行使市场规制权时可能会侵害相对具体的个人利益，同时又会侵害公共利益，比如竞争秩序、价格秩序、产品质量秩序等。一方面，对于市场规制主体侵害的个人利益，在现有的法律制度框架内是可以得到救济的，如行政复议、行政诉讼及行政赔偿。然而现有的制度均受传统“个人利益中心论”的影响，保护相对人的个人利益都是行政复议和行政诉讼的目标，而对于不作为、乱作为或怠于作为的情形，侵害公共利益的现象则很难得到救济。另一方面，虽然我国新修改的《民事诉讼法》增加了规定，对于污染环境、侵害众多消费者合法权益等损害社会公共利益的行为，法律规定的机关、有关组织可以向人民法院提起诉讼，但是该规定是解决民事主体侵害社会公共利益的问题，而非市场规制主体侵害社会公共利益的问题。更值得注意的是，经济立法以职权式的规定将义务规定取而代之，凸显立法的国家中心主义，势必造成权力被无限放大的倾向，重经济权利主体的法律责任，轻经济权力主体的法律责任，法律责任的重心是对国家工作人员的责任，而非对国家的责任。那么，国家、社会整体利益以及受制主体的经济权利都将面临重大威胁。如果引入国家经济赔偿责任对市场规制主体现有责任的不足进行修正，能否找到一条优化路径呢?

坚持市场规制权力主体责任的义务本位而非权利本位（职权本位），国家经济赔偿亦是一条解决上述问题的优化路径。在行政法学领域，行政不作为被分为依申请的行政不作为和依职权的行政不作为，违反程序的行政不作为与形式作为而实质不作为的行政行为。这些分类对于经济法中市场规制主体的不作为具有十分重要的借鉴意义。依申请的行政不作为主要发生在市场规制法中的包括市场主体一般准入、特殊准入和产品准入在内的市场准入规制中。依职权的行政不作为主要发生在市场规制主体对竞争行为、价格行为、质量行为及包括证券市场、保险市场、期货市场、房地产市场等在内的特殊要素市场的监督、检查和处理过程中。违反程序的行政不作为与形式作为而实质不作为的行政行为则在市场规制的各项当中均有可能存在。之所以要通过国家经济赔偿责任对市场规制主体的不作为加以规制是基于这样的法理，市场规制机关作为市场秩序的管理者和执法者均负有主观上的注意义务〔1〕，以防止管理权和执法权在行使中给受害者造成经济损害结果。“这种注意义务实际上就是要求行政机关尽心尽责地履行职责、执行职务，以保护受害人的权益，实现其‘防止危险责任’。”〔2〕

在食品、药品安全等涉及国计民生的具有重大社会影响的领域，当市场规制主体出现依职权不作为而给受害人带来经济损害时，在以工作人员的行政责任和刑事责任代替对权利主体应承担的法律责任，直接侵权主体的一方又不具备足够赔偿能力的条件下，赔偿比起报应、威慑和修复这些方式效果更好，具有更好的覆盖性。国家经济赔偿责任是向不特定的受损公民群体承担或分担的责任。

市场规制权力主体代表国家意志对社会经济活动的渗透，是一种公权力的合理、合法的干预，其规制权力运行的范围和实施机关及其具体工作人员的意志渗透，都将产生具有公定力的法律效果，同时，规制权发生法律拟制的使社会公众相信的效力，民众对规制权所产生的这种具有公信力的社会效应后果

〔1〕 这种注意义务有别民法上的注意义务，市场规制主体的专业水平、判断能力、防止妨害发生的能力要远远高于民法中“一般人”，因此市场规制机关及其工作人员的注意义务应当是管理者标准或者“水平”的注意义务，其要求显然要比民法上的注意义务更高、更严格。

〔2〕 杨小军：“怠于履行行政义务及其赔偿责任”，载《中国法学》2003 年第 6 期。

的回应，将深深影响规制的预期效用。当然，将国家经济赔偿责任加之于市场规制主体极为必要。而将国家经济赔偿责任适用于市场规制主体的前提是必须对市场规制主体侵害社会公共利益的情形加以定型化。市场规制主体的国家经济赔偿责任却面临着实体和程序的完善问题。诚然，秉承这种理念亦不可缺，亦如刘大洪教授提出的：经济法应当保持谦恭和内敛，让位于起决定性作用的市场机制，而不轻易使用国家干预，令经济法作为一个补充性和最后手段性的机制而存在。〔1〕

从目前已有的研究成果来看，学者们对经济法中的受控主体和受制主体的法律责任着墨较多，而对经济法中的权力主体（包括宏观调控主体和市场规制主体）的法律责任关注极少，尤其是对权力主体应承担的国家经济赔偿责任鲜有涉及。检视经济法律关系，权力义务配置重视权力主体的经济权力，享有极大的权力，而承担较小的义务和责任，凸显职权主义倾向，经济立法带有明显的国家主义倾向。检视经济法律责任，重经济权利主体的法律责任，轻经济权力主体的法律责任，法律责任的重心是对国家的责任，而非是对受制主体的责任。此外，有学者提出义务本位才是经济法中权力主体权力义务的配置的应然方向。在经济法包括宏观调控法和市场规制法的“两构成”体系观点的基础上，经济法中权力主体权力与义务的配置坚持义务本位，修正职责职权化，实行职权职责化。对经济法中权力主体之法律责任的前提、制度价值、构成要件、归责原则、现存规定之实然状态进行了理论的探讨和实现的检讨，提出了经济法中权力主体责任形式的优化路径，为国家经济赔偿这种法律制裁提供责任基础的支持，揭示经济法中权力主体的权力

〔1〕 刘大洪、段宏磊：“谦抑性视野中经济法理论体系的重构”，载《法商研究》2014 年第6 期。

应当是一种受到规范的权力，这种规范体现在权力与义务（职责）、权力与责任的平衡与统一。

第三节 经济法中的国家经济赔偿与目前国家赔偿中的行政赔偿与司法赔偿的比较

一、主体不同

经济法中的国家经济赔偿研究的是经济法中权力主体亦称为经济权力主体是指依宪法、经济法等法规，为实现一定经济目的而设立的经济机关的总称，是社会经济有机体的法定代表，学界有的称为经济法调制主体、[1]调节（管理）主体。[2]经济法律责任是由经济法主体违法行为引起的，经济法律责任主体既包括掌握调制权的权力主体，也包括受调制的权利主体。因此，经济法律责任包含权力主体和权利主体的法律责任，从控权经济法的角度来看，权力主体的经济法律责任对经济法而言更为重要。现行经济法重经济权利主体的法律责任，轻经济权力主体的法律责任。涉及权力主体法律责任的条文的重心是国家工作人员的责任，而非是国家的责任。同时，责任形态较单一，国家经济赔偿责任是对现存经济法中权力主体之法律责任规定不足之弥补的有效责任形式。经济权力主体的经济法律责任的设立和追究，很明显具有制度价值，依法追究经济权力主体的经济法律责任是一个经济法治国家必须认真对待的问题。

---

〔1〕张守文："略论经济法中的调制行为"，载《北京大学学报（哲社版）》2000年第5期。

〔2〕漆多俊：《经济法基础理论》（第4版），法律出版社2008年版，第116页。

国家赔偿中的行政赔偿和司法赔偿的主体亦不同，司法赔偿的侵权行为主体是司法机关及其工作人员。司法赔偿本质上是对因司法权违法行使造成的损害的赔偿，而司法权是由司法机关及其工作人员来行使的，因此侵权主体是司法机关及其工作人员。根据《国家赔偿法》的相关规定，司法机关及其工作人员主要包括：①行使刑事侦查权的公安机关、国家安全机关、军队保卫部门及其工作人员；②行使检察权（仅限于刑事检察权）的人民检察院及其工作人员；③行使审判权的人民法院（包括专门人民法院，如军事法院）及其工作人员；④行使监狱管理职权的机关及其工作人员。

司法赔偿的原因是司法机关及其工作人员在司法活动中违法行使司法权侵害了公民、法人或者其他组织的合法权益。在我国，公安机关具有治安行政管理与刑事侦查两种职能，分别体现为行政权行使主体与司法权行使主体，其在履行治安管理过程中违法侵害他人合法权益的，产生行政赔偿责任；在履行刑事侦查职能时违法侵害他人合法权益的，产生司法赔偿责任。

司法赔偿实行有限赔偿原则，范围很窄。在刑事赔偿中，只对无罪被羁押者以及错误判处死刑并已执行的人给予赔偿，而对轻罪重判、有罪被超期羁押的不予赔偿。在民事诉讼、行政诉讼中，国家只对人民法院违法采取妨害诉讼的强制措施、保全措施以及执行措施等造成的损害给予赔偿，对因错误判决造成的损害以及其他诉讼行为造成的损害则不予赔偿。

司法赔偿以独特的非诉讼程序进行。该程序分为侵权机关及侵权行为人所在机关自我确认行为违法并赔偿的程序；上级机关对赔偿复议的程序；人民法院赔偿委员会对赔偿的决定程序。

行政赔偿是指行政机关及其工作人员违法行使行政职权侵

犯公民、法人和其他组织的合法权益造成损害的，行政机关作为赔偿义务机关应当给予赔偿。赔偿请求人要求赔偿应当先向赔偿义务机关提出，也可以在申请行政复议和提起行政诉讼时一并提出。只有行政主体才享有行政权，才能实施行政行为，才能构成行政赔偿。当然，行政主体是由行政人员组成的，行政行为是经行政人员作出的。因此，行政主体往往会被具体化为有关的行政人员。没有行政主体，就不能构成行政赔偿。司法机关作为司法权主体，行政机关作为机关法人，行政人员作为公民等而引起的赔偿，都不是行政赔偿。只有行政行为——行政主体行使行政权、执行公务的行为——才能构成行政赔偿。非行政行为，如立法机关的立法行为，司法机关的司法行为，行政机关的民事行为及行政人员的个人行为等，均不能构成行政赔偿。只有违法行政行为才能构成行政赔偿，合法行政行为不能构成行政赔偿。行政赔偿仅以客观上行政行为违法为要件，而不以行政主体主观上是否有过错为要件。

行政赔偿因行政主体违法行政侵犯相对人合法权益并造成损害而引起。首先，违法行政行为侵犯了相对人的合法权益。违法行政行为只有在侵犯了相对人合法权益即属于行政侵权行为时，才能构成行政赔偿。如果侵犯的不是相对人的合法权益，则不能构成行政赔偿；如果没有侵犯相对人的合法权益，如有利于相对人的违法减免税，则不能构成行政赔偿；如果剥夺的是相对人的非法利益，也不能构成行政赔偿。其次，行政侵权造成了实际损害，如果违法行政行为未造成实际损害，如不举行听证但未影响相对人实体权利义务的行政行为，或者该行政损害不是由该行政行为造成，如由于相对人本人过错造成，则不能构成行政赔偿。

行政赔偿责任由国家承担。行政主体由国家设立，其职能属国家职能，行政权也属国家权力，行政主体及其行政工作人员行使职权所实施的职务活动，是代表国家进行的，本质上是一种国家活动。因此，行政主体违法实施行政行为，侵犯相对人合法权益并造成损害的，应由国家承担赔偿责任，并不是由行政主体及其工作人员承担赔偿责任。但正如行政主体代表国家行使行政职权一样，行政主体也是国家向受害人承担赔偿责任的代表即赔偿义务人。

二、归责原则不同

1. 国家经济赔偿的归责原则是多元归责原则

经济权力主体承担法律责任的首要前提是违法性，即违反经济法规定；损害事实在国家经济赔偿时才是必备的；主观过错是经济法中权利主体的责任构成要件而非权力主体责任的必需要件；违法行为与损害事实之间的因果关系是国家经济赔偿责任的构成要件。严格责任乃是经济法中权力主体承担责任最基本的归责原则。综观现行经济法规范，反思经济法权力主体的现存责任体系，存在三大缺陷：重经济权利主体的法律责任，轻经济权力主体的法律责任；法律责任的重心是对国家的责任，而非对受制主体的责任；责任形态有限，一些重要的法律责任没有涵盖。国家经济赔偿责任应该也是可以对经济法中权力主体责任现存不足进行有力的弥补。经济法中权力主体除了承担他法责任如刑事责任、民事责任、行政责任外，还承担着经济法自有的责任形式。法治在进步，经济法中权力主体的责任形式也在不断地修正，权力主体的责任体系也在逐渐地完善起来。宏观调控主体和市场规制主体在潜移默化地规范着自己的权力，通过承担的责任意图将带给个人、社会的损失最小化。对宏观调控权力主体和市场规制权力主体的现有责任加以超越和优化的国家经济赔偿责任也是一种解决问题的路径。

经济法中权力主体承担法律责任的首要前提是违法性，即违反经济法规定；损害事实在国家经济赔偿时才是必备的；主观过错是经济法中权利主体的责任构成要件而非权力主体责任的必需要件；违法行为与损害事实之间的因果关系是国家经济赔偿责任的构成要件。同时，在具体归责时，应该坚持分类归责、责任法定和责罚对应原则。

首先，分类归责原则。宏观调控权力的行使重在调控，市场监管中具有宏观调控效果的市场规制权力的行使亦重在调控，而市场规制权力的行使重在执行。宏观调控责任定性、定量的不确定因素多，市场规制责任定性、定量的确定性因素相对稳定。分类区别不可避免。

负责任体现为行为主体对行为对象的一种鼓励、奖励或保障。所以，社会保障、社会救助、社会福利、社会优抚等均应为国家经济赔偿责任的具体形式，更具体地说是宏观调控主体所应负的负责任，宏观调控权力主体所应负的负责任。在具体归责原则适用上，国家经济赔偿适宜于以过错责任（决策的程序性审查是追究宏观调控法律责任的要害，决策主体在决策时存在主观的故意或过失而违反法定程序，视为决策主体因违反了法律规定的决策程序，归责为程序违法）为主，结果责任（决策主体并没有违反法定程序但事实上却造成了损害后果）为辅的归责原则。

与宏观调控重在调控不同，市场规制重在执行。特殊种类的市场规制在具有宏观调控效果的市场监管中，参照宏观调控领域中的归责原则，而市场规制领域中，则应当以违法归责为主，结果为辅的归责原则。市场规制权力主体承担的法律责任具有过去责任和预期责任的特点，并强调互动性，特别关注团体责任、预期责任的设计。市场规制主体的不作为赔偿应遵循“无损害即无赔偿”的准则。在市场规制主体不作为国家经济赔偿案件中，对于赔偿范围的确定必须坚持以财产损害、直接损害、既得利益损害为一般认定原则，以非财产性损害、间接损害、可得利益损害为特殊原则。行政许可等授益性不作为，赔偿范围适用一般认定原则，限于财产性既得利益直接损害。

其次，责任法定原则强调责任的追究应该事先规定责任构成要件和相关程序等。合法原则主张经济权力主体依法设立并依法行使，控制滥用自由裁量权。合理原则主张行使权力虽然以公共利益为目标而不得不限制公民权利时，这种限制必须在法律保护的必要范围内。为了实现经济管理目标可能对合法权益造成某种不利影响，应当让这种影响限制在尽可能小的范围和限度内，使二者的关系处于适度比例。

公正原则主张在立法上公正地分配政府与公民的经济权力、权利、义务，调控或规制执法过程中关注权力行使的实体公正和程序公正。“阳光是最好的防腐剂”，宏观调控应实现决定公开、过程公开、信息公开。

责任原则主张权力与义务（职责）、权力与责任的平衡与统一，经济立法时，凡是属于经济权力主体义务的行为，都不宜采用“可以……”和“有权……”等职权式的规定，而应该表述为“应当……”和“必须……”等。只有坚持义务本位，实行职权职责化，经济权力主体才不至于怠于行使自己的职权，出现权力寻租和权力专制现象。当经济权力主体进行权力寻租或者怠于履行自己的职权时，国家应当追究没有履行义务的经济权力主体的法律责任，为国家经济赔偿这种法律制裁提供责任基础的支持。

最后，责罚对应原则。法律责任是法律制裁的基础，所有的法律制裁都能对应相应的法律责任，而在某些情况下，有责任并不一定意味着制裁和惩罚，比如民事制裁的存在。然而，在绝大多数情况下，法律制裁与法律责任始终是对应的。可以说，法律制裁是对法律课责的回应，

通过国家经济赔偿这种制裁方式的探讨，可以帮助我们更好地理解经济法中权力主体的经济法律责任的独立性。国家经济赔偿这种法律制裁的存在，在一定程度上可以促进经济法律责任的实然性研究。法律制裁的存在，使得我们得以更深入地研究法律责任，理解法律责任。同时，法律制裁不仅可以促进我们更深入地研究责任，还能让我们理解法律制裁对法律责任进化发展的促进作用。

2. 司法赔偿的归责原则是违法原则

首先，财产赔偿原则对财产损害、人身损害、精神损害均以财产赔偿作为唯一方法赔偿。其次，全部赔偿原则赔偿范围以所造成的实际损失为限，损失多少，赔偿多少。再次，相抵原则即过失相抵和损益相抵。对相抵原则是解决混合过错问题，对于是否适用于司法赔偿，国家赔偿法没有明确规定。

3. 行政赔偿的归责原则是由单一违法归责到多元归责

从法律上确定和判断国家应否承担法律责任，对于确定行政赔偿的构成要件及免责条件、举证责任等都具有重大意义。

1994 年《国家赔偿法》颁布以前，我国法学界对这一问题一直争论纷纷。分析起来，大致有以下几种意见：首先，过错责任原则。判断行政主体的行为是否合法及赔偿，应以该行政主体做出该行为时主观上有无过错为标准。其区分了合法履行职务与违法侵权两种截然不同的行为，有过错，就要赔偿；无过错，就不赔偿。这种意见考虑了行政主体作出行政行为时主观上的不同状态，区分了合法履行职务与违法侵权两种截然不

同的行为，然而判断行政机关这个组织体有无过错是很困难的，在实践中可能导致大部分受到侵害的公民事实上得不到赔偿，从而背离过错原则的本意，也不符合国家建立行政赔偿制度的初衷。其次，无过错原则主张不论行政机关行为时主观上有无过错，只要结果上给公民造成损害，就要承担赔偿责任。无过错原则的好处在于其克服了过错原则要考察机关主观过错的困难，简便易行，也利于受害人取得赔偿。但无过错原则无法区分国家机关的合法行为与违法行为，易把赔偿与补偿混淆。再次，违法责任原则，指行政机关的行为要不要赔偿，以行为是否违反法律为唯一标准。它不细究行政机关主观状态如何，只考察行政机关的行为是否与法律的规定一致，是否违反了现行法律的规定。这一原则既避免了过错原则操作不易的弊病，又克服了无过错原则赔偿过宽的缺点，具有操作方便、认定精确、易于接受的特点，因而是一个比较合适的原则，为我国颁布的《国家赔偿法》所接受。该法第 2 条规定：“国家机关和国家机关工作人员违法行使职权侵犯公民、法人和其他组织的合法权益造成损害的，受害人有依照本法取得国家赔偿的权利。”该条文是对违法原则作为行政赔偿基本归责原则在立法中的明文规定。因此，无论行政机关在作出职权行为时有无过错，只要其行为不符合法律的规定，且因此给相对人造成损失，就应承担赔偿责任，而不管其主观上有无过错。受害人也无须证明作出行为的行政机关或其工作人员有故意或过失，只要行政机关无法证明其实施的行为合法就要无条件地予以赔偿。

2010 年《国家赔偿法》的“归责原则”从单一走向了多元，1994 年《国家赔偿法》第 2 条第 1 款采用了单一的违法归责原则，避免了过错归责的主管认定困难，区分了国家赔偿与国家补偿责任之别。然而，行政赔偿与司法赔偿用同一归责原则会限制受害人获得赔偿的条件，《国家赔偿法》第3、4条，对违法归责适用特殊情形，而第17、18条则适用结果归责原则，从单一违法归责原则到违法归责原则和结果归责原则结合，走上了逐步完善的法治之路。

三、承责方式不同

笔者认为，在宏观调控领域中，国家经济赔偿所体现的是分配正义，但又是对分配正义中“不合理”的“分配”进行矫正。犹如无过错、公平责任等在许多情况下，是通过保险制度将损害转嫁给众多投保人承担，只是这与正义是矛盾的，可是损失的分担和损害赔偿并不矛盾，而是在于社会立场的利益均衡，即个人社会负担平等原则。政府经济行为活动对特定人造成的损失，由政府代表全体人民公共承担赔偿责任，将政府经济活动造成的公共负担，由全体人民分担，从而实现利益均衡，这种社会责任的责任机能是恢复和补偿。“个人社会负担平等”是国家经济赔偿责任蕴含的社会整体利益均衡的价值内涵，而这种利益均衡观能修正集体有限理性的不足。国家经济赔偿责任是一种国家的道义责任，它指引了现代国家福利化的发展方向。在国家经济赔偿的语境下，国家的道义责任蕴含了“责任政府”的理念，即政府对经济权力的运用应当承担责任，通过以福利为外观的经济赔偿手段修正经济权力主体的意志缺陷或人格上的过错、过失。“责任政府”是国家经济赔偿责任蕴含的道义价值内涵。宏观调控领域中国家经济赔偿的道义责任，体现为国家致力于社会保障、社会救助、社会优抚法律方面的建立和健全，这将是国家对法律平等和事实平等之间的分离现实进行正义矫正。

在市场规制领域中，从个人利益和社会公共利益的划分角度看，市场规制主体在行使市场规制权时可能会侵害相对具体的个人利益，同时又会侵害公共利益比如竞争秩序、价格秩序、产品质量秩序等。对于市场规制主体侵害的个人利益，在现有的法律制度框架内是可以得到救济的，如行政复议、行政诉讼及行政赔偿，而对于侵害公共利益的现象则很难得到救济。因此，探索市场主体在履行职责过程中带来公共利益损害时的国家经济赔偿是十分必要的。

现有的制度均受传统“个人利益中心论”的影响，保护相对人的个人利益都是行政复议和行政诉讼的目标，而将损害公共利益排除在外。但是，公共利益和个人是辩证统一、互相依存的关系，即“公共利益作为共性存在于作为个性的个人利益之中，作为个性的个人利益是作为共性的公共利益的特殊表现形式”。〔1〕因此，十分有必要在司法上确立维护公共利益的行政不作为审查机制，虽然我国新修改的《民事诉讼法》增加规定，对污染环境、侵害众多消费者合法权益等损害社会公共利益的行为，法律规定的机关、有关组织可以向人民法院提起诉讼，但是该规定是解决民事主体侵害社会公共利益的问题，而非市场规制主体侵害社会公共利益的问题。因此，将国家经济赔偿责任加之于市场规制主体极为必要。而将国家经济赔偿责任适用于市场规制主体的前提是必须对市场规制主体侵害社会公共利益的情形加以定型化。

司法赔偿实行有限赔偿原则，范围很窄。在刑事赔偿中，只对无罪被羁押者以及错误判处死刑并已执行的人给予赔偿，而对轻罪重判、有罪被超期羁押的不予赔偿。在民事诉讼、行政诉讼中，国家只对人民法院违法采取妨害诉讼的强制措施、

〔1〕周佑勇：“论行政不作为的救济和责任”，载《法商研究》1997年第4期。

保全措施以及执行措施等造成的损害给予赔偿，对因错误判决造成的损害以及其他诉讼行为造成的损害则不予赔偿。

司法赔偿以独特的非诉讼程序进行。该程序分为侵权机关及侵权行为人所在机关自我确认行为违法并赔偿的程序；上级机关对赔偿复议的程序；人民法院赔偿委员会对赔偿的决定程序。

行政赔偿中赔偿请求人要求赔偿应当先向赔偿义务机关提出，也可以在申请行政复议和提起行政诉讼时一并提出。然而操作中困境重重：首先，确认赔偿程序。我国《国家赔偿法》第 9 条第 1 款规定："赔偿义务机关对依法确认有本法第三条、第四条规定的情形之一的，应当给予赔偿。"由法条规定我们可以窥见，确认赔偿是一种不以赔偿请求人提出赔偿请求为前提的赔偿。其本质是非复议和诉讼的救济程序。然而，我国国家赔偿法和有关法律、法规对此种程序未作具体规定。其次，关于行政赔偿范围问题。目前，我国行政赔偿制度将行政机关内部惩戒行为、公有公共设施因设置或管理有欠缺造成直接损害、间接损害及精神损害等问题皆排除在赔偿范围之外。再次，执行职务是产生行政赔偿的条件之一，但对"职务行为"的认定标准与范围，赔偿法未作立法解释，不利于其在实践中的操作。比如，对于职务行为的判断标准如何客观化，立法欠缺更细致的规定。最后，内部追偿问题。尽管我国《行政诉讼法》(第 68 条)、《国家赔偿法》(第 14、20 条)、《行政复议法》(第 44 条) 等都确认了国家赔偿后的追偿权，但是这些条文除了对行政追偿权的职权主体和条件作了几乎雷同和重复的原则性规定外，尚无更具体、更明确的规定。因此在实践中，追偿权很难得到具体的应用。

第四节　国家经济赔偿制度的理论价值及现实价值

一、国家经济赔偿有助于经济法律责任体系的完善

本书在立论依据上认为国家经济赔偿是经济法中权力主体所承担的经济法律责任的重要方式之一，论证国家经济赔偿是经济法律权力主体权力与义务（职责）相统一、经济法律权力主体权力与责任相统一的必然结果。在研究目标、内容上主张权力与义务（职责）、权力与责任的平衡与统一，经济立法时，凡是属于经济权力主体义务的行为，都不宜采用“可以……”和“有权……”等职权式的规定，而应该表述为“应当……”和“必须……”等。坚持义务本位，实行职权职责化，为国家经济赔偿这种法律制裁提供责任基础支持。

本书认为国家经济赔偿有助于经济法律责任体系的完善。其创新点体现在：首先，以经济权力为中心来讨论经济法律责任，强调权力和义务，权力与责任的平衡，在现行研究成果的基础上，较大地拓展和深化了经济法律责任的研究内涵。〔1〕其次，以经济法中权力主体为中心来讨论经济法律责任，通过经济法律关系中的“权力主体的权力－义务”——经济法律责任中的“权力主体承担的责任”——作为权力主体承担经济法律责任方式之一的“国家经济赔偿责任”的分析，尝试建立了一个“权力－义务、权力－责任、国家赔偿责任”逐层递进的、具有逻辑联系的范畴体系。其有助于经济法律责任体系的完善，

〔1〕与诸多部门法学重视权利与权力问题研究相比较，经济法学虽然认识到该问题的重要性，但研究并不发达，这不仅制约了经济法的科学性与经济法学科的发展，而且影响了经济法立法与司法实践。杨忠孝：“经济法中的权利与权力之争”，载《法学》2009 年第 8 期。

有助于加强经济法律责任作为一种独立于传统三大法律责任的责任的说服力；从而有助于经济法律范畴体系的完善；进而有助于经济法作为部门法的相对独立性。再次，本书在经济法包括宏观调控法和市场规制法的“两构成”体系观点的基础上，对经济法中权力主体之法律责任的前提、制度价值、构成要件、归责原则、现存规定之实然状态进行了理论的探讨和实现的检讨，提出了经济法中权力主体责任形式的优化路径。最后，通过引入“溢流”的分析，有助于增强设立国家经济赔偿制度的说服力，认为国家经济赔偿是制度内的问题处理办法，其效果明显优于制度外的问题处理办法，因为制度外的问题处理办法后果一般是无法控制的，造成的代价或社会成本是巨大的。

二、国家经济赔偿与经济权力的规范行使

中国现行经济法中关于经济法中权力主体法律责任的规定存在明显的问题。市场权利主体的法律责任不断被强化，但是权力主体的责任却被忽视。这样的做法不仅不符合法制的平衡精神，[1]也集中体现了现行经济立法带有的明显的国家主义倾向。它既不利于保障经济权利主体的正当权益以及维护社会公益，也不利于控制国家经济权力。尤其是国家赔偿制度的缺失，大大制约了经济法的控权价值，也极不利于中国经济法治的实现。经济法律权力源于且服务于经济权利，经济法律权力主体具有调制市场的权力，但这种权力本身也应当是一种受到规范的权力，这种规范体现在权力与义务（职责）、权力与责任的平衡与统一。既然经济权力源于经济权利，经济权力的活动就应该服务于社会整体利益，人民的利益是最大的法律，经济权力

〔1〕 李昌麒主编：《经济法学》（第2版），法律出版社2008年版，第676页。

违背法定义务应该承担相应的法律责任，这是中国法治国家和责任政府建设的必由之路。

经济法的是为了协调民法、行政法框架下产生而不能由其解决的现实而客观存在的。民法的价值在于人性自由，张扬人性，行政法的价值在于人性安全和秩序，经济法的精神则强调人性和谐与安全发展。经济法学的基本价值是：社会发展、公正、经济安全。经济法的基本主体范畴是：市场主体－社会中间层－国家。基本主体之间在基本价值指导下形成的关系是：有限干预，有限自治，权力、权利与义务之间的平衡。个人利益、国家利益寓于社会利益中，因为人是社会的人，国家是社会中的国家，国家干预协调个人利益和“社会整体利益”〔1〕的经济法要解决如何通过多方博弈、商谈的方式来进行利益识别、利益整合和利益保护等问题。

宏观调控法和市场规制法的有机结合构成经济法体系。经济法的立意是很明确的，宏观调控法是政府参与市场经济行为顺利进行的保障，而市场规制法是国家干预市场经济行为所不可或缺的。就经济法的调整对象而言不是控制政府权力的法而是扩大自身的经济职能，自觉对经济进行干预和调控，而这种干预更多的是为市场主体参加者设定权利义务，并由政府行使管理权、监督权。它的法的价值取向不是定位于个人利益本位和国家权力本位而是社会整体利益本位。“当市场信息主体的利益冲突无法继续在私人领域内部解决时，冲突便会向政治层面转移从而使干预主义得以产生，随着资本集中和国家干预的加强，在国家社会化和社会国家化的过程中，便产生了传统私法领域或公法领域之外的一个新领域，这是对古典私法制度的突

〔1〕 李昌麒：《寻求经济法真谛之路》，法律出版社2003年版，第137～138页。

破。"[1]

我国的市场经济是政府推进型的市场经济，在市场经济活动中，政府在干预或参与经济活动时，往往是利用传统的政治思维而非法治思维去思考问题，受"国家－市场"二元模式的影响，国家对经济生活的干预多以行政干预方式进行，经济法的执法程序和立法程序也多沿用行政程序法的规定，经济法执法机关多为行政机关，体现出一种行政权治的理念。这种理念由于带有强烈的公法"暴力"色彩而与市场经济所崇尚的平等、自由理念格格不入。因为市场的自由天性与政府的权威至上之间有着一种天然的紧张关系，它们为了追求实现自身必然排斥对方。诸如：行政权居主导地位的传统色彩很重，在行政权运作过程中又带有明显的政党的背景，受政治力量和因素左右严重，这种特点不可避免地混同了政治国家与经济国家的角色，造成了公共利益代表者与政治利益代表者的身份在经济活动和政治活动中偏离定位；在经济活动中行政权治理念[2]仍突出行政主体的强势中心地位，忽视社会团体和民众参与经济决策权权利，这样必然会导致经济法决策的低效率和偏差，难以及时、准确地反映经济现状，同时也容易造成行政机关过多地、刚性地干预市场；行政权的管理和命令的特征使得经济执法机关更侧重于创设经济关系，而非调整经济关系，市场配置资源的基础性作用被大大削弱，经济执法机关凭借强势地位为获取地方、部门、集团利益滥用职权破坏经济关系如行政垄断行为大开方便之门；行政体系的科层制，包含着单一的等级秩序，势力导

---

〔1〕［德］尤尔根·哈马贝斯：《公共领域的结构转型》，曹卫东译，学林出版社1999年版，第170～179页。

〔2〕关保英：《行政模式转换研究》，中国政法大学出版社1997年版，第201页。

致权力的集中化，而集权与市场经济已被事实证明是相异不相容的。同时，结构的科层化也使得科层的利益与社会公益相背离，对科层中的各单位、各构成分子而言，服从科层的独立利益、独立意志比服从社会的意志来得更为重要。[1]因而当科层的利益与意志和社会的利益与意志相异时，行政权治理念就无法融入经济法所追求的价值范畴之中。

三、国家经济赔偿与政府公信力、和谐社会

1. 社会契约论语境下的政府诚信

世界各国对契约的定义表述各不相同，大陆法系国家认为契约是合意。《法国民法典》1101 条：“契约为一种合意，一人或数人对于其他一人或数人负担给付、作为或不作为的债务。”普通法系国家则认为契约是承诺，《英国不列颠百科全书》：“按照最简单的定义，合同就是可以依法执行的诺言。”美国律师学会的《合同法重述》：“合同是一个诺言或一系列的诺言，对于违反这种诺言，法律给予救济。”社会主义法系的国家，契约是当事人之间的协议。我国《民法通则》第 85 条规定：“合同是当事人之间设立、变更、终止民事关系的协议。”所以，就契约的概念进行分析，契约是一个法律术语，按照西方观念的理解社会契约的概念是以政治义务与订立契约的一方所承担的法律义务之间存在相似性为先决条件的，是相似而不是相同是因为契约论从来没有把政治义务看作为一个法律义务，它的契约性义务建立在自然法。（自然法——存在一个真实的法，即正确的理性，它与自然相通，适用于所有的人，并且是不可改变的和

〔1〕关保英：《行政模式转换研究》，中国政法大学出版社 1997 年版，第 186 页。

永恒的。）之上。[1]这种观点就强调合法政府与人民之间存在一个逻辑上的契约关系，一个合法的契约由一个承诺构成，但不仅仅是一个承诺，它要双方达成一个协议，可是承诺在法律上是可以强制执行的，而社会契约论中涉及的政府所担负的政治义务不可能是一个在法律上可被强制执行的协议，所以政府权威的诚信对保证这个契约的有效实现很有意义。因此，社会契约这一论题在不同的倡导者眼里，具体内容和表达方式也各不相同。本书在此将从四个历史时期简要回顾前人在这方面的研究成果。

（1）中世纪与文艺复兴时期，阿尔萨斯的劳腾巴赫的曼尼戈德（他是提及政治权威与契约论的第一人）约在1080年就注意了政治义务问题："没有人能够自立为皇帝或国王，人民提升某一个人使之高于自己，就是要他依据正确的理性来统治和治理人民，给予每一个人他所有的，保护善良的人，惩罚邪恶的人，并使正义于每一个人。但如果他妨碍或搅乱了人民建立他所要确立的秩序，也就是违反了人民选择了人民选择他的契约，那么人民就可以正义而理性地解除服从他的义务。因为是他首先违背了将他们联系在一起的信仰。"[2]他所提出的这种观点于那个时代很有进步意义，但也有一个背景那就是教皇和皇帝的斗争——格列高利七世与皇帝亨利四世授职权之争。曼尼戈德是一个教皇主义者，他的主张是要削弱世俗权力，是典型的教皇主义契约论者。他主张赋予教皇有权废黜皇帝，如果他违背了与人民订立、并授予其权力的契约，即教皇就有执行契约

〔1〕 转引自［英］迈克尔·莱斯诺夫：《社会契约论》，刘训练、李丽红、张红梅译，江苏人民出版社2005年版，第9页。

〔2〕 转引自［英］迈克尔·莱斯诺夫：《社会契约论》，刘训练、李丽红、张红梅译，江苏人民出版社2005年版，第9页。

的准司法职能。在这种观念下世俗权威很难达到绝对至上。

因格尔特。他是神圣罗马帝国权威的契约论者。他认为：“政治权威的最终根据是上帝的意志，对人类而言是自然的，它发挥着独特作用即实现和平与正义，并且国家权威虽然是自然的，但它还源于一种服从契约的特殊意志行为，即人们订立这个契约就是为了接受管理，寻求保护和维持生活。”〔1〕

萨拉莫尼奥。他信守罗马法观念（罗马法是契约论发展的一重大资源，经常被引用的罗马法观念是王权法，按照该观念，罗马国皇帝及中世纪的皇帝被认为是其继承者，他们的权力来自人民的授予，权力最初存在于人民之中的），同时也是一个共和主义的契约论者。他认为：“君主并不是始终存在的，自然与上帝创造的人类最初都是平等的，但在后来人们发现非常有必要建立王国和公国，而建立其是由人类的协议而产生，罗马法的王权法观念可以诠释。并且一个国家或城市就是一个公民合作团体（后世译为市民社会），公民之间的自由契约所建立的一种公民合作关系体现为一实体即国家，契约的条款就是国家的法律。君主和所有的公民一样，也受法律的约束，他甚至可以杀死一个暴君一个违法的统治者。”〔2〕

（2）宗教改革与宗教战争时期。（此时期新教徒认为教皇根本起不了任何作用，无论政治或其他方面，但他们也没打算用任何匹敌的宗教权威来取代教皇制度，世俗政权的权威就等同于政治权威。）

西班牙人巴斯克斯。他认为：“人生来是自由的，并且，最

---

〔1〕 转引自［英］迈克尔·莱斯诺夫：《社会契约论》，刘训练、李丽红、张红梅译，江苏人民出版社 2005 年版，第 30 页。

〔2〕 转引自［英］迈克尔·莱斯诺夫：《社会契约论》，刘训练、李丽红、张红梅译，江苏人民出版社 2005 年版，第 43 页。

初他们不受任何法律义务和政治义务的约束，但他们不久即陷入失序状态，于是为了寻求和平和正义，他们发现有必要建立政治权威。”

西班牙人胡安德马里亚纳。他也赞同巴斯克斯的观点并补充认为：“人类曾经有一段时期像动物一样生活，他们散居在各自的家庭里，这是一种天真无邪的状态，他们的弱点与需要导致他们结集成群，这就涉及对财产权的认可，结果，人类渐渐变得贪婪、相互欺骗和撒谎——一场名副其实的一切人对一切人的战争开始了，建立政府就是为了对此做出补救。”〔1〕虽然他们都是站在抬高教皇权威的立场发表该言论，但对前政治状态中人的境况的关注，使他们成了研究社会契约论后继者的先驱。

（3）17世纪英国的社会契约论。清教徒共和主义者约翰·弥尔顿在他的《论国王和官吏的职权》中对国家起源进行了一种契约论说明：“从亚当的堕落所带来的原罪开始，人们便陷入了罪孽与暴力之中，由于预见到如此下去必然会导致所有人的毁灭，于是，他们同意通过共同的盟约来相互约束，以防止相互的伤害，并联合起来共同反对任何破坏或违背这种协议的行为。”

托马斯·霍布斯。他认为：“自然法是一种真正的普遍道德，它也符合自我利益，尤其是人类的共同利益。”最重要的自然法有三条：第一，每个人只要有获得和平的希望，就应当力求和平；第二，为了和平的目的，他会自愿放弃这种对一切事物的权利；第三，人们必须履行所订立的信约。他认为自然状态存在于国家产生之前，政治实体的各部分就是由契约和协定

〔1〕 转引自［英］迈克尔·莱斯诺夫：《社会契约论》，刘训练、李丽红、张红梅译，江苏人民出版社2005年版，第62页。

所产生的，承诺的实现则是人类政治义务的基础。自然状态会导致战争状态的持续，公共权力的补救是进入公民社会的捷径。〔1〕“许多评论者认为自然状态是一种虚构或假想的模型，它只是用来表明，如果没有政府，人类可能会或就会出现什么样的状态，契约就是在这种情况下所有人都可能会普遍接受的条件。”〔2〕但是这种逻辑上的假设却提供了一种理论上的说明，即自然状态下人是平等的，但却面临着一切人反对一切人的战争，没有一个权威，彼此之间相互伤害，理性启迪人们放弃自然权利缔结契约建立国家管理社会，它涉及了国家的起源、目的、权限等问题。为人类解释国家、政府、法的来源提供了一种学说。

洛克。他的契约论是以个人不可剥夺的自然权利生命、自由、财产为名义来限制政治权威。他也承认自然状态的缺陷，但认为其是公共法官的缺位。他认为不应完全放弃自然权利，还应保留生命、自由、财产的权利，保护和尊重这几项权利是政府的责任。如不能保护这些最基本的权利，人民有权解除契约，建立新政府。所以他极力主张一种有限政府的理论。

（4）18、19 世纪卢梭的社会契约论是一种假想契约更是一种典型的理想契约，它更关注政府在理想中如何建立而不是在事实上是如何建立的。在他看来，不平等产生的过程就是人类腐化堕落的过程，“可怕的战争状态”使政府建立成为必要，但政府的出现又会巩固不平等和压迫，因此他强调一种“公意”观念，“每个结合者都以其自身及其全部的力量共同置于公意的最高指导之下”，由全体公民组成的最高权威至高无上，不受任

〔1〕转引自［英］迈克尔·莱斯诺夫：《社会契约论》，刘训练、李丽红、张红梅译，江苏人民出版社 2005 年版，第 79 页。

〔2〕转引自［英］迈克尔·莱斯诺夫：《社会契约论》，刘训练、李丽红、张红梅译，江苏人民出版社 2005 年版，第 86 页。

何限制，是一个绝对的主权者。理想契约就是要建立这样一个主权者，而不是一个政府，政府只是执行主权者的意志。他认为，最高立法机关由全体公民平等构成，其制定的法律平等地适用于所有公民，就可能尊重和促进他们的共同利益，即平等共享的利益。他假定认为人类社会有一个自然状态，其间，人们是平等的，而进入文明社会以后出现了不平等，这种不平等是由社会权威和私有制造成的。如何恢复自然状态的权利，是他的理论所追求的意境即公意论。依社会契约论建立的国家应当最能体现人民主权和公意，是符合理性的。当它不能执行和违反公意时人民有权取消它。

康德认为，社会契约是一种规范性的理想，是一种理性观念，而不是一个历史事件。“理性观念”指尽管政治制度显然并不是源于一个实质的契约，但社会契约观念可以而且应该被用来检验它们的公正性，这些制度应该能够得到所有服从于它们的人的同意，能够由整个民族的共同意志产生。他还把社会契约观念视为检验法律正义性的一种手段，法律的制定应得到每个公民的同意，在法律面前一律平等，不存在法律特权。他认为：“联结较大人类群体的契约一般是为了某些他们能够共享的目标，公民联合的契约是一个例外，它为了一种他们所有人应当共享的目标，接受国家就成了一项义务。”〔1〕

从以上社会契约论的历史发展进程看，社会契约论从本质上说，是一种用社会契约的方式来说明国家和法律以及一切权利义务产生的正当性和合理性的学说。该理论在历史上早有定论。其本质是一种唯心主义，因为它假借“自然状态”“自然权利”为其理论前提，虽然是逻辑上的需要，但也为人民主权的

〔1〕 转引自［英］迈克尔·莱斯诺夫：《社会契约论》，刘训练、李丽红、张红梅译，江苏人民出版社2005年版，第126页。

思想寻找了理论根据。（该理论的国家学说建立在自由合意的契约观念的基础之上，民权平等建立在抽象人性论基础之上，国家和法律的合理性也基于主观上的逻辑推理，而非历史事实。）契约论隐含的核心是国家或者说是政府的统治必须是守法的统治或合法的统治。契约论的起点实践上是人的天赋权利人人固有，要实现对人人平等得到保障的个人天赋权利，就必须存在一个人人赞同的公共机构，即国家或政府。政府在原则上是由每一个具有天赋权利的个体所授权而形成，所谓人人赞同，也就是人人授权，而授权只能通过契约的方式实现。契约论是一种理想型的“法治社会”，这种理想型的社会尽管在现实中从不曾存在，但现代法治社会却正是依照它才能建立的。

比如，没有西方政治学中的契约论或者说三权分立学说，就不可能有西方现代法治社会的产生。现代法治社会强调统治者的统治必须经过被统治者的同意，只有经过拥有天赋权利的人民授权的政府才是合法的政府，它的权力才是合法的权力，否则就是非法的政府、非法的权力、非法的统治。即使统治者的统治从来就不是经过被统治者的同意，也不能反证政府不需要合法的统治，或者说政府不应该进行合法的统治。在当代中国市场经济和民主法制建设条件下，如何正确认识和评价社会契约论，蒋先福教授曾套用恩格斯评价黑格尔时说过的一句话，仅仅宣布一种理论是错误的还制服不了该理论，对西方法治发展有过如此巨大影响的社会契约论这样伟大的创作，是不能用置之不理的办法消除的，而必须从根本上“扬弃”它。〔1〕

契约文明的范畴很广阔，不仅包括经济契约法治文明，还包括政治契约文明。将经济契约范畴中包含的主体权利义务平

---

〔1〕 蒋先福：《契约文明：法治文明的源和流》，上海人民出版社 1993 年版，第 45 页。

等、意志自由的一系列思想和原则推及政治生活领域，高扬人民主权的思想，对于反对专制制度的绝对权力，建立高效廉洁的政府，是一种有益的探讨。阿克顿勋爵“绝对的权力产生绝对的腐败”，加里·贝克尔“腐败是政府干预经济的外在产物，对经济的控制越多，腐败也就越严重”等名言启示我们政府的权力没有制约，没有边界，不实行守法的统治，腐败就会产生。“特别是政府的权力如果不加限制往往容易形成或者天然会产生垄断，于是种种的寻租（政府被动）和抽租（政府主动）就产生了，政府官员的腐败主要产生于寻租，特别是与权力有关的权力寻租。”〔1〕要想使政府成为守法的统治，必须弄清这样一个逻辑——预防腐败、控制寻租行为，要把政府的权力进行制约和控制，让政府这列火车纳入法治的轨道，政府的统治是守法的才是合法的，法治社会的建立才有希望。

总之，这套理论出于对人民主权实现的思考，设计出了一套限制和约束公共权力的方案，提供了约束公共权力的法治方案，将公共权力的设置及运行纳入了人民主权规范的法治范畴，公共权力在人民主权的委托和监控之下，从技术上将公共权力分解为立法权、行政权、司法权，相互独立又相互制约，它实质上就是有关权力分配和控制的理论。虽然它有自身的阶级局限性和唯心主义的缺陷，但这种有关政治权力和政治权利的分配是一种人类的光辉智慧。

2. 立党为公、执政为民语境下的政府诚信

在新的历史状况下，党的执政条件和执政环境发生了深刻的变化。这种变化，对于中国共产党如何创新执政理念和执政方式，如何完善制度，实施依法治国执政，如何推进民主，不

〔1〕 林哲：《权力腐败与权力制约》，法律出版社1997年版，第109页。

断增强掌权、用权的合法性，扩大党的阶级基础与群众基础，都提出了新的要求。“立党为公，执政为民”则是在适应这种新要求下，明确了我们党要树立怎样的政府信誉，对“相信谁，依靠谁，为了谁”所做出的理性回答。坚持“立党为公、执政为民”，是巩固我党执政地位的需要。立党为公，核心是“公”字。“公”是国家和民族的公共利益，全体人民的共同理想，全社会的公共事务等实体性含义与公平、公正、公开等程序性要求的统一性，人民是国家的主人，党的权力是人民赋予的。执政为民，核心是“民”字。在当代中国，“民”就是最广大人民，包括全体社会主义劳动者、社会主义事业的建设者、拥护社会主义的爱国者和拥护祖国统一的爱国者。我们党来自于人民，植根于人民，服务于人民。执政为民，就是党的理论路线和方针政策以及全部工作，必须以最广大人民的利益为根本出发点和归宿点，做“到权为民所用、情为民所系、利为民所谋”。“得民心者得天下，失民心者失天下”，这是颠扑不破的真理。人心向背是决定一个政党、一个政权兴衰的根本因素。顺人心，则政党勃兴，政权稳固，事业有成；逆人心，则政党衰腐，政权衰亡，事业挫败。执政党如果失去民心，不合民意，就会失去执政的根基。

然而，坚持“立党为公、执政为民”不能只停留在观念和制度层面，还要在制度层面有所作为。因为，构建诚信社会是政府执政兴国第一要务，在行为意义上更要探析立党为公、执政为民语境下的政府诚信。现代市场经济是一种契约经济，其运行和发展依靠信用来维系，没有信用或缺少信用，契约关系将难以维系，必然导致社会经济秩序陷入极大的混乱。我国社会主义市场经济体制的确立，对诚信建设提出了更高的要求。政府诚信是以政府为主体的信用，即要求政府也要诚实、不欺、遵守诺言、实践合约，从而取得老百姓对政府的信任。政府诚信具有特殊的意义，一个言而有信，恪守诺言的诚信政府，是对其他一切社会主体的良好的示范和引导，可以带动诚信行为规范在整个社会的确立，极大地促进社会诚信建设；反之，政府的一个极微小的失信行为，都可能引发其他一切社会主体对诚信行为规范的怀疑甚至是否定，从而撼动社会诚信建设的心理基础，给社会诚信建设带来可怕的打击。构建诚信社会是责任政府的历史使命。因此，政府要完成兴国的第一要务，必须遵守市场经济的规律，从诚信入手，将创建诚信社会提到重要日程上来，将诚信建设落实到政府的实践工作中去。

3. 政府诚信是建立诚信社会的重要基础

社会信用体系建设中分个人诚信、企业诚信、政府诚信建设，其中政府诚信是核心，起着基础性、决定性、导向性作用，政府诚信基础的坍塌就会形成恶性循环。[1]在社会信用体系建设中，政府诚信扮演着特殊且极为重要的作用，是社会信用的核心，是社会信用的捍卫者、社会信用体系的保障。因此，政府诚信对我国和谐社会的诚信建设有如下重要意义：政府诚信是执政党和政府本身政治合法性的必要，政府的诚信度直接影响全社会的诚信水平。政府失信将在社会各个层面上产生消极影响。政府是政策、制度的制定者，同时又是政策、制度的执行者，这就要求政府有较高的诚信度。一个强有力的政府应该能够有效地实施方针与政策，所制定的制度应该易于被公众认可和遵循；反之，若政府失去了公众的信任，制定的制度只不过是一纸空文，严重的还会导致政府甚至执政党的倒台，“人无信不立，事无信不成，政无信必垮”这充分体现了政府诚信对

〔1〕 鄂振辉：“我国政府诚信问题初探”，载《国家行政学院学报》2005 年第 S1 期。

于自身政治合法性的重要作用；政府诚信是建立社会信用体系的基础，从政府存在的法理基础讲，政府是人民意志的产物，其权力来自人民。因此，政府的诚信与否就不是一个简单的一般信用问题，而是一个政治信用问题，政治信用关系到社会信用、社会信任甚至社会稳定。

从政府的职能讲，政府有时是游戏规则的供给者，有时又是游戏规则的执行者。[1]所以，政府诚信关系到竞争的公平与公正，关系到社会的整体秩序；政府诚信是社会诚信的基础，政府失信会导致社会公众信心不足、信任丧失，从而导致社会的普遍失信；政府诚信是建立和完善市场经济体制的保证，政府诚信就显得尤为重要。目前，由于信用缺失引发的各种矛盾时有发生，如无照经营、商标侵权、制假售假、合同欺诈、虚假招标、骗税逃税等，已成为人人痛恨的公害，是制约社会主义市场经济健康发展的一大障碍。这要求强有力的政府，以诚信、公开、公平、公正的原则，建立、完善各种保障市场经济正常运作的法律机制，对欺诈、侵权等不法行为予以严厉打击，做到“言必行，行必果”；政府诚信是建设社会主义先进文化的先导，文化包括意识形态的各个领域，但诚信是意识形态的基本所在。诚信作为先进文化的重要组成部分，牵动着社会生活的各种关系。我们的政府是人民的政府，如果政府诚信缺失，国家的方针政策就难以取得人民的信任，更得不到有效的贯彻执行。同时，政府诚信的缺失必然导致社会诚信、市场诚信的缺失，也会导致信仰危机和道德水准下降，建设先进文化进而将变为一纸空文，政府诚信是建设法治政府的基本要求。

现代法治理念是一种依法办事的社会状态和社会活动方式，

---

〔1〕 谢梅、赵许明：“政府在建设诚信社会中的职责定位”，载《行政与法》2005 年第 1 期。

强调完善的市场经济法律体系和健全的法律与经济互动机制，政府的宏观调控和市场规制行为法律化，真正约束政府对经济活动的随意干预，形成长期稳定的、可预见的经济环境，促使政府公平执法，并消除会导致市场扭曲，浪费社会资源的寻租机会，使政府在经济交易双方起不偏向的“第三者”作用，从而有利于形成非歧视的、公平竞争的市场环境，实现资源最优化配置，经济最大化发展，对无数个独立的、平等的利益个体尊严的尊重，社会经济可持续发展和社会基本公平得到有效保障。另一面是信誉经济，追求双赢目的的同时强调交易双方必须诚实守信并实现制度性的保障。所以，法治经济的实质是用法治与诚实守信在人的行为意义层面进行规制，在价值意义层面进行引导。在现实社会生活中潜移默化，建构成一种社会经济秩序，并成为社会大多数人认同的准则，形成良性互动。

4. 国家经济赔偿与政府公信力

(1) 国家责任。在现代国家，社会救助本质上是一种单向的授益性行政给付行为，事关国家自身存在的正当性的证成。社会救助权是一项基本人权，而“任何对基本权利的保障最终都落实或者表现在国家义务及其履行上”，[1]因此，国家责任原则是对社会救助权作为一种基本人权内在逻辑的要求和反映。在具体救助制度的设计中，如何落实和贯彻国家责任原则，换言之，如何确保国家责任的履行迄今为止还未得到很好的解决。

一种权利是否能够得到保障取决于国家和社会是否具有支撑这种权利的充足资源。比如我国现行的社会救助法规或政策将提供社会救助资金的主体规定为政府，但对于救助财政制度的具体安排依旧粗糙，有关《社会救助暂行办法》第5条规定

---

〔1〕 龚向和：“国家义务是公民权利的根本保障——国家与公民关系新视角”，载《法律科学》2010年第4期。

的社会救助资金来源保障的具体财政配套机制构建尚未形成具体规范。为了保证国家责任的充分践行，救助财政机制可从以下几个方面完善：首先，我国的社会救助预算可采取政府公共预算模式，即将社会救助收入与支出作为政府经常性收支的内容，列示在政府经常性预算中。采取这一模式有利于政府直接服务于社会救助事业，并将社会救助同国民经济一起进行综合考虑。其次，由于各级政府财政间规范化的财政分担没有数量化的制度规范，社会救助支出划分更多是各级政府间的博弈，相关责任主体的支出稳定性不强。〔1〕在我国现行财政体制框架下，除了通过公共预算加强对各级政府社会救助财政的管理和制衡，还应借鉴国外经验，〔2〕建构以中央政府为主的社会救助资金提供主体，在中央与地方之间采用不同比率来配置社会救助资金。再次，均等化转移支付是社会救助服务均等化的前提条件，但现行的转移支付机制仍未打破旧体制的利益格局，地区均等化的作用难以发挥。为了提高资金的针对性与利用效率，可以借鉴拉美国家条件型转移支付模式的经验，〔3〕针对不同类别的贫困群体适当实施有条件的现金转移支付。从实践效果来看，采取目标定位方式以瞄准需要救助的家庭，不仅可以扩大救助的覆盖范围，同时也将在资金集中投入教育、就业、医疗等专项救助中，在促进人力资本发展方面的功效较为显著。

---

〔1〕 参见江治强：“我国社会救助的财政问题与对策探析”，载《山东社会科学》2005 年第 5 期。

〔2〕 德国社会救助的资金来源中 75% 来自地方当局，25% 来自中央政府。美国联邦政府、州政府和地方政府负担社会救助经费的比例由各州对该项目的实际支出和州人均收入决定，人均收入较低的州，联邦政府负担的比例较高。日本中央政府根据不同地区制定不同的救助标准，中央财政负担75% 左右的资金。参见谢增毅：“中国社会救助制度：问题、趋势与立法完善”，载《社会科学》2014 年第 12 期。

〔3〕 参见张浩淼：“中国发展型社会救助制度建设：国际视野下的分析与启示”，载《改革与战略》2013 年第 8 期。

值得注意的是，如果经营和管理社会救助完全由政府掌控，单纯通过行政命令分配和调节社会保障资源，必然导致交易成本的增加和效率的低下。社会救助的供给应避免单一主体社会救助供给的缺陷，针对不同救助情形充分发挥国家、社会组织、家庭等不同责任性质主体的不同优势，强调国家、市场、社会组织和家庭之间的互动与补充作用，形成多元化社会救助供给体系。〔1〕因此，强调国家责任原则，不仅仅体现在国家制度供给责任与财政责任，也反映在国家对于市场、家庭以及社会力量等主体的引导与监督责任。例如，针对我国社会组织发展现实，国家应简化社会组织设立程序，采取免除、还返税收等税收优惠政策，鼓励社会力量进入社会救助事业；完善社会服务购买市场，建立完善、规范、公平的社会救助服务采购平台；成立专门性行政救助监管机构引导、监管市场、家庭以及社会组织等主体。

（2）救助公平。公平是一个社会制度的首要价值。〔2〕社会救助正是基于满足社会公平的目标而产生的一种社会机制，以公平原则作为社会救助立法的基本原则是对社会共同体根本价值理念和标准进行法律化的必然选择。在理念层面，公平原则彰显着社会救助制度的价值追求与制度本源；而在制度层面，公平原则意味着社会救助制度设计的公平性。我国历史上的社会救助大多是自然灾害发生之后针对灾民的专项救助，而伴随着社会救助的常态化与制度化，基本生活救助成了各国社会救

〔1〕 See R. Rose, "Common Goals but Different Roles: the State's Contribution to the Welfare Mix", in R. Rose and R. Shiratori, *The Welfare State East and West*, Oxford University Press, 1986, pp. 13～39.

〔2〕［美］约翰·罗尔斯：《正义论》，何怀宏等译，中国社会科学出版社1988年版，第1页。

助制度建设的重点。一方面，其趋向于实现覆盖人数广、救助内容全面、救助周期长等特点，从而为实现公平提供制度上的保障；另一方面，其也运用“差别原则”通过特定救助项目针对老人、儿童、残疾人等不同群体救助的实际需要，为其提供医疗、教育、就业等专项救助，[1]旨在提供人们以把握并利用平等机会的手段、工具、资源或能力。

社会救助作为一项基本人权，制度自身的公平性是体现社会救助立法公平原则的前提和基础。但随着我国市场化进程的加快，特别是面临资源有限的根本困境，个体间的权利冲突势必会造成个体间权利享有和实现上的差别，产生了强与弱的不平衡现象。[2]而作为当前我国社会救助最为重要的立法文件，《社会救助暂行办法》既缺少对于救助权利的确认与宣誓，也并未对社会救助权主体、内容和救济做出合理、详细的规定，不能不说是立法的一大缺陷与遗憾。由于社会救助制度不健全、法律体系不完善，社会救助制度内在的公平性并没有得到充分彰显。特别是我国在城乡二元体制下实施的城乡有别的独立运行的社会救助中，城市占据了社会救助资源的大部分，拥有较为完善的社会救助体系，而农村社会救助供给长期不足，救助项目缺失。《社会救助暂行办法》虽然已在立法表述上对城乡基本生活救助进行了整合，并将城市“三无人员救助制度”和农村“五保供养制度”进行了统筹，建立了城乡“特困人员供养制度”，但在实现城乡现有社会救助体制的整合的具体环节上仍

---

〔1〕《暂行办法》将专项救助与基本生活救助进行捆绑，救助对象在相当程度上出现重合，如第28、33、37、42条，这种制度安排不仅限制了救助覆盖范围，而且难以发挥专项救助的作用，加剧了救助对象内部的实质不公平。参见曹明睿：《社会救助法律制度研究》，厦门大学出版社2005年版，第194页。

〔2〕刘茂林、仪喜峰：“宪法是组织共同体的规则”，载《法学评论》2007年第5期。

缺乏详细规定，与真正建立一体化的社会救助制度仍有较大距离。

(3) 救助效率。任何制度都必须确定资源配置、产出组合和产出分配，一国的社会救助制度也必须考虑这些因素，使用可支配的资源获得最大利益。经验表明，社会救助制度如果忽视资源配置的合理性、缺乏必要的激励制度，势必会陷入福利支出不断增加、救助效率愈发低下的恶性循环。在中国的现实语境下，一方面绝对贫困和相对贫困并存、贫困人口基数大；另一方面保障制度不完善、社会救助支出占 GDP 和社会保障总支出比例明显偏低，社会救助呈现出供给的紧缺性特征。因此，保证救助资源利用效率应是我国社会救助机制的重要目标之一。

以效率原则作为基本原则在于社会救助法产生的原因与本质属性。社会救助法的根本实质在于国家以外部力量介入公民的个人生活，消除市场失灵给公民带来的冲击，恢复社会正义与公平，因此社会救助效率原则中的"效益"并非是个体追求的效率，而是作为社会整体发展的效率。基于此，社会救助法中的效率具有社会性与公平性。作为有限社会救助资源配置的关键性制度，救助方式关乎有限社会救助资源配置的经济效率和社会效率。为了提高救助效率，西方各国相继开始探索由单纯给付的"输血型救助"转向"工作福利"式的造血型救助，以打破社会救助对象的福利依赖。[1]当前，我国社会救助方式以输血型救助为主，弱化了促人自立的激励功能，劳动供给抑制愈发明显，救助方式转化势在必行。首先，应实现救助激励

〔1〕 以美国为例，自 20 世纪后期开始，为有效提升救助效率，体现救助对象的积极责任，采取了包括个人就业责任制度、就业激励、就业素质培育、就业机会扩展在内的一系列举措。参见王三秀："美国福利权保障立法价值重心的转移及其启示"，载《法商研究》2009 年第 4 期。

性。《社会救助暂行办法》第12条规定以收入扣除方式发放生活保障金，这种“差额补助”直接压抑了救助对象的就业动机。[1]因而对于有劳动能力的救助对象，必须满足、配合特定的就业相关性要件才能获得救助资格。同时，在救助资格审查过程中，应实行救助对象收入豁免制。其次，应完善就业救助制度。《社会救助暂行办法》虽以专章对于就业救助予以规定，但内容简略，缺乏可操作性。在立法中，应对就业救助实施主体、救助方式、救助措施、救助程序进行详细规范，建立健全就业培训、就业扶持制度；并通过税收减免、财政支持，鼓励企业参与就业扶持，通过非市场手段给予被救助者参与市场就业的机会，增加公益性就业岗位等。

3. 国家经济赔偿与和谐社会

国家经济赔偿制度的建立有助于促进国家经济权力的规范行使，使经济权力主体在行使权力的同时，认识到权力即意味着义务（职责）和责任，这既符合我国法治国家建设的进程要求，也契合了法治政府建设的应有之意。国家经济赔偿制度的建立，在食品安全等涉及国计民生的具有重大社会影响的领域，政府主动承担了更多的责任，这意味着公民权利状况的改善和社会福利的增加，社会总体安全感的增强，这恰恰是经济法的重要调整目标。同时也有助于提升政府公信力，树立责任政府的形象。国家经济赔偿制度中国家所承担的责任，很大程度上是一种道义责任，国家承担更多的道义责任，虽然加重了国家的责任，但有助于增强公民对国家的归属感，从而有助于和谐社会目标的实现。

---

〔1〕 参见彭宅文：“最低生活保障制度与救助对象的劳动激励：‘中国式福利依赖’及其调整”，载《社会保障研究》2009年第2期。

本章小结

本章论述了经济法中国家经济赔偿的本体论研究。此论述主要从主体、归责原则和承担的责任方式三个层次展开，将此理论与司法赔偿和行政赔偿进行比较。公共负担平等理论、分配正义与矫正正义为国家经济赔偿责任提供了正当性。不可诉讼不代表不可救济，除诉讼、仲裁、复议以外的国家经济赔偿方式虽然会受到传统文化、体制性和立法性等因素制约，成为我国国家经济赔偿的现实障碍。本书在经济法包括宏观调控法和市场规制法的“两构成”体系观点的基础上，对经济法中权力主体之法律责任的前提、制度价值、构成要件、归责原则、现存规定之实然状态进行了理论的探讨和实现的检讨后，提出了经济法中权力主体承担国家经济赔偿的责任形式是克服这些现实障碍的优化路径。

第五章 宏观调控主体的经济法责任

第一节 宏观调控行为的界定

一、宏观调控行为的界定述评

一般认为，宏观调控是国家运用计划、法规、政策、道德等手段，对经济运行状态和经济关系进行干预和调整，把微观经济活动纳入国民经济宏观发展轨道，及时纠正经济运行中的偏离宏观目标的倾向，以保证国民经济的持续、快速、协调、健康发展。国家宏观调控的手段分为：经济手段、行政手段和法律手段。经济手段包括财政政策和计划，经济手段有时是政府制定的经济政策；法律手段是政府制定的经济法规；行政手段则是政府发布的经济命令。

“宏观经济调控是指国家从经济运行的全局出发，运用各种宏观经济手段，对国民经济总体的供求关系进行调节和控制。”“以总量平衡为调控的基本目标，以间接手段为主要的调控方式，以对经济利益的引导为实现调控的主要手段，激励利益主体基本符合国家宏观调控的要求。”〔1〕

〔1〕 李昌麒：《经济法学》（第2版），法律出版社2008年版，第395、396页。

“宏观调控是现代国家从社会经济的宏观和总体角度，运用计划、经济政策和各种调节手段，引导和促进社会经济，影响社会经济结构和运行，宏观调控是国家综合运用各种引导，促进方式对社会经济宏观结构和运行进行调节的一种国家经济职能活动。”〔1〕

“宏观调控是指国家为了弥补市场失灵和实现国民经济的可持续发展，在尊重市场规律和充分发挥市场机制功能的前提下，从宏观和总体上对国民经济进行干预和调节，政府进行宏观调控的主要手段包括经济政策、经济法规和必要的行政管理，具有宏观性、总体性、专业性、间接性的特点。”〔2〕“宏观调控权是宏观调控机关享有以及宏观调控行为是国家行为的事实，宏观调控权的享有主体是中央一级的国家机关，是国家权力的一个重要组成部分，它包括决策权、执行权、监督权和检查权，它不同于传统的行政权，属于经济法中的权力。”“宏观调控的后果处理程序应当关注激励程序，注重积极引导，向促进型的国家干预模式去思考经济法的运作模式。”〔3〕

上述代表性观点体现了宏观调控行为的间接性、决策行、引导性，对被调控主体的强制贯彻性给予了弱化。

“国家宏观调控行为的作用方式，以行为的强度与效力为标准，分为强制性调整手段和非权力的强制性手段。”〔4〕

“权力手段体现为命令式，单方设定权利义务，非权力手段

---

〔1〕 漆多俊：《宏观调控法研究》，中国方正出版社2002年版，第10页。

〔2〕 刘大洪主编：《经济法学》，中国法制出版社2007年版，第116～117页。

〔3〕 刘大洪主编：《经济法学》，中国法制出版社2007年版，第124～125、130页。

〔4〕 吕忠梅、陈虹：“政府经济行为的法律规制”，载史际春编：《经济法学评论》（第2卷），中国人民大学出版社2002年版，第166页。

表现为以向市场主体妥协或做工作期待市场主体贯彻经济管理意图。”该种观点体现了宏观调控行为的直接性和间接性的结合，强化调控时的强制服从性，同时强调协商妥协的意图贯彻性。〔1〕

“认为宏观调控是一种决策行为，不包括执行行为。不包括宏观调控机关及其下级机关以及其它组织的执行行为，进而推出是一种对内的国家行为，并对不可诉性进行了分析。决策行为的抽象性，损害的抽象性难以诉讼机制解决，司法机关解决此类纠纷的能力判断和制度设计的可操作性，决定了司法克制的现实性。”〔2〕“认为该词不是法学词语，由中国经济法学者频繁使用而成为法学术语的。宏观调控行为范围非常小，仅指宏观调控机关（全国人民代表大会及其常委会、国务院、中国人民银行、财政部、国家税务局等）对长期经济发展、经济周期、总供给、总需求、国家产业经济结构等所做的战略决策，如国家规划、国家预算及其财政政策安排、货币政策的制定、价格总水平的调控等。”〔3〕其对宏观调控行为作这种类型化确定后还论证了不可诉的结论。此外，肖顺武博士也提出了质疑宏观调控行为可诉性的探讨，驳斥了十种典型误解。〔4〕

“把宏观调控权限定为宏观决策权，则缺少令人信服的论证，并且，还可能给宏观调控法研究带来决策研究与执行研究割裂的风险。”“漠视宏观调控的传统法律责任，显然不能满足

---

〔1〕 刘定华：《宏观调控法律制度研究》，人民法院出版社 2002 年版，第 486、620 页。

〔2〕 邢会强：“宏观调控不可诉”，载《法商研究》2002 年第 5 期。

〔3〕 邢会强：“宏观调控行为的不可诉性再探”，载《法商研究》2012 年第 5 期。

〔4〕 肖顺武：“质疑宏观调控行为的可诉性”，载李昌麒主编：《经济法论坛》，群众出版社 2008 年版，第 283 ~ 298 页。

宏观调控法治化的需求。”〔1〕

二、本书的界定及基本观点

各门学科都有其特定的研究对象，在经济法学科的研究对象中，市场规制体系的共识已达成，而宏观调控则成了最存争议的范围。学界虽然在理论层面认可它是经济法体系的一个有机组成部分，而对“什么是宏观调控”的界定却呈现纷纭的态势，亦如上述列举的宏观调控的界定述评那样。对概念进行必要界定，是研究、写作的必要前提限制。因此，经济法语境下国家经济赔偿理论的研究，对宏观调控行为进行语境下内涵、外延的界定也是一种必要的前提限制。

经济学语境下的宏观调控行为，强化政府以国家名义进行的财政、货币、计划、产业调整手段的“效率”，矫正“市场失灵”，强化经济协调、可持续发展的价值取向。法学语境下的宏观调控行为，则强化政府以国家名义进行调控时，授权合法（宏观调控权包括调控决策权和执行权，二者都不属于立法权，因此从属于立法权而需要法律授权）、决策的程序合法，关注权力、权利、义务、职责与职权统一，利益识别，利益平衡博弈，法律责任，救济机制的公平，正义的价值取向。

近现代法治的突出特点是对个人和个人权利的尊重，认为人本身就是目的，认为人的生命、自由、财产权利是天赋的不可被任何权力所剥夺的自然权利。权力来源于权利，权利是先在的，权力是派生的，国家和政府建立的目的在于更好地维护

〔1〕 王全兴：《宏观调控权运行的法律问题》，北京大学出版社2004年版，第6页。

这种自然权利。[1]而近代思想家包括洛克、康德、孟德斯鸠等人对上述法治理论做出了卓越的贡献，正是由于他们的卓越贡献，这些思想在近现代西方法治国家的建设过程中几乎都变成了现实的存在。[2]与古希腊、罗马的国家至上主义相对应，个人主义在西方近现代法治中占据着十分重要的地位。《简明不列颠百科全书》认为，个人主义“是高度重视个人自由、强调自我支配、自我控制、不受外来约束的个人或自我”的一类学说。其主要内容是：第一，人性理论，以个体人作为研究社会问题的出发点；第二，价值体系，一切价值均以人为中心，人本身就是目的，社会只是达到目的的手段，一切人道义上都是平等的，任何人不能成为他人的工具；第三，社会生活的态度，高度评价个人的自信、个人私生活和对他人的尊重。[3]

中国封建社会是一个家国一体的家族血缘精神统治的社会。家族精神以血清关系为原理，由此演化的氏族权力和国家权力也渗透了家天下精神崇拜。这两种权力都有一个核心就是父权。

---

〔1〕古罗马的自然法思想确实对这些思想的产生具有重要影响，但罗马自然法与近代自然法的区别在于罗马人的自然法观念中心在于“公民而非个人”。参见［意］圭多·德·拉吉罗等：《欧洲自由主义史》，杨军译，吉林人民出版社2001年版，第24页。

〔2〕笔者并不否认，近代思想家的法治思想确实在古希腊罗马思想上吸取了相应的智慧，但思想是思想，实际的制度存在才是分析问题的落脚点，思想表达与制度实践相背离在古今中外都是见怪不怪的事情。比如中国古代，孟子就已经表达了“民为贵，社稷次之，君为轻”的思想，已经十分接近于洛克《政府论》中所要表达的基本理念，这种思想就内涵层次而言一点也不逊色于古希腊亚里士多德、古罗马西塞罗等人有关法治思想的水准。事实上，如果要仔细梳理和提炼，中国古代也并不缺乏能够为近现代法治提供理论支撑的资源，国内学者在此方面已经进行了部分有成效的工作，代表性作品可参见夏勇：《中国民权哲学》，生活·读书·新知三联书店2004年版等相关论述。

〔3〕参见刘庚子等：“两种传统，一个故事——略论西方政治传统中的个人主义”，载刘军宁等编：《自由与社群》，生活·读书·新知三联书店1998年版，第235页。

君权也是父权的放大，致使社会一切关系家族血缘化，一切不平等的统治和服从关系、人身依附关系天然的合理化，形成以礼为主要规制机制的君、臣、父、子的宗法社会结构安排。中国的封建社会化曾达到很高水准，有一套较为严密的官僚科层体系与法律条文，与此有着内在精神性的历史根源，在这种家族血缘精神的统治下，中国封建社会的超稳固现象也根源于此。在宏观层面家族血缘精神形成了整体社会结构的自我排序价值观“以德为政，依礼而治，国家社稷、君、臣、父、子”，并寄托于明君贤相和社会上层精英在社会活动中完善自身，教化世人。在微观层面“克己”“无我”“自我抑制”形成对个人利益的自我约束，这种长期形成的集体主义意识形态，在实践中也一定程度地指引了对责任的认知和践行。

按照法国著名社会学家涂尔干的解释，集体意识是“社会成员平均具有的信仰和感情的总和，构成了他们自身明确的生活体系”。集体意识是“作为一个整体散布在整个社会范围内的”，“它在南方和北方、都市和小镇都是一样的，在不同的职业中也都是一样的。它并不会随着世代的更替而更替，而是代代相继，代代相传。……它是一种社会心理形式”。〔1〕集体意识是社会整合的需要，“对社会来说，它必须要求每个成员都要作为社会分子而具有同样的信仰和行动”。〔2〕每一个社会成员都会受到集体意识的约束，“集体意识的确定程度……信仰和行动越是界线分明，即越不会给个人留有背离这些规定的余地”。〔3〕

〔1〕［法］埃米尔·涂尔干：《社会分工论》，渠东译，生活·读书·新知三联书店2000年版，第42～43页。

〔2〕［法］埃米尔·涂尔干：《社会分工论》，渠东译，生活·读书·新知三联书店2000年版，第112页。

〔3〕［法］埃米尔·涂尔干：《社会分工论》，渠东译，生活·读书·新知三联书店2000年版，第113页。

可以说，受父权本位这种集体意识的思想影响，家庭及其在社群中的延伸形式成为社会生活的核心，相对于家庭单位而言，具有个体性的主体观念并不确定。父权本位价值体系的精神力量让个人主体观念缺失，责任的归责主体指向了集体。而在人民主权本位这种集体思想影响下，家庭在社会生活的核心地位虽然下降，但集体性的行动意义形式作为“封建残余”仍保存下来，并且其影响力很强大，辐射在普通日常生活中的方方面面。

在近代，中国难以形成自发孕育现代市场经济体系所需的向制度化社会发展的内力支撑，与此有着根深蒂固的文化根源方面的关系。正如这样的阐释：“中国的这种历史传统，特别是独成体系的封建传统，在近代又受帝国主义、殖民主义的影响，在内部缺少类似西方市民社会传统催生市场经济的平等、契约精神，对外又要面临争取民族独立的历史任务，事实上造成了强有力的民族政府，自上而下推进市场经济现代化进程。”〔1〕达顿指出，中国社会主义的一个巨大成功之处就在于：找到了一条走出父权本位制的理论道路，而同时又避免了对其集体性的直接挑战。即马克思主义提出了对二者的替代方案：把“封建主义”的主体——家庭——转化成一个对于所有的马克思主义观念都是核心的主体——具有集体性的劳动阶级。〔2〕也即是说，集体性的转变由家庭转向了劳动阶级，或者说从父权本位转向了人民本位。〔3〕而人民本位下的规训和惩罚仍然是传统的集

〔1〕 张树义：《中国社会结构变迁的法学透视》，中国政法大学出版社2002年版，第85页。

〔2〕 ［澳］迈克尔·R. 达顿：《中国的规训与惩罚——从父权本位到人民本位》，郝方昉、崔洁译，清华大学出版社2009年版，第15页。

〔3〕 在达顿看来，人民本位主要是指治理形式以具有集体性的劳动阶级为核心，而父权本位是以具有集体性的家庭为核心。

体主义力量重新表达之后，被用于强化社会主义的话语。[1]因此，当下之中国仍然是集体主义因素占据主导地位。在当下（即人民主权本位下），由于社会主义的集体性，也使得主体性缺失。[2]无论是在过去还是现在，达顿认为，在这个社会（中国社会），西方的个体性观念作用甚微，这个社会是围绕具有集体性的主体观念而组织起来的。[3]

在西方，市场经济秩序和法治秩序的存在有其个人主义文化根源，责任体系的建构，建立在个人主义之上，责任的担当主要指向个人。而我国无论是在过去的传统中，还是在现在都倾向于把个体纳入社会整体。在集体主义意识指引下，个体不是自治的主体，而是缺乏承担责任的个体。虽然责任是法律制裁的基础，虽然个人承担责任是当今世界的大势所趋，但由于我国集体性自始至终占据主要位置的态势。在宏观调控领域，笔者认为宏观调控经济法律责任暂时把个人责任搁置一边，凸现集体责任的研究，在于追寻宏观调控经济利益的实质正义是一个无限接近的过程。宏观调控决策法律责任违反法定义务的设计应当考量人的有限理性、集体的有限理性。宏观调控决策的程序性审查则是追究宏观调控法律责任的要害，宏观调控决策产生的损害，一种情形是决策主体违反了法律规定的决策程序，将损害归责于程序违法，另一种情形是决策主体并没有违反法定程序但事实上却造成了损害后果。无论出现哪类后果，都反映了集体责任的特点。这也是本书的论证中无论如何都绕

---

〔1〕［澳］迈克尔·R. 达顿：《中国的规训与惩罚——从父权本位到人民本位》，郝方昉、崔洁译，清华大学出版社2009年版，第18页。

〔2〕［澳］迈克尔·R. 达顿：《中国的规训与惩罚——从父权本位到人民本位》，郝方昉、崔洁译，清华大学出版社2009年版，第12页。

〔3〕［澳］迈克尔·R. 达顿：《中国的规训与惩罚——从父权本位到人民本位》，郝方昉、崔洁译，清华大学出版社2009年版，第15页。

不开且必须尊重的种种语境限制，当然个人的责任仍是我国今后努力发展的方向。

在当下的中国语境下，转型中的中国面临着这样的两难选择：一方面在着手法治政府的建设，另一方面政府又需要权威应付传统向现代社会演进中激烈的政治变迁与政治动荡。于是，在这种以稳定发展为主导的理念下，结合中华人民共和国成立以来的独特发展经验，我们形成了公有主体型的多种产权制度、劳动主体型的多元分配制度、国家主导型的多元结构市场制度，形成了公有资本与市场经济相结合的独特模式。（建构型而非演进型的历史变迁）从法律层面我国宪法的修订历程可以佐证这变革。

1954 年《宪法》由我国第一届全国人民代表大会第一次会议通过颁布。这部宪法是一部良宪法，其总结了我国长期革命的经验，特别是建国五年来的经验，把人民民主和社会主义原则，以及党提出的过渡时期的总路线，用宪法的形式肯定下来。这部良好的宪法对中国的政治经济发展起了巨大的推动作用。1982 年颁布的《宪法》也是一部良法，以十一届三中全会总结了历史经验教训，进行了拨乱反正，全党把工作重点转移到社会主义现代化建设道路上去，同时作出了实行改革开放的伟大战略决策，国家的政治、经济、文化生活都因此而发生了重大变化。

1988 年的《宪法（修正案）》由七届全国人大一次会议通过了即《中华人民共和国宪法（修正案）》。此条修正案修增了经济制度上的两条重要规定，即私营经济的法律地位，及其新的土地使用制度，在修正案中得以确立并给予制度性的保障。第 1 条是，“国家允许私营经济在法律规定的范围内存在和发展”；第 2 条是，“土地的使用权可以依照法律的规定转让”。

1993年第八届全国人民代表大会第一次会议通过《中华人民共和国宪法（修正案）》，国家承认所有权和经营权是可以分离的。其以“国有经济”取代了“国营经济”的表达方式意义重大。一字之差，含义不同，其从法律视角赋予的经济和社会意义不仅仅是表达的不相同，其意义也是十分深刻的，为各种各样的经济实体开辟了道路，激发了企业主体真正走上自产经营、自负盈亏、自我积累、自我约束的道路。此外，该修正案正式取消了“农村人民公社、农业生产合作社”的概念，而以“农村中的家庭联产承包为主的责任制”的概念代替。其还用“社会主义市场经济”取代了“计划经济”。中华人民共和国成立后，曾经建立了一整套高度集中的计划经济体制。这种实践证明，此种权力高度集中的治理模式很容易阻碍人民群众的积极性、创造性，很容易阻碍生产力的发展。在这种体制下其不再具有重要性、合理性、必要性后，实践经验启发我们改革之路是必然的。最终，经历了二十余年的改革实践，我国在宪法中明确规定，市场经济体制是中国经济体制的基本模式。观念发生了变化，治理国家和社会的方式、方法、方向也发生了变化。强调国有企业的经营自产权，强调集体经济组织的自主权，只要求集体经济组织在“遵守有关法律”的前提下独立进行经济活动的自主权，而不是原来的在“接受国家计划的指导”的前提下有独立进行经济活动的自主权。

1999年第九届全国人民代表大会第二次会议通过的《中华人民共和国宪法（修正案）》，将作为公有制“补充”的个体经济、私营经济等非公有制经济，从法律制度的保障层面确定为社会主义市场经济的“重要组成部分”。宪法以国家根本大法的形式从经济制度层面肯定了非公有制经济的法律地位。“依法治国，建设社会主义法治国家”被载入了宪法。在依法治国的内在价值从口号到治国方略再上升为宪法原则的发展过程中，法治获得了方向性的法律认可和制度保障。2004 年《宪法（修正案)》确定了完善对私有财产保护的规定。可见，上述变迁整体上确立了良性的发展方向。

在宪法修订的变迁过程反映了这样一种态势——整个社会呈现出一种不断被“国家化”的趋势，形成了一个包办型的全能国家。中国的国家与社会发生高度亲和关系，国家全面支配整个社会，社会也因此演变成了国家的社会。不同于西方经济法从市场失灵到政府干预，从市场到计划，自下而上的产生路径，因此，我国现阶段经济法的任务，不完全是西方的“市场失灵—国家干预—政府失灵—规制政府干预经济活动”的经济法产生路径，而是更凸现出政府主导型推进，从计划到市场，自上而下的产生路径其也许不是要通过政府去弥补市场缺陷，而是培育市场和依法规范市场主体，通过配置资源的权力在“政府 - 中间阶层 - 市场”的框架中建立起制度性的平衡，并反思、探索经济法的授权之路或是控权之路。正如这样的论述：“1949 年起，新中国通过普遍和深入的社会改造，高度统一的国家逐渐获得了对于社会资源的全面控制，国家走上了工业化和现代化的道路。然而，国家主义的泛滥，国家机体的无限膨胀，导致了对社会的全面控制。它取消了国家与个人之间的几乎全部中间环节，社会为国家所吞噬，个人选择的空间随着私域的消失而消失，最终导致国家内部的失衡，引发了严重的社会危机。”〔1〕“国家垄断了所有的社会资源与社会价值，国家意志是唯一被认可的社会进步动力机制，在国家之外不存在任何利益与组织的空间，国家对社会的渗透越来越深入，社会经济过程

〔1〕 梁治平：“市场、国家、公共领域”，载《读书》1996 年第 5 期。

中对国家权力的依赖也越来越重，整个社会进步的动力源泉都全部归结到国家身上，国家权力相应地不得不延伸到社会的每一个角落。”〔1〕

法律对权力的授权和规制体现的是一种形式理性，在授权的背后隐藏着深厚的人性根源是无论如何都无法被抹去的，过度权威造成的管制又易产生权力寻租、权力腐败、社会失范等一系列恶性后果。政府对市场经济的干预是通过各级具体官员行为去实施的。由于对人性假定的“理想人”是虚无的，政府对经济的干预在客观上会存在偏差，这些偏差是一种必须付出的成本，是政府选择干预手段规范市场所必须付出的“干预代价”。如：政府的不作为，对经济犯罪打击力度存在弊端，在环境保护、产品质量、房地产与金融行业执法过程扭曲，消费者权益保护规范无力、滞后，对劳动法规及其市场主体违法漠视，决策的非科学化，地方政府对上级政府决策的隐性软对抗，等等。阿克顿勋爵“绝对的权力产生绝对的腐败”，加里·贝克尔“腐败是政府干预经济的外在产物，对经济的控制越多，腐败也就越严重”等名言启示我们政府的权力如果没有制约，没有边界，不实行守法的统治，腐败就会产生。“特别是政府的权力如果不加限制往往容易形成或者天然会产生垄断，于是种种的寻租（政府被动）和抽租（政府主动）就产生了，政府官员的腐败主要产生于寻租，特别是与权力有关的权力寻租。”〔2〕

在计划经济体制下，中国传统的政府经济行为受到了严峻的挑战，政府与市场的关系陷入了一个怪圈——放了就活，活了易乱，乱了须收，收了又死。“政府经济行为是政府为实现国家经济改革目标而进行的能够产生经济法律后果的行为。在市

〔1〕 唐士其：《国家与社会的关系》，北京大学出版社1998年版，第200页。
〔2〕 林哲：《权力腐败与权力制约》，法律出版社1997年版，第109页。

场经济条件下，以往单纯的行政命令手段是违背经济规律的，并不能真正降低交易成本，而平等协商手段则因市场失灵而难以奏效。”[1]而强调有限理性，就是要依法打破计划经济体制下政府万能主义的法律权力结构，将政府对经济生活的干预减少到合理程度，最终确定政府干预经济的法律边界。[2]在理性认知政府作用的基础上，承认政府对经济干预的有效性的意义在于：其对经济的干预成本最小，又能有效弥补市场机制本身的不足，是政府干预的立足点。干预不能随意损害市场机制所固有的竞争性规律，政府的作用应该被严格限制于市场机制发生失灵的领域。市场失灵是政府行为的必要条件而不是充分条件，治愈市场失灵需要政府行为，而政府行为在克服市场失灵时，同样会引发导入、利用市场机制的隐性问题。深入研究政府干预经济行为与市场机制的关系，把握政府干预经济的“度”，才是问题的症结所在。

“道德人”的假设存在忽视了机会主义即一种“巧取私利的行径”，很容易从人性的假定上去判断国家是社会的合法代表，很容易陷入政府是选民真实意愿的价值判断结果。政府的重要职能是向社会提供公共服务物品，提供和增进社会福利。由此，把政府官员假定成公道正义的“道德人”，假定市场会失灵，假定政府不会犯错误的逻辑出现了。这种由理想化的人性假定臆造出的“道德人”是存在问题的，有限理性在经济交易中让契约成为不完全契约，它不可避免地会留下许多不确定性，意料之外的、细节性的交易。“经济人”对政府经济行为的定量分析，更能准确、合理地诠释政府对经济的调节是必要的，但是

---

〔1〕 张守文 、于雷：《市场经济与新经济法》，北京大学出版社 1993 年版，第 70 页。

〔2〕 周林彬：《法律经济学纲论》，北京大学出版社 1998 年版，第 39 页。

调节的范围应当减少而不是包罗万象，国家在监督、协调和政策指导方面起积极作用。比如，新自由主义的经济学者，反对凯恩斯主义式干预观点——全面、过多、过细、过分干预。其在本质上就是蕴含了推翻政府是“道德人”的假定，主张把“经济人”范式引入政府行为理论。当然，这种假定也不是绝对合理的。笔者认为，犹如这样的逻辑存在也许是恰当的，人很容易被诱惑去行善，而作恶可能需要努力；也可以这样表达，人需要努力去行善，且很容易被诱惑去作恶。

政府经济行为的目的应当明确，弥补市场缺陷，对市场主体私权进行限制，解决效率与公平、个体营利性与社会公益性的矛盾，促进经济稳定增长，社会与经济的协调发展，社会公平与经济公平是其实现的目标。政府经济行为的依据应当确定：首先，其应被定位为是一种国家经济管理权，并作为社会管理权的一种。其主要通过计划、规划、引导、激励、促进、限制、扶助和救济等手段得以应用。其对象包括：事前防范的对象——有害于整体经济利益的行为；事中规范对象——实施中形成规则调制的秩序下有利于整体经济利益的行为；事后救济的对象——危害社会公共利益事件后的迅速、紧急排碍措施和其他适当措施。总之，政府经济行为体现出的经济职能，需要法律体制的确立予以保障，从而确立宏观经济稳定政策，积极影响资源配置，提高经济效益和增进社会福利。美国著名宪法学家劳伦斯·却伯在《美国宪法》中主张：“当代宪法的核心问题是要在限制政府权力和利用政府的权能之间保持必要的张力，政府必须干预而非消极无为才能真正实现自由。”〔1〕

〔1〕 朱苏力：“读劳伦斯·却伯的《美国宪法》”，载朱苏力：《法治及其本土资源》，中国政法大学出版社 1996 年版，第 259 页。

第二节　宏观调控权的解读

宏观调控权应当是一种非常重要的经济法律权力，以社会整体利益为价值取向，秉承对国家、社会整体利益和私人利益的调和。宏观经济利益即是国家、社会从总体和全局出发运用宏观调控权进行权衡、取舍、确权、保障、补救，进而对复杂利益进行平衡的结果。在这些利益平衡的过程中甄别出的是更重要、更能影响国家、社会稳定发展的整体性利益，而不是个体性的私人利益。但如果假借国家利益、社会整体利益之名无节制地侵害私人利益，势必会形成受益和受损利益集团，甚至引发集团对立。因此，这种甄别对宏观调控权的正当、合理行使具有重要意义，并为造成的不可避免的客观损害给予国家经济赔偿，提供鉴别的路径，防止出现制度溢流现象。

一、宏观调控权的形式理性解读

马克斯·韦伯所言的形式合理“指它在技术上可能的计算和由于它真正应用的程度，用技术上尽可能的手段，目的合乎理性地计算出来，用数字的即计算的考虑来表示的程度，那么这样一种经济行为在形式是合理的”。[1]对于马克斯·韦伯的这种形式合理性，笔者是这样理解的：首先，法律、法规调制下的秩序，是居于法律与道德、伦理的分离，实质和程序内容支撑的事物本貌是合理性的载体，立法、司法、行政执法，守法主体的权利、义务皆在法律、法规的支配下运转。法律判决将普遍抽象的内容适用到个案中去解决问题。其次，法律体系

〔1〕［德］马克斯·韦伯：《经济与社会》（上卷），林荣远译，商务印书馆1998年版，第106~107页。

成熟、完善，人的理性活动、逻辑思维清晰、缜密，法律原则、法律规则在人的理性支配下，通过逻辑手段让抽象原则和个案的解决发生联系，并使之理性化。再次，法律外观形式以实体和程序表现出来，通过这种方式还原事实的特征，并运用逻辑方法将原则、规则、概念在不同的形式中给予解释。最后，认可分离的事实存在，即立法、司法、行政的分离，实体与程序的分离，规则与事实的分离，思想观念与行为的分离。

宏观调控的基础理论是市场失灵，从而引出政府干预经济的正当性，也即将一种经济上的合法性视为宏观调控权的合法性的一个依据。亦如上文论述的语境下的几种解析，及其对形式理性的解读，笔者认为我国现阶段经济法的任务是在实质正义与程序正义的交集中寻求“中国模式”的宏观调控权研究路径。此乃是研究现状、预见问题、评估风险和绸缪规划的适宜之路。

因此，立足于中国的历史传统和当下的社会现实语境思考，然后再放眼世界，都是绕不开的语境限制的。制度、法律可以学习西方，法作为人类文明成果的共同性决定了法律继承的必要性。法作为社会调整或控制的技术，是人类对自身社会的性质、经济、政治、文化以及其他社会关系及其客观规律的科学认识的结晶。例如，资源配置、生产管理、市场调节、环境保护、社会保障等经济社会性法律规范是人类对自然、经济规律认识的反映；有关代表会议、权力制衡、行权程序、反贪倡廉等政治性法律规范则是对政治关系、政治权力运行规律的科学认识。这些认识成果不管形成于何种社会，具有什么特定的时代性、阶级性和社会性，都是人类认识的成果和人类文明的标识，具有超越时空的、长久而普遍的科学性、真理性和实践价值。继承、移植、改革是法律发展的必由之路，但合法性论证一定要有自己的特色。因此，从西方寻找合法性的路径是值得质疑的，否定传统的思路是存在问题的。否定中建立不起中国的法治，“中国的法学界应当在追求理论的同时，更加务实，从中国当代的社会变革和法治建设的实践中获得更多滋养。这是我们的根，是最贴近、最可及也最为丰富、独特的本土资源”。[1]

法治经济语境下的经济法律权力的规范运行是这条适宜之路的一种理性选择。作为一个范式、理念，本书意图探讨的法治经济是价值、原则、制度、程序、组织、信仰等要素的综合统一体。其一方面强调依法办事的社会状态和社会活动方式，以市场经济法律体系的建立、健全为内在核心，以政府的宏观调控和市场规制行为法律化为外在形式，从而真正约束政府对经济活动的随意干预，形成长期稳定的、可预见的经济环境，形成以法律制度为主导的、有序化的社会管理机制、管理模式，促使政府公平执法，有效规制市场扭曲、浪费社会资源的寻租机会，使政府在经济交易双方起到没有偏向的“第三者”作用，从而形成有利于非歧视的、公平竞争的市场环境。另一方面强化信誉经济的价值、观念、信仰，依据自由、平等、理性、人权、文明、效益、秩序、安全等社会价值观念、价值观念体系构建社会的基本结构和行为方式，进而形成以经济富强与现代共享福利的双赢格局，形成以法律制度、诚信信仰相互支撑的、有序化的法治经济秩序。所以，法治经济的实质是用法治与诚实守信在人的行为意义层面进行规制，在价值意义层面进行引导，在抽象的政府诚信层面进行一种法律诚信、社会福利保障制度的激励机制建设，在现实社会生活中潜移默化地建构一种社会经济秩序，并使之成为社会大多数人认同的准则，形成良性互动。

---

〔1〕 苏力：《送法下乡——中国基层司法制度研究》，中国政法大学出版社2002年版，第18页。

法治经济是宏观调控法律责任产生的法理基础。而要研究我国宏观调控法律责任：一方面，需要我们关注“经济权力”“经济法律权力”对当下中国的影响；另一方面，还需要我们关注“法治经济”下宏观调控法律责任的理性认知，这是在中国语境下缓慢推进，甚至在试错过程中曲折推进的现实认知。富勒在《法律的道德性》中高度概括了“良法”观的八大要素：①法律的一般性；②法律要公布；③法律的不溯及既往性；④法律的明确性；⑤避免法律的矛盾；⑥法律不应要求不可能实现的事情；⑦法律的稳定性；⑧官方行为和法律的一致性。宏观调控措施的前沿性、复杂性、技术性、灵活性将突破以下要素：法律的稳定性，法律不应要求不可能实现的事情，官方行为和法律的一致性。因此，甄别宏观经济利益、甄别宏观调控的秩序与利益价值冲突，具有重要意义。人的有限理性决定了人类知识的局限性，不能完全认识自然和社会的种种内在联系。为了解释二者的相互联系，人类的精神活动需要一种整体性指导。在民主条件下，在法治方向指引下的法的作用、法的作用的有限性认知能合理地诠释宏观调控的变通适用。

二、宏观调控权的法理解析

权力是指一种能力，“权力永远是控制他人的力量和能力”。其特征是能直接以自己的强力迫使相对人服从自己的意志，即“我能够（实现）”。权力的经典定义是，行为者影响其他行为者的能力。

公共权力的来源只有一个，即每个享有权能和承担责任的个人让渡一部分权力给公共机构，因此“政府的权力是有限的”，这即是契约说，职权是国家权力的具体化与法律形式。权力可以是经济权力，也可以是政治权力，其间的关系是很复杂的。经济权力可以收买和影响政治权力，政治权力也可以实现对经济的控制和影响。那么，二者是制衡或是阻却滥用的关系吗？对此，用人类智慧完全回答这个问题是很困难的。简单的民主路径是应对不了利益集团政治、意识形态的渗透和蒙蔽的。所以，由宪法和法律对其予以保障才是正道。因此，宏观调控权应界定为一种经济法律权力，是一个静态的概念，宏观调控行为在此基础上则是一个动态的概念，其体现为决策行为和执行行为两个阶段。

秦国荣认为：经济学的任务主要在于证明政府干预经济的有效性和重要性，法学则应从宪政、有限政府和控权理论出发，注意设定法律制度去防范和规制政府对经济运行的不当干预行为。这就要求我们在赋予政府经济管理职能时，在经济法授予政府行使市场监管职能时，必须要求行政机关严格遵循行政行为的合法性、有限权力、正当程序性和责任性等原则。〔1〕单飞跃认为：在经济法中，干预是一种最贴切的法律方法描述。其描述了国家与市场之间的动态关系特征，以及国家力量与私人力量相互制约、相互转换的过程与机制。在社会需要不断提高、国家职能不断扩大的经济环境下，经济权力已成为相对独立于政治权力的一个活跃的权力要素，是社会成员与国家对公共经济事务安排的社会契约。经济权力至少应当由议会、政府、专门性国家机关、社会成员所共享。〔2〕冯果认为，国家可以基于社会整体利益的需要对经济活动实施控制、引导，这就是国家经济调制权，即国家基于公共利益的需要对社会经济生活进行

---

〔1〕 秦国荣："维权与控权：经济法的本质及功能定位——对'需要干预说'的理论评析"，载《中国法学》2006年第2期。

〔2〕 单飞跃："'需要国家干预说'的法哲学分析"，载《现代法学》2005年第3期。

规制和调控的权力。但其权力的行使必须基于正当的程序和目的，并对自己的行为承担相应的责任。因此，权力法定、法律保留、正当程序及责任控制等应该成为经济法法权结构设置坚守的原则。[1]

本书认为宏观调控行为在本质上应当是一种经济法律权力，是国家权力的重要组成部分，依赖于行政主体和行政程序来实现，分为决策阶段和执行阶段。就经济法律权力本身而言，其与法理学上的权力在本质上是相通的，权力与义务（职责）是相生相伴的，一项权力必然与一项义务（职责）相关联，只享受权力而不承担义务，或享受很大权力而承担较小义务的经济法律权力必然导致权力的失范。此种情形体现在现行几乎所有的经济法律法规中，经济法律权力主体的权力与义务的规定极为不平衡，经济法律权力主体的权力趋向于无穷大，而义务规定却很少。在现行的经济法律法规中，与经济法律权力主体的义务的规定情形相关联，经济法律权力主体的权力和责任规定明显不成比例。经济法律权力主体享受着极大的权力却存担着极少的责任，违背了权力必然与责任相伴的法理常识。本书意图探讨的宏观调控主体就是这种经济法律权力主体。经济权力运行的动态过程分为决策阶段和执行阶段，因为国家结构形式是指一国统治阶级根据什么原则、采取什么形式划分国家主权范围内的组成单位及其权限的国家制度，它反映的是一国整体与局部、中央与地方、各组成单位之间的权力的地域分配关系。而我国的国家结构形式是高度的中央集权与一定程度的地方自治相结合的中国式单一制，我国的行政单元划分为一般行政单元、民族自治地方和特别行政区三类。由此承认中央政府和地

---

[1] 冯果："宪法秩序下的经济法法权结构探究"，载《甘肃社会科学》2008年第4期。

方政府都是调控主体，但地方政府可能是决策主体也可能是执行主体，与受宏观调控行为影响的受控主体一起构成了宏观调控法律关系主体范畴。为了促进国家经济权力的规范行使，使经济权力主体在行使权力的同时认识到权力即意味着义务（职责）和责任，结合我国单一制的国家结构治理模式及政治集权、经济分权的现实语境，本书将国家经济赔偿的法律关系责任主体仅限定在中央一级的宏观调控权进行论证。这种类型化研究（马克斯·韦伯倡导的“理想类型”研究模式，即用理性建造的分析概念工具，有概括性、抽象性，不同于经验事实，但又来源于经验事实的解释之中，用抽象概念表达普通生活中具体现实的一种主观描述）也许符合我国法治国家建设的缓慢推进的进程要求，也契合在中国语境下走适合自身道路，实现法治经济政府建设的应有之意。

第三节　宏观调控主体法律责任的经济利益价值

一、宏观调控主体法律责任的经济利益价值

法所体现的意志的背后是各种利益，法对社会的控制和调整主要通过对利益的调控实现。利益是实施政府宏观调控行为的基础。政府宏观调控行为是否有效取决于三种宏观调控行为〔1〕

〔1〕一是强制性行为，即政府依靠法定的强制力实现其经济职能的行为，如行政命令等。二是奖酬性行为，即政府通过给予各种经济主体（公司、企业）一定的经济利益的方式来使其自觉接受政府的调控，进而实现经济职能的行为，如产业政策和部分财政及金融政策等。这些政策的实施不是靠强制性的行政命令而是政策本身所含有的经济利益，经济主体为了得到经济利益而自觉贯彻执行政府的这些政策，即接受奖酬性行为。三是舆论性行为，即政府通过舆论宣传作用把其意图施加于经济主体实现经济职能的行为，如政府对经济主体进行的各种精神奖励等。

所含利益在多大程度上被经济主体吸收。如果利益所产生的诱因足以吸引经济主体自觉接受政府宏观调控行为，这表明政府宏观调控行为产生了效力。反之，其无效或效力弱化。然而我国宏观调控中政府行为本身包含的利益之争状况令人担忧，主要表现如下：

（1）某些宏观政策、措施缺乏科学性、合理性、公平性、公正性和严肃性，部分政策朝令夕改，一些政策因缺乏刚性很难贯彻到位，宏观调控政策因为不协调而导致效率低下。

（2）一些政府官员好大喜功，以宏观调控之名大搞“首长工程”“形象工程”“政绩工程”，片面追求经济增长率，甚至虚报数字，形成“官出数字，数字出官”的恶性循环，政府官员腐败屡禁不止，权钱交易滋生，从而辜负市场主体的信任。这种不诚信的行为与权力体制有很大关系。比如，地方行政官员调度频繁，他跟地方的联系并不紧密，在任时给外来投资者承诺很多优惠条件。任期结束，钱花完了，未完的工作是下一届的市长、书记要关心的事。有的甚至还有更极端的想法——退了却希望下一任不如他，以显示自己的功绩。

（3）地方政府为了扩大自己的经济权限，有明显的反对中央政府宏观调控行为倾向。政府机构虽然统一行使国家管理权，但在“五级行政、五级财政”的构架下，因事权、财权和人权不尽统一，中央与地方政府及其部门之间常因“私利”而阻碍公共政策的形成和层递落实，即“上有政策，下有对策”“山高皇帝远”“诸侯经济”，利益之争导致的政策不通畅严重妨碍了全国统一市场的形成。

利益之争让政府的宏观调控措施及行为收不到其应有的效果，因为缺乏公信的政府，成文法就可能蜕化为抽象规范或利益假象，进而抽象政策会变得无足轻重，丧失掉政策特有的理念先导、实践示范等功用。因此，宏观调控的利益价值一方面表现为既然我们不知道如何最有效地集中利用稀缺资源，我们就只能调动所有个体的积极性，让他们尽量有效率地利用这些资源。“一个社会如果没有实现经济增长，那是因为社会没有为经济方面的创新活动提供激励，也就是说没有从制度方面去保证创新活动的行为主体应该得到的最低限度的报偿或好处。”〔1〕而衡量资源配置是应当符合这样一种自然状态的“是否有效的唯一能使人在长期演化中继续生存下去的准则就是人类的继续生存和繁荣”。〔2〕这种利益价值也就是经济法所追求的可持续发展状态；另一方面是对政府“私心”的制约，由“球员”变为“裁判员”，淡化偏袒意识，公平有效地行政，所以对权力最好的控制即是法治。

二、宏观调控主体法律责任的经济利益甄别

笔者认为，宏观经济利益是国家、社会从总体和全局进行权衡、取舍、确权、保障、补救等方面，甄别出的更重要、更能影响国家、社会稳定发展的整体性利益，而不是个体性的私人利益。这种甄别对宏观调控权的正当、合理行使及其法律责任制裁具有重要意义。宏观调控权涉及对宏观经济利益的权衡、取舍、确权、保障、补救的配置关系，并在这种配置关系之中平衡国家、社会、个人的经济利益，以及解决如何识别、保护的问题。良性互动的国家社会模式强调国家与社会之间的合作关系，但并不否定各种社会组织的相对独立性，强调社会通过

---

〔1〕［美］道格拉斯·诺斯：《经济史中的结构与变迁》，陈郁、罗华平译，上海人民出版社2003年版，第9页。

〔2〕汪丁丁：“哈耶克‘扩张秩序论’思想初论”，载刘军宁等编：《经济民主与经济自由公共论丛》，生活·读书·新知三联书店1997年版，第133页。

制度化的渠道对国家进行控制、监督与参与，并强调国家对各种社会组织的保护与促进，要求国家作为社会总体利益的代表在尊重社会及其各种组织法律上的独立性的前提下积极介入社会生活过程，对后者的活动进行多种形式的协调与引导，或者为他们创造出适宜的活动环境与条件。对于社会自身不能解决的问题，如环境保护、社会正义等，国家必须主动予以解决。上述目标模式正是经济法的宗旨与价值取向所在，经济法以社会为其法域的“本座”。〔1〕

1. 国家和社会利益的识别

就国家、社会、个人的经济利益的区别：在经济法语境下，在本书的探讨中，就个人而言，“经济利益”可以等同于物质利益，财富上的“所得”。但就国家、社会而言，其涉及的“经济利益”则超越了物质利益的价值判断。因为笔者同意麦克韦尔的观点：人类面临的基本课题，不光是苏格拉底提出的“人应该如何生活”，还应该包括人类学家提出的“我们如何生活在一起”的问题。〔2〕

日本宪法学家美农部达吉将“利益”定义为“所有满足人类价值感情的东西，可以称为利益，于这种意义而言，不用说不是含有单纯经济的利益（物质利益），而又不是含有适于人类的福利的意味，总之，于各时代思想上，人类觉得对于她有价值的一切的东西，……无论其为外界的事物，或为人类内部的状态……都属于此种意义的利益”。〔3〕可见，受制于特定时间、

〔1〕 张守文、于雷：《市场经济与新经济法》，北京大学出版社1993年版，第79页。

〔2〕［德］黑格尔：《法哲学原理》，范扬、张企泰译，商务印书馆1996年版，第15页。

〔3〕［日］美农部达吉：《宪法学原理》，欧宗佑、何作霖译，中国政法大学出版社2003年版，第23页。

空间条件的制约，利益要有个确定性的标准去界定是不可能的。实质上，这是因为界定利益的前提离不开价值判断。价值不存在于客体或主体之中，而是主客体相互作用的产物，“将价值视为个体适应她的生物和社会、文化环境的各种转态的表现”，“价值判断表示的是一种主体和客体的相互作用，是一种对人与周围世界关系的认识”，“当我们想到人类价值评判主体的所有生命功能都要依赖于这种与环境的相互作用时，价值便表现出其至高无上的重要性”，“人本身是目标导引的、按一定程序进行追求的系统，人类有一个遗传学的程序的基础上，在此基础上叠加起来的多重文化程序，这种文化程序是由个体和它在经验世界中的冒险经历确定的”。[1]

国家利益是一个很复杂的概念，因为诠释国家的理论很多，人们可以从不同的方向去理解国家。比如：社会契约理论语境下的国家学说；黑格尔的伦理实体语境下的国家学说；诺奇克国家理论语境下的“最低限度的国家”；民族国家理论学说；马克思学说语境下的国家观。尽管理论上有分歧，不过国家利益大致还是可以被归为四大类：自由主义的国家观、无政府主义的国家观、国家主义的国家观、民族主义的国家观。

第一，自由主义的国家观。该观点体现了一种对人性持消极态度的国家观，就理性层面而言，它是对基督教政治文化积淀的现代性转换。其代表人物霍布斯和洛克主张的古典自由主义国家观非常消极，而他们假设的自然状态正是基督教的堕落状态的翻版。托马斯·霍布斯认为：“自然法是一种真正的普遍道德，它也符合自我利益，尤其是人类的共同利益。”最重要的自然法有三条：①每个人只要有获得和平的希望，就应当力求

〔1〕［美］欧文·拉兹洛：《系统哲学讲演集》，闵家胤等译，中国社会科学出版社 1991 年版，第 128、130、133 页。

和平；②为了和平的目的，他会自愿放弃这种对一切事物的权利；③人们必须履行所订立的信约。他认为自然状态存在于国家产生之前，政治实体的各部分就是由契约和协定所产生的，承诺的实现作为人类政治义务的基础。自然状态会导致战争状态的持续，公共权力的补救是进入公民社会的捷径。〔1〕“许多评论者认为自然状态是一种虚构或假想的模型，它只是用来表明，如果没有政府，人类可能会或就会出现什么样的状态，契约就是在这种情况下所有人都可能会普遍接受的条件。”〔2〕但是这种逻辑上的假设却提供了一种理论上的说明，即自然状态下人是平等的，但却面临着一切人反对一切人的战争，没有一个权威而彼此之间便会相互伤害。理性启迪人们放弃自然权利缔结契约建立国家管理社会，它涉及国家的起源、目的、权限等问题。而洛克的契约论是以个人不可剥夺的自然权利生命、自由、财产为名义来限制政治权威。他也承认自然状态的缺陷，但认为这是公共法官的缺位。他认为，不应完全放弃自然权利，还应保留生命、自由、财产权利，保护和尊重这几项权利是政府的责任。如不能保护这些最基本的权利，人民有权解除契约，建立新政府。所以他极力主张一种有限政府的理论。

总之，他们假定国家产生的直接背景都是人的有罪状态。在自由主义者那里，国家植根于人性之恶中。古典自由主义奉承的基督教宗教观是“伊甸园的神话故事—人性的堕落—国家的救赎”版本。自由主义信奉的自然权利观是“自然状态—社会契约—国家（公民社会）”版本。他们一脉相承，都自然而然

〔1〕 转引自［英］迈克尔·莱斯诺夫：《社会契约论》，刘训练、李丽红、张红梅译，江苏人民出版社2005年版，第79页。

〔2〕 转引自［英］迈克尔·莱斯诺夫：《社会契约论》，刘训练、李丽红、张红梅译，江苏人民出版社2005年版，第86页。

地接受了国家产生于人类邪恶本性或人性的缺陷的观点，自由主义根深蒂固的宗教信念无论如何是抹不掉的，从而深深影响了他们对国家的态度，影响了设计国家权力结构的思想，规范国家活动的有限范围。[1]例如，孟德斯鸠在《论法的精神》中指出："自由只有在政府没有滥用权力时才存在，但有一永恒的规律，任何具有权力的人都倾向于滥用权力，直到他遇到限制为止，而且美德也需要有限制。"[2]在自由主义者身上，基督教政治态度和政治情感形成的文化积淀的顽强作用支撑了这种理论假设。道格拉斯·诺斯认为，国家有三个基本特征：一是国家为了取得收入而以被称为"保护""公正"的服务作为交换；二是为使收入最大化而为每一个不同的集团设定不同的产权；三是面临其他国家或潜在的统治者的竞争。国家的目的，是使统治者的租金最大化，又要降低交易费用以使全社会总产出最大化，从而增加国家税收，这两个目的是相互冲突的，会导致相互矛盾甚至对抗行为的出现，使国家处于不稳定状态。[3]

可见，自由主义也许用这种方式隐蔽了一个的主题——国家问题。其实，自由主义从来就不是与国家完全对立的，它反对的只是无节制、肆意的国家权力。把国家利益隐藏在所谓普世的道德价值之中进行制度建构是一种高超的政治智慧，普世的东西即法治、权利、规则、宪政，而国家建设问题则隐藏其间。现代自由主义的国家观主张以恶制恶，化恶为善。自由主

---

〔1〕 参见丛日云："消极国家观——从基督到古典自由主义"，载 http://www.docin.com/jd1006，2014 年 3 月 31 日访问。

〔2〕［法］孟德斯鸠：《论法的精神》，张雁深译，商务印书馆 1982 年版，第 154 页。

〔3〕［美］道格拉斯·诺斯：《经济史中的结构与变迁》，陈郁、罗华平译，上海三联书店、上海人民出版社 2003 年版，第 9 页。

义从两个方面设计对国家的制约：其一是以个人的权利限制国家的权力范围。其二是在国家内部实行分权制衡。通过对国家权力进行分割，使各个部分巧妙地实现相互竞争、制约和监督，以防止掌权者堕落，也使掌握国家权力的人或集团在追求自己利益时，增进公共利益。

第二，无政府主义消极的国家观。此种国家利益观与自由主义观都持一种消极的态度，而关于人性恶的诠释则有差异。前者极端地将国家视为纯粹的恶；而后者在对恶的观点予以认同的同时，也承认有限的善，或者将其表达为一种善的工具。无政府主义将国家视为万恶之首、万恶之源，人的本性为善并有自治能力。他们相信，一旦取消了国家，人类就会回到完美的状态。尽管存在差异，但无政府主义与自由主义却存有同一的政治心理，即对政府或强制性政治权力持怀疑态度，只是怀疑程度颇为不同。程度的两者区别如下：在无政府主义那里，怀疑和抵制是公开的；而在自由主义那里，则是含蓄、潜在的。总之，无政府主义毫无保留地断言，国家是祸害；而自由主义则持犹豫、谨慎态度，认为国家是“有必要之恶，必要的痛苦”等。〔1〕

第三，国家主义至上的国家观。国家主义与自由主义持对立的观点。根据国家主义的观念，国家是自然的存在，即黑格尔的观点——“自在自为”——的存在。它不依赖于个人，不是单个人机械的集合。国家是一个有机整体，而个人是其有机组成部分。因此，国家之第一要务在于创造法律秩序。为达此目的，国家的意志形态应是超越个人的私见，个人有绝对服从之必要。国家第一位，个人第二位。个人只有选择融合于国家

---

〔1〕 参见丛日云：“消极国家观——从基督到古典自由主义”，载 http://www.docin.com/jd1006，2014 年 3 月 31 日访问。

中，通过国家公共事务的参与，为国家尽义务，才能实现自己的本性或价值。国家本身即是目的，个人不能与国家相分离，且不能有与国家相对立的权利。只有在对国家事务的参与和服务中，个人的价值才能得以实现。因此，依据国家主义观念，国家是个人的终极归宿，个人获得自我的拯救，个人的权利和价值皆源于国家。对于国家，人们会自然地产生感恩心理，从中找到一种归属感，并萌生出亲情似的崇敬之情。总之，国家主义是一种理想主义，它希望实现个人与国家之间内在的统一、高度的和谐。[1]

第四，民族主义的国家观。其认为每一个人都要忠于自己的民族祖先，每一个民族的学术、感情都与该民族的身体气质和物质环境紧密联系，并运用这一原理解释所有的观念和制度。民族精神实质上就是一个民族的禀赋，是一种自发的创造力量。它是伴随着民族与生俱来的，不能也无法从其他民族的文化模式中学到。民族禀赋具体体现在民族文化、特性、气质等内容上。在这种国家观之下，文化民族主义被改造成政治上的民族主义，并依托于这样的逻辑关系建立共同体——“一个国家、一个民族、一部宪法、一个家、一种爱”。在其影响下，“民族精神”被改造成为一种“国家精神”，在民族－国家的观念视野中展开，从国家制度秩序与国际秩序的视角入手。其中，个人被从家族、地缘中抽取出来，还原为法理学意义上的原子论个人。这种个人不是地方之聚居者，而仅仅是对国家、社会、人类承负责任与义务者。由此，个人可以直接交付给国家来使用。

有关社会的界定也是存有分歧的。就方法论而言，大多个体主义坚持者都主张唯名论，认为社会由发生各种联系相互作

〔1〕 参见丛日云：“消极国家观——从基督到古典自由主义”，载 http://www.docin.com/jd1006，2014 年 3 月 31 日访问。

用的个人而存在，认为社会是个虚体，具有抽象性，个人利益才是真实、唯一的利益。而大多整体主义坚持者则主张唯实论，认为社会是个真实的存在，社会不是个人利益的简单总和，而是受制于自身发展规律的客观存在。

“社会现象是存在于人们身体以外的行为、思维和感觉方式，同时通过一种强制力，实施于个人，对于生物客体的个人而言，社会事实是客观存在，当个体消失或被替代时，事实仍永恒存在，社会事实具有强制力，这种力量凌驾于每个社会成员及其独立意志之上，无论以法律或是习惯的形式出现，这种制约力总是在社会利益受到侵犯时发挥作用，凌驾个人之上，引导个人需求，影响个人思维倾向。”〔1〕社会整体利益在经济法中是一个潜在的抽象理性假设，具有不确定性、模糊性、动态变化性。但可以肯定的是，这种“存在”不是机械的、简单的个体利益相加的总和，而是强调整体性、整合性的“存在”，是社会各方利益博弈协商的结果。这种类型的利益依赖于经济法中各种具体制度的供给实现这种社会整体利益观。

以反垄断法为例：首先，在规制对象上，反垄断法规范垄断或限制竞争，禁限排斥、消灭竞争的行为（或现象）。其次，在立法目的、保护对象和法律地位上，反垄断立法的要点在于制止和矫正垄断（或限制竞争）行为对竞争秩序的结构性、全局性破坏，实现市场竞争的自由、充分。从实际来看，其主要是保护中小企业或新入市企业的利益，与促进社会公共利益和经济民主秩序相联系，具有强烈的公法性，并因此而常被誉称为“经济宪法”。最后，在对其规制对象的法律否定态度上，反垄断法较多地关注竞争行为的经济界限（即是否符合经济效益

---

〔1〕［法］迪尔凯姆：《社会学研究方法论》，胡伟译，华夏出版社1988年版，第5页。

性的要求），对垄断（或限制竞争）行为的否定是相对的，允许有诸多例外。

以价格法的宏观调控及其听证为例，《价格法》第 30 条规定："当重要商品和服务价格显著上涨或者有可能显著上涨，国务院和省、自治区、直辖市人民政府可以对部分价格采取限定差价率或者利润率，规定限价，实行提价申报制度和调价备案制度等干预措施。省、自治区、直辖市人民政府采取前款规定的干预措施，应当报国务院备案。"《价格法》规定："当市场价格总水平出现剧烈波动等异常状态时，国务院可以在全国范围内或部分区域内采取临时集中定价权限，部分或者全面冻结价格的紧急措施。"价格听证制度要求政府在制定关系群众切身利益的公用事业价格、公益性服务价格、自然垄断经营的商品价格等政府指导价、政府定价时，应当建立听证会制度，由政府价格主管部门主持，征求消费者、经营者和有关方面的意见，论证其必要性、可行性。政府指导价、政府定价制定后，由制定价格的部门向消费者、经营者公布。在法律程序方面，价格听证制度要求政府价格主管部门或其他有关部门制定政府指导价、政府定价，应当开展价格、成本调查，听取消费者、经营者和有关方面的意见。

以产业政策法为例：该法是调整产业政策制定以及其实施过程中产生的经济关系的法律规范的总称，也被表述为规范和保障产业政策法。其以社会的整体经济利益调整为取向，在明确了社会整体发展的目标之后，通过法律的明确方式和法律化手段，整合全社会的集体力量促进全社会的整体性发展，系属于宏观调控法的范畴。1986 年，《国民经济和社会发展第七个五年计划》第一次正式使用了"产业政策"的概念。1987 年，党的"十三大"报告提出："计划管理的重点应转向制定产业政策，通过综合运用各种经济杠杆，促进产业政策的实现。”1989年3月15日，我国出台了第一份正式的关于产业政策的规范性文件——《国务院关于当前产业政策要点的决定》。1993年，党的十四届三中全会通过的《中共中央关于建立社会主义市场经济体制若干问题的决定》，明确了这种调控手段——“制定和实施产业政策作为政府管理国民经济的重要职能和调控手段”。1994年4月，国务院颁布的《90年代国家产业政策纲要》成了制定各项产业政策的指导、依据。1996年4月，第八届全国人大四次会议通过的《国民经济和社会发展“九五”计划和2010年远景目标纲要》提出了一系列具体的产业政策。20世纪90年代以来，国家出台的体现相关产业政策性质的法律、法规、规章和其他规范性文件包括：1992年《中共中央、国务院关于加快发展第三产业的决定》、1993年《科学技术进步法》、1994年《汽车工业产业政策》、1995年《指导外商投资方向暂行规定》（后被2002年《指导外商投资方向规定》所取代）、1995年《外商投资产业指导目录》（后分别被1997年和2002年发布的《外商投资产业指导目录》所取代）、1996年《促进科技成果转化法》、1997年《水利产业政策》、1999年《中共中央、国务院关于加强技术创新，发展高科技，实现产业化的决定》、1999年《关于当前调整农业产业结构的若干意见》、2000年《鼓励软件业和集成电路产业发展的若干政策》、2000年《关于加快发展环保产业的意见》、2001年《中西部地区外商投资优势产业目录》、2001年《“十五”期间加快发展服务业若干政策措施的意见》、2002年《国家产业技术政策》、2002年《清洁生产促进法》、2002年《中小企业促进法》等。

以财政法为例：关于财政法的属性问题，无论是在国外还是在国内，都存在理解上的分歧。行政法学者认为财政机关具有行政机关属性，财政法规许多都是中央财政机关所制定的，认为财政法当属行政法体系中的分支；经济法学者则认为，财政法维护的是社会整体经济利益功能，是经济法体系的重要组成部分。在中国语境下，在社会主义市场经济体制下，财政的功能不再是政府维持日常社会事务运作筹集资金的普通功能。从深层次而言，其功能已转化为宏观经济调控功能，在其体系范围内的预算法、财政转移支付法、国债法体现出的调控功能均是维护社会整体经济利益，具有经济性、社会公共性和宏观调控性质。预算法——在整个财政法体系中处于关键地位，是调整基本财政分配关系的法律准则。它不仅要规定国家预算的原则、体制、管理职权、预算收支范围、预算编制、预算执行和监督、预算调整，还要规定决算等内容。财政转移支付法——调整财政转移支付过程中发生的法律关系，一般表现为中央政府或地方政府将部分财政收入无偿地让渡给下级政府、企业和居民时所发生的财政支出。财政转移支付源于财政失衡。过度的财政失衡会带来严重的经济社会和政治问题。为此，需要通过财政转移支付来予以解决。财政转移支付法是保障政府实施财政转移支付手段的法律形式，是财政法的重要内容之一。国债法——国债的发行和国债市场的建立与发展，需要经济手段和法律调整手段的有机结合，相互协调与共同作用，所以国债法是国家调整国债关系、管理国债市场的主要法律形式。当代各国大都制定了国债法。所谓国债法，是指国家在借款和发行、使用、兑付、流通政府债券过程中发生的社会关系的法律规范的总称。它是财政法的重要内容，属于财政法体系的组成部分。

然而，在我国立法层面，对“社会整体利益”的说法并无明确界定，所涉及的相关表述也不尽相同。例如，国家利益、社会公共利益、公共利益的说法在不同部门法中都有所提及。

《民法通则》第7条（公序良俗原则）规定：“民事活动应当尊重社会公德，不得损害社会公共利益，破坏国家经济计划，扰乱社会经济秩序。”《合同法》第7条（遵纪守法原则）规定：“当事人订立、履行合同，应当遵守法律、行政法规，尊重社会公德，不得扰乱社会经济秩序，损害社会公共利益。”《合同法》第52条更是直接把“损害社会公共利益”作为合同无效的一个事由。无效合同即不具有法律约束力和不发生履行效力的合同。其主要表现为以下几种情形：①一方以欺诈、胁迫的手段订立合同，损害国家利益；②恶意串通，损害国家、集体或者第三人利益；③以合法形式掩盖非法目的；④损害社会公共利益；⑤违反法律、行政法规的强制性规定。具有上述情形之一，即会被视为无效合同。《专利法》第5条（不授专利权情形）规定：“对违反法律、社会公德或者妨害公共利益的发明创造，不授予专利权。”《土地管理法》第2条第4款规定：“国家为了公共利益的需要，可以依法对集体所有的土地实行征用。”《票据法》第3条规定：“票据活动应当遵守法律、行政法规，不得损害社会公共利益。”《行政许可法》第1条规定：“为了规范行政许可的设定和实施，保护公民、法人和其他组织的合法权益，维护公共利益和社会秩序，保障和监督行政机关有效实施行政管理，根据宪法，制定本法。”《政府采购法》第1条规定：“为了规范政府采购行为，提高政府采购资金的使用效益，维护国家利益和社会公共利益，保护政府采购当事人的合法权益，促进廉政建设，制定本法。”《证券法》第1条规定：“为了规范证券发行和交易行为，保护投资者的合法权益，维护社会经济秩序和社会公共利益，促进社会主义市场经济的发展，制定本法。”

“公共利益”在政治学、哲学、经济学领域研究的意义也各有不同。柏拉图认为“统治者的利益就是真正的‘公共利益’”。托马斯·阿奎那认为，公共利益至少包括三个方面的内容：公共精神利益需要、社会秩序和国家安全。边沁认为，公共利益就是组成共同体的若干成员的利益总和。亨廷顿则认为：“……公共利益既非先天存在于自然法规之中或存在于人民意志之中的某种东西，也非政治过程所产生的任何一种结果。相反，它是一种增强统治机构的东西。公共利益就是公共机构的利益。”此外，公共利益在经济学领域被视为公共物品，即公共利益在现实中的物质表现形式。公共物品是指非竞争性和非排他性的货物。非竞争性是指一个使用者对该物品的消费并不减少它对其他使用者的供应。非排他性使使用者不能被排斥在对该物品的消费之外。经济层面的公共利益指向了社会总福利的最大化。政府公共政策制定的目的不仅仅是某一个群体福利的最大化，还要考量社会总福利的最大化。〔1〕

可见，公共利益是个典型的不确定性概念。公共利益是一种具有公共性的利益；反之，属于个体性、私人性的利益（含私人利益、集体利益）则是与之相对应的私域。但“公共性”的外延是个开放结构，在公共利益、社会利益、国家利益的分类中，“公共”“社会”“国家”均揭示的是受益对象，而真正的内容则是“利益”。“公共的不确定性”在于，将一定地域空间内的大多数人作为判断公共利益公共性的标准并不妥当，因为其解释不了该种公共利益可能使地域以外的人也受益的问

〔1〕此段述评参见［古希腊］柏拉图：《柏拉图全集》，王晓朝译，人民出版社2002年版，第290页；［意］阿奎那：《阿奎那政治著作选》，马清槐译，商务印书馆1982年版，第117页；［英］边沁：《道德与立法原理导论》，时殷弘译，商务印书馆2000年版，第58页；［美］塞缪尔·P. 亨廷顿：《变化社会中的政治秩序》，王冠华等译，上海三联书店1988年版，第23页；“世界银行变革世界中的政府——1997年世界发展报告”，转引自倪斐：“公共利益法律化：理论、路径与制度完善”，载《法律科学》2009年第6期。

题。如果以“不确定多数人”作为公共性的标准，那么对少数弱者的援助所揭示的福利国家公共利益理念又该如何解释呢？而且在国家之外还存在一个更大的圈子——“全人类的利益”，这并不是一国国内法所能解决的。因此，公共利益不是严格、确定的法律概念。对经济法而言，以社会整体利益为理念的制度设计，并不是简单的概念、规则、原则的问题，其必须通过不断的探索、实践才能得以实现。社会与国家均可作为最大共同体而存在，在日常生活中经常可以代表公共利益，但对二者加以区分却是必需的，因为社会整体利益并不等同于国家利益。

国家的利益主要指政治统治利益：一方面，其是指国际政治范畴中的国家利益，或指一个民族国家的利益，与之相对应的概念是集团利益、国际利益或世界利益；另一方面，其也指国内政治意义上的国家利益，是政府利益或政府代表的全国性利益。[1]社会整体利益则主要是经济和文化利益，虽然国家是维护和促进社会整体利益的主要力量，但不能把国家利益等同于社会整体利益。尽管国家“为了达到自己的目的就不得不把自己的利益说成是社会全体成员的共同利益”，而[2]社会整体利益形成机制弱小，又必须借助国家权力的整合。此外，因为现代政治国家与市民社会不断融合，国家经济职能被广泛执行，国家利益与社会整体利益在很大程度上是一致的。识别两种利益的重要意义在于防范国家利益任意入侵社会整体利益，从而强化社会整体利益的整合、实现机制。

国家和社会应该有各自的定位和权利，国家对于市民社

---

〔1〕 阎学通：《中国国家利益分析》（第1卷），天津人民出版社1997年版，第4页。

〔2〕《马克思恩格斯选集》，人民出版社1972年版，第53页。

会〔1〕来说，工具性的功用观点很强，是一种手段而非目的。在市民社会中，每一人都以自身利益为目的，其他一切相对其而言都是虚无的。社会是一个独立的领域，有其自身的组织原则，这个独立于政治的社会，其基本性质是经济的。市民社会的秩序建构并不是完全排斥国家的，问题两面性在于，不是不要国家干预，而是要确定国家干预的具体方式、内容和限度。市民社会的独立性要素需要得到确立和保护，但应该有一个合理的限度。首先，提供制度性的供给以确保市民社会的相对独立性。其次，市民社会无力解决的社会矛盾和各种冲突，需要国家干预的救济，从而使得多元利益主体应当在法治的轨道上通过多种渠道表达利益诉求。最后，经济利益集团在成熟以后，向政治层面的渗透应当是理性的、规范的，如果没有制度保障，对国家和社会之间的张力关系处理不当，也会引起非良性的发展。“统治装置一味扩大、膨胀，造成国家因为负荷过重，对于社会的要求开始丧失柔软性和敏捷性；另一方面，丰裕及成熟到某种程度的市民社会，对这样的国家放弃期待，加深不关心政治的程度，容许政治参与的空洞化和仪式化，穿上‘漠视之外

---

〔1〕 所谓市民社会，是指在那些源处于保护个人自由的思考以及反对政治专制的近代自由主义政治思想，处于对市场经济的弘扬以及与国家干预活动相对的近代自由主义经济思想的基础上，逐渐产生的相对于国家以外的实体社会。只有在资产阶级革命胜利和资本主义市场经济体制确立、市民社会与政治国家的分离最终成为现实后，市民社会方获得其现代含义，它意味着当时在封建社会的政治经济关系以外萌发的资本主义经济生活，代表着一种经济的、私人的社会活动领域，与政治、公共的社会领域相对。因此，市民社会与政治国家被放在对立的两极，市民社会只有置放于与国家相对关系中，才能获得自身的规定性。市民社会意味着国家权力的一种法律上的界限。人们通常由此划定二者的边界开始，市民社会被看作是生产和交换的自由场所，国家则被看作垄断了强制性权力的公共权威。转引自吕忠梅、陈虹：《规范政府之法——政府经济行为的法律规制》，法律出版社 2001 年版，第 10 页。

衣'，形成国家与社会紧张关系的大悖论。"〔1〕

经济法以社会整体利益观为本位，秉承"求经世之道，思济民之法"的法律观，在保障社会整体利益的过程中、维护社会团结的过程中，协调各种利益的冲突并实现对个人利益的保护。"在复杂社会中，最稀缺的资源既不是市场经济的生产效率，也不是公共行政导控能力，需要精心维护的首先是已经枯竭的自然资源和正在解体的社会团结，在今天，社会团结的力量只能以交往的自决实践的形式而得以再生。自主性的观念，人类只有当他们所服从的法律也就是他们根据其主体间地获得的洞见而自己制订的法律的时候，才是作为自由的主体而行动的，它表达了事实性与有效性之间的张力，这种张力随着社会文化生活形式的语言构成的事实而'被给定的'，对我们来说，对已经在一种这样的生活形式中形成自己认同的我们来说，它是不可避免的。"〔2〕

2. 整体利益与局部利益的识别

根据宏观调控涉及的当事人一方所处的阶位不同，宏观调控必须遵守一致行动原则。所谓一致行动原则，是指在中央政府决定采取宏观调控并提出宏观调控措施时，各级政府及各部门应当在法律规定的职责范围内采取一致的宏观调控行动，禁止各方当事人规避宏观调控措施甚至采取逆向行动。〔3〕在横向的一致行动下，强调同级政府的各个职能部门——主要包括财政、金融、税收、国土、公共投资、物价等部门——之间应采

〔1〕［日］猪口孝：《国家与社会》，转引自吕忠梅等：《规范政府之法——政府经济行为的法律规制》，法律出版社2001年版，第33页。

〔2〕［德］尤尔根·哈贝马斯：《在事实与规范之间——关于法律与民主法治国的商谈理论》，童世骏译，生活·读书·新知三联书店2003年版，第549页。

〔3〕吴越：《经济宪法学导论》，法律出版社2007年版，第318～319页。

取协调一致的行动，不得出于本部门的部门利益考虑而规避宏观调控措施。在纵向一致行动下，强调下级政府应采取与中央政府相一致的行动，不得为了地方利益规避宏观调控措施甚至采取逆向行动。部门保护主义与地方保护主义，在行政管理体制未完全理顺之前（如行政权治的理念），在某种程度上会使得宏观调控政策的效果大打折扣，使其达不到预期调控甚至偏离目标。

我国的市场经济是政府推进型的市场经济，在市场经济活动中，政府在干预或参与经济活动时，往往是利用传统的政治思维而非法治思维去思考问题。受“国家－市场”二元模式的影响，国家对经济生活的干预多以行政干预方式进行，经济法的执法程序和立法程序也多沿用行政程序法的规定，经济法执法机关多为行政机关，这体现出了一种行政权治的理念。这种理念由于带有强烈的公法“暴力”色彩而与市场经济所崇尚的平等、自由理念格格不入。因为市场的自由天性与政府的权威至上之间有着一种天然的紧张关系，它们为了追求实现自身必然排斥对方，如何认知和调整这种困境，也是在中国实行一致行动原则的必要性和现实性所在。

第一，行政权居主导地位的传统色彩很重，在行政权运作过程中又带有明显的政党的背景，受政治力量和政治因素左右严重。这种特点不可避免地混同了政治国家与经济国家的角色，造成了公共利益代表者与政治利益代表者的身份在经济活动和政治活动中偏离定位。

第二，行政权治理念在经济活动中仍突出行政主体的强势中心地位，忽视社会团体和民众参与经济决策的权利。这样必然会导致经济法决策的低效率和偏差，难以及时、准确地反映经济现状，同时也容易造成行政机关过多地、刚性地干预市场。[1]

第三，行政权的管理和命令的特征使得经济执法机关更侧重于创设经济关系，而非调整经济关系。这使得市场配置资源的基础性作用被大大削弱，经济执法机关凭借强势地位为获取地方、部门、集团利益而滥用职权、破坏经济关系，也为行政垄断等行为大开方便之门。

第四，行政体系的科层制包含着单一的等级秩序，其势必导致权力的集中化，而集权与市场经济已被事实证明是相异不相容的。同时，结构的科层化也使得科层的利益与社会公益相背离。对科层中的各单位、各构成分子而言，服从科层的独立利益、独立意志比服从社会的意志来得更为重要。[2]因而只要科层的利益、意志与社会的利益、意志相异，行政权治理念无法融入经济法所追求的价值范畴之中。

3. 宏观调控中的私益保护

宏观调控在平衡整体与局部的利益关系中，势必会影响到私主体的权益，任何宏观调控措施都会触动私人主体之间财富的分配问题，损伤到一部分人的权利和利益往往是改革所不可避免的代价。当然，在宏观调控的必要性前提下思考如何保护私人主体的利益问题，特别是信赖利益保护问题，也具有特殊意义。

“可以确定的是，法律与宪法调整的是未来的事情，而不涉及已成为过去的那些事情，除非为过去和悬而未决的事情作了明文规定。”[3]所以，无论我们追问法律是意志的产物，还是

---

〔1〕 关保英：《行政模式转换研究》，中国政法大学出版社 1997 年版，第 201 页。

〔2〕 关保英：《行政模式转换研究》，中国政法大学出版社 1997 年版，第 186 页。

〔3〕［美］E. 博登海默：《法理学——法律哲学与法律方法》（修订版），邓正来译，中国政法大学出版社 2004 年版，第 433 页。

经验的产物，在特定时间、空间发生的一切都已经成为过去，而现在的一切则正在发生，只有未来才可能改变。因此，法律更应该关注未来，关注人们对未来的预期。当然，这是一种明确的预期，或一种大致确定的预期，以便利人们的交往或是行为。这也是需要实践的，而不能停留在抽象的理论层面。预期行为有效用才能体现法律的主要功能。

第一，在民商法领域中，缔约过失责任（Jhering，耶林）起源于“亚麻地毡案”，所体现的是一种信赖利益的保护。从事合同缔结之人，是从合同外的消极义务范畴进入合同上的积极义务范畴；其因此而承担的首要义务，系于缔约时须善尽必要的注意。法律所保护的，并非仅是一个业已存在的合同关系，正在发展中合同关系亦应包括在内；否则，合同交易将暴露于外、不受保护，使合同一方当事人成为他方疏忽或不注意的牺牲品。合同的缔结产生了一种履行义务，若此种效力因法律上的障碍而被排除，则会发生损害赔偿责任。所谓合同不成立、无效者，仅指不发生履行效力，非谓不发生任何效力。简言之，当事人因自己过失致合同不成立或无效者，对信其合同为有效成立的相对人，应赔偿因此项信赖所生之损害。这是一种承认积极违约，其将契约责任扩展到预约契约中，并发生密切联系。〔1〕

缔约过失责任是指在合同缔结过程中，当事人因自己故意或过失，致使合同不能成立，对相信该合同成立的相对人，为基于采信信赖而生的损害，应负的损害赔偿责任。我国《合同法》第58、113条规定了信赖利益和预期可得利益。

第二，在刑事法律领域中，1979年《中华人民共和国刑

〔1〕［德］罗伯特·霍恩、海因·科茨、汉斯·G. 莱塞：《德国民商法导论》，托尼·韦尔英译，楚建汉译，中国大百科全书出版社1996年版，第117页。

法》没有规定刑法的基本原则，而1997年修订的新刑法典，在第3~5条明确规定了三项基本原则，即罪刑法定原则——“法无明文规定不为罪”和“法无明文规定不处罚”；适用刑法平等原则——对任何人犯罪，在适用法律上一律平等，不允许任何人有超越法律的特权；罪责刑相适应原则——也称罪刑相适应、罪刑相当、罪刑均衡原则，是指犯多大的罪，就应承担多大的刑事责任，法院也应判处其相应轻重的刑罚。可见，刑法是用法的明确性、法律的不溯及既往性、平等性来限制国家刑事处罚权，为人们提供一种明晰的预期利益保护。而刑法对溯及既往的利益保护，针对的是未经审判或判决尚未确定的状态，采用从旧兼从轻原则，以明文的法律规定作出。总之，人们的预期利益是通过遵守明确、具体的法律规定而实现的。

第三，在行政法领域中，因对政府行为的信赖而产生的预期利益较前两类情形要复杂得多。行政行为实施过程中产生的预期利益保护，更致力于结果而不是过程。行政行为具有强制性、自由裁量性、单方意志性、效力先定性。（行政行为一经作出，都具有拘束力，任何团体和个人都必须遵守和服从。要否定行政行为的效力，需要经过有权机关依职权和法定程序审查决定。）行政行为也具有无偿性。行政行为以无偿为原则，以有偿为例外。行政相对人无偿地分担了公共负担（如纳税），当然，当特定行政相对人承担了特别公共负担，或分享了特殊公共利益时，则应是有偿的。可见，法律规则对行政相对人提出的要求是可以做什么、不可以做什么，强制、命令的义务规则模式占主导。行政行为分为抽象行政行为（是指国家行政机关针对不特定对象制定和发布的能反复适用的具有普遍约束力的行为规则的行为，即包括制定行政法规、行政规章及其它行政规范性文件在内的行政立法行为）与具体行政行为（是指行政主体针对特定对象作出具体决定、采取具体措施的行政行为）。在我国行政法实践中，根据当前的行政救济机制，行政相对人对具体行政行为不服，可以依法直接提起行政复议或者行政诉讼，而对抽象行政行为，则只能在对具体行政行为提出复议或者诉讼过程中，要求复议机关或者法院判断具体行政行为所依据的抽象行政行为是否与上阶位的法律规范相冲突、相抵触，以对抽象行政行为进行间接的监督。可见，具体行政行为对行政相对人的利益保护侧重于结果救济，在抽象行政行为中形成的预期利益保护只能更关注过程保护的重要意义了。

在宏观调控领域中，对于私人预期利益的保护更有别于上述几种部门法，但与抽象行政行为中形成的预期利益保护存在相似的地方。“法律的主要功能也许并不在于变革，而在于建立和保持一种大致确定的预期，以便利人们的交往和行为。”〔1〕受控主体的权利保护可以遵从调控主体自身约束、受控主体监督、司法机关审查的逻辑思路，但受控主体预期利益的形成过程与预期利益的存在，在客观上是无法回避信息不对称、宏观调控短期性、临时性、间接性的特点的。同时，该种利益存在着自身特殊性，即对象范围的不确定性、未来性、期待性。在这种大致确定预期过程中形成的利益虽不能意味着受控主体因此而享有权利，但受控主体的利益也关乎调控目标的实现，所以保护此种形态的利益，过程保护的重要性具有特别意义。当然，过程保护的路径、制度设计并非只有诉讼一种模式。这也是本书于后文中将要探讨的国家经济赔偿将体现国家在宏观调控领域中的承责模式选择。

---

〔1〕朱苏力：《法治及其本土资源》，中国政法大学出版社2004年版，第7页。

第四节　秩序与利益价值在宏观调控主体法律责任制度中的冲突

法学的研究方法[1]是对法律的事实、形式和价值的内在与外在内容的研究。法律价值体系包括了自由、正义、秩序、安全、利益、效益。运用综合规范、社会实证、价值分析的方法，笔者认为，宏观调控要求代表国家或政府的经济权力主体，在法治的轨道上对经济进行宏观调控或特殊规制，从社会整体利益出发，为了实现宏观经济变量的基本平衡或是增进，及其对经济结构的优化，引导国民经济持续、健康、协调发展，而对国民经济进行总体调节和控制。为了全面理解这种法的目的，笔者于下文中将分层面去探析宏观调控隐含的秩序与利益价值冲突和价值定位问题，分析宏观调控法律责任的产生基础，分析宏观调控的国家经济赔偿是一种优化选择。

一、宏观调控主体法律责任的秩序价值

法学上所言的秩序主要是指社会秩序，它表明通过法律机构、法律规范、法律权威所形成的一种法律状态。宏观调控一般包括产业政策法、财政法、税法、金融法、对外贸易管理法。我国的宏观经济调控的主要目标是：第一，促进经济增长；第二，增加就业；第三，稳定物价；第四，保持国际收支平衡。

---

〔1〕 实证分析法（实证法学派也称规范分析法）特点是：①以制定法律作为研究的基点；②提出的命题是“法律是什么”；③是一种静态的不带价值判断的科学方法。社会实证分析法（社会实证学派）特点是：①研究的是活法；②提出的命题上“法律实际上是什么”；③把法律要放大到更大的环境中进行动态的考察和分析。价值分析法（自然法学派），特点是：①研究的基点是自然法；②提出的命题是“法律应该是什么”；③进行了价值判断和道德评价。

宏观调控行为是为了保持社会总供给和社会总需求的平衡，这种平衡秩序“牵一发而动全身”，要求调控主体应加强各种方法相互间的配合和衔接，根据经济情况的现实需要，有针对性地选择调控方式，适时调控经济的剧烈波动，实现国家的可持续发展。国家的宏观调控职能所求的这种平衡秩序也主要是通过政府的行为实现，调控主体涉及中央与地方、政府与社会中间层、政府的各职能部门，但最主要的调控主体是政府（广义政府，与国家同意），特别是中央政府。它扮演的角色至关重要：

（1）政府是认知和决策的核心主体。任何政府不论是在何种政体之下，其权力行使的全局性和社会性都是一样的，要维持稳定、发展的社会秩序，政府必然要着眼全国，调和利益结构，体现其社会权威（包括暴力），政府的认知程度和决策水平会直接影响整个社会的经济活动。

（2）政府是政策和主要调控手段的实施者。例如，发行国债、转移支付、无偿调拨、官方控制、冻结物价等，民间、企业、行业无能为力。

（3）政府是利益结构的协调者。没有协调利益就会无秩序、失衡，宏观调控的利益整合涉及官官、官企、企企及官企民之间的错综复杂的利益网络，除了市场机制的调节外，政府调整也很必要。例如，官官利益不平衡，企业和老百姓就会成为这种斗争的牺牲品、替罪羊，如“吃、卡、要”等作风，道道审批关；办事“托人”等现象层出不穷。

宏观调控是对市场失灵的矫正，体现了国家干预性的特征，它也逐步成了当代经济法体系的核心。[1]经济法“以公权干预

〔1〕 漆多俊：《宏观调控法研究》，中国方正出版社2002年版，第18页。

和救济的方式对滥用私权的行为实施法律制裁，以注重控制公权的无序性、扩张性和私权无对抗力的易破坏性，来实现整个社会经济的有序发展”。[1]因此，宏观调控法的秩序价值也应被理解为是经济总量和产业结构的平衡秩序，而这种秩序价值实现的过程其实是政府行为的制度化规范，政府通过维护法治的功能来实现维护那个抽象的、超越私人偏好的、事先预定的、高度透明的秩序。

二、宏观调控主体法律责任的秩序价值与利益价值冲突

法律价值的种类包括秩序、自由、利益、正义，在法律价值体系中的位阶排位如下：自由、正义、秩序、利益。这种理论层面的状态也就是自然分析法所追求的终极目标，但利益的多元化和复杂性使法的各种价值之间会发生矛盾，导致价值之间相互抵触，宏观调控过程中的秩序价值与利益的价值冲突就是权力的必要性、诱惑性与人性弱点的博弈。一方面是调控制主体的原因，例如，信息公开制度主要是依靠调控主体的自律，强调其主动将自身的相关信息予以公布以尽可能地减少“信息不对称”[2]。它会导致政治委托人的信息缺失，给政治代理人道德风险的产生以生存的基础和条件，导致代理风险，使政府得以利用信息优势损害公众的利益，为追求自身利益最大化提供了可能性，又为政府蒙蔽公众逃避行政监督提供了可能性。它还会产生两个害处：一是权力寻租有了空间，二是委托人的

---

〔1〕 刘大洪、廖建求：“论市场规制法的价值”，载《中国法学》2004 年第 2 期。

〔2〕 信息不对称是由于委托代理过程中信息相对于对应的双方之间不做对称分布，委托人对代理人的行为难以观察到更不容易控制，难以有准确的信息收集和反馈形成信息不对称。

组织形式是松散的，难以对代理人是否遵守诚信形成有效制约力量。这两种情况都可能使政府背弃公众利益。[1]因此，让政府和公众在信息处于严重不对称状态，权力滥用、钱权交易、官商勾结就会大肆泛滥，扩大公众知情权是最好的阳光防腐剂。另一方面是受控对象的原因。上文所提及的三种调控行为都强调控制行为是政府凭借权力优势强行执行的一种行政命令，但在现实中仍存在着“国家有政策，国民有对策”的问题[2]，也就是我们通常所说的“上有政策，下有对策”“有令不行，有禁不止”等问题。因经济主体按市场规律行事，强制性国家调控行为追求最大经济利益的目标会发生偏位，其效力也会随之减弱。奖酬性和舆论性调控行为，因自身没有强制力，经济主体是否接受这一行为完全取决是否有利可图。如哈耶克在《致命的自负》中提及的“哪里没有财产，哪里就没有正义”，这也就是小集团利益基础上的“自然道德”。

三、宏观调控主体法律责任的价值定位

所谓秩序就是个体在其劳动分工中的行为与其他个体的协调关系。“人类合作秩序的不断扩展，一方面要求不断创新，从而要求行为规范的灵活性，另一方面又要求不断破除小集团利益基础上的‘自然道德’。保证大范围合作的制度是法治。如何在各个局部范围内的相互责任感和在整体范围内对共同的抽象法律的尊重之间维持个人创新和创新活动的平衡，是一种艺术。而艺术只能通过长期实践去把握，没有人能够靠读书或单纯模

---

〔1〕 马国清、陈淑芳：“政府诚信问题的经济学思考”，载《统计与决策》2005年第10期。

〔2〕 胡代光：《西方经济学说的演变及其影响》，北京大学出版社1998年版，第14页。

仿别人而掌握艺术。”〔1〕宏观调控的价值定位，在本质上也可以比喻为秩序与利益价值的博弈艺术，这种博弈艺术至少需要解决三个层面的潜在问题。

1. 行使宏观调控权的原则定位

比例原则调控要求受损对象在较小范围并应有相应的补偿机制予以补救。〔2〕诚信原则调控要求有有效法律制度供给以确保政府诚信调控，如一系列的制度设计（信息公开制度、问责交代制度、诚信违法示警制度、司法审查制度）〔3〕。情势变更原则调控很有可能突破原来的“调控预期”，即对国家与国民之间的“调控契约”做出调整，以真正在实质上保护相关主体的利益（如良性违宪、良性违法事实状态的存在）。独立调控性原则要求将宏观调控权与一般的行政权区别开来，它的存在不是行政权膨胀的结果，因其产生基础、实施手段、行权目标等都与传统的行政权不尽相同，所以是一种新型的权力。它调控的是公私之间和公私交融的空间，而不是行政法调整的国家空间。

经济学视角强调政府调控经济行为的“效率”，而法学视角则强调宏观调控的合法性、利益平衡性、权力职责职权一致性、责任性和救济机制。因此，在法治经济语境下，我国适宜建立和健全信息公开制度和问责交代制度，〔4〕将其合理设计于宏观调控复议、听政、国家经济赔偿制度的各个环节，这对经济法

〔1〕 汪丁丁：“哈耶克‘扩张秩序论’思想初论”，载刘军宁编：《经济民主与经济自由公共论丛》，生活·读书·新知三联书店1997年版，第139、140页。

〔2〕 谢世宪：“论公法上之比例原则”，载城仲模主编：《行政法之一般法律原则》，三民书局1994年版，第123～125页。

〔3〕 刘大洪、殷继国：“宏观调控中政府诚信行为探析”，载《广东商学院学报》2004年第6期。

〔4〕 刘大洪、殷继国：“宏观调控中政府诚信行为探析”，载《广东商学院学报》2004年第6期。

体系的完善具有重大意义。信息公开制度，强调政府主动将干预或监管经济活动的相关信息予以公布（比如计划主体将计划的主要内容、实施情况定期向社会公开；财政机关将年度财政预算方案和决算情况向社会公布；金融主管机关特别是央行及时发布相关信息并予以说明），尽可能地减少“信息不对称”以增强公众对政府治理的知情权。问责交代制度，在实体设计上强调对行政听政制度的借鉴，由问责和交代两部分构成，问责的启动由相对独立的人士或机构承担（比如一些非政治性、独立性的社会中间组织），交代由实施行政作为违法或不作为违法的行政主体承担。在程序设计上强调公开性，着力方式、方法、步骤、过程的公开。

2. 建立市场经济条件下的利益均衡机制

市场依据市场规制法调整，再分配则是宏观调控的重任，相对均衡的利益格局的形成是实现经济持续增长的不可缺少的基础。宏观调控的决策和执行过程就是进行利益权衡博弈的过程，当宏观调控不能主导一切的时候，对利益博弈的几种非常态手段（如暗中较劲、公开博弈、借民众要挟政府等）绝不可等闲视之。因为这是一个危险的信号，一方面是利益主体的发育相当不均衡，另一方面是利益博弈是在缺乏有关博弈系统规则的不公平背景下进行的。博弈发展成掠夺是十分可怕的，就中国目前的情形而言，需要迫切关注 GDP 上升但“繁荣而不富裕”、悬殊的贫富差异、城乡滞后与城乡断裂、增加就业和健全社会保障等问题。

3. 制度之外的反思

美国社会学家格兰诺维特论证了经济活动不是在真空里进行的，而是嵌入社会结构或是社会关系网络中。嵌入理论认为任何活动都不是在真空中进行的，强调社会性，理论的人性假定在嵌入社会结构中，或嵌入社会关系网络中时，往往形成了人性复杂性、多面性的现实与制度设计初始理念相背离的态势。学者孙立平将其扩展为另外一种表述："任何经济制度都是嵌入在社会的基础上的，没有一个好的社会，再完善的市场经济，也很难运作。"[1]成熟的社会包容不同利益主体的主张，利益个体、利益群体有序主张和行使自己的权利，依赖法律制度对利益和社会整合、协调，继而需要一系列协调的、配套的制度作为支撑。法治经济则致力于这种态势存在的探讨，个人利益、国家利益是寓于社会利益中的，因为人是社会的人，国家是社会中的国家，国家干预通过多方博弈、商谈的方式来进行利益识别、利益整合和利益保护，协调个人利益和"社会整体利益"。[2]宏观调控秉承对利益整合和社会整合的协调重任，需要一系列协调的、配套的制度作为支撑，比如市场经济本身的完善以及经济和社会生活法治的健全，才能使宏观调控权的行使取得更好的效益。

总而言之，经济法应以社会整体利益价值为取向，秉承实质公平正义的理念矫正传统形式正义的弊端，向弱势群体利益保护的倾斜，通过法律、法规给予经济弱势群体权利以制度性保障，协调政府公共权力与私人权利的冲突，平衡各种利益主体之间或个人利益与公共权力互动中的复杂关系，在秩序中进行利益平衡与保护。经济法中的宏观调控更是旨在推动国家在维护市场经济及其竞争秩序中的积极能动作用，维护人的实质公平，通过良好经济秩序的构建促进社会整体经济利益的实现。

---

〔1〕 孙立平：《守卫底线》，社会科学文献出版社2007年版，第7页。

〔2〕 "经济法属于公私交融的第三法域，这就决定了它一方面，要尊重私人利益，另一方面，也要维护社会利益。"参见李昌麒：《寻求经济法真谛之路》，法律出版社2003年版，第137～138页。

我国目前的宏观调控的制度存在供给不足，权力配置方面也缺少明确的法律规定，在宏观调控权的权限不够明晰的情况下，越权、弃权、争权、滥权等情况时有发生，这在一定程度上影响了宏观调控权的实施，从而影响了宏观调控的具体效果。

第五节　宏观调控主体的经济法责任及归责原则识别

法律责任，是指行为人由于违法行为、违约行为或者法律规定而应承受的某种不利的法律后果。按照违法行为的性质和危害程度，法律责任可以被分为：违宪责任、刑事责任、民事责任和行政责任。违法是指国家机关、企业事业组织、社会团体和公民因违反法律规定，致使法律所保护的社会关系和社会秩序受到破坏，依法应承担法律责任的行为。违法可以分为违宪、民事违法、行政违法和刑事违法。法律制裁是国家专门机关对违法者依其应当承担的法律责任而采取的惩罚措施。法律制裁的目的在于保护权利，惩罚违法行为，恢复被损害的法律秩序。可以将法律制裁分为：违宪制裁、刑事制裁、民事制裁和行政制裁。法律责任和法律制裁的关系如下：法律责任是法律制裁的前提，法律制裁是法律责任的结果或体现；当然，法律责任不等于法律制裁，有法律责任不等于有法律制裁，法律制裁在结果的实现方式上有差异。据前所述，宏观调控行为在本质上是一种经济法律权力，法治经济是宏观调控法律责任产生的法理基础，宏观经济利益是国家、社会从总体和全局进行权衡、取舍、确权、保障、补救等方面甄别出的更重要、更能影响国家、社会稳定发展的整体性利益，而不是个体性的私人利益。宏观调控行为涉及对宏观经济利益的权衡、取舍、确权、保障、补救的配置关系，并在这种配置关系之中平衡国家、社会、个人的经济利益，继而如何识别、保护问题。在甄别国家与社会利益、整体与局部利益、宏观调控行为中的私益保护过程中，国家面临着秩序与利益冲突的价值取向选择及其定位问题。因此，讨论宏观调控行为的承责方式与救济机制的探析，首先需要识别与宏观调控法律责任关系密切的“政治责任”“违宪责任”“行政法律责任”。其次，识别归责原则。最后，识别除诉讼、仲裁外，国家经济赔偿的承责方式是对宏观调控行为公共参与性不足及其损害救济的适宜之路。

一、宏观调控法律责任与“政治责任”“违宪责任”“行政法律责任”的识别

1. 宏观调控法律责任与政治责任的识别

有关政治责任的述评包括：郭道晖在《法的时代精神》一书指出，政治责任是指“国家机关及其工作人员所作所为，必须合理、合目的性（合乎政府为人民服务的宗旨），其决策（体现为政策与法规、规章、行政命令等）必须符合人民的意志与利益。如果政府决策失误或行政行为有损于国家与人民利益，虽则不一定违法（甚至有时是依其自订之不合理的法规、规章办事的），不受法律追究，却要承担政治责任”。日文版的《现代政治学小辞典》在解释政治责任这个词条时认为：“政治家必须对自己的言行之结果负责。对于行政官员来说，首先重视的是法律责任；对于政治家而言，即使没有法律责任，但仍要求他对于自己言行之结果负责。”陈鉴波在《现代政治学》一书中认为政治责任是政务官“决定政府政策及领导监督所属机关执行国家政策之责”。马起华在《政治制度》一书中认为：“由于民生政治是民意政治，所以违反民意的行为是严重的错误行为，应该负政治责任”，而且“直接或间接民选的行政首长主要负政

治责任”。萨孟武在其《政治学》一书中认为“所谓政治上的责任就是行政机关所作行为必须合理。至于其责任范围，一方是监督下级官厅的行政能够适合于施政方针；同时又注意自己所决定的施政方针能为公意所接受，其形式常表现为提出法案，而向议会说明法案之合理。”张国庆在其主编的《行政管理学》一书中认为：“政治责任与普选制相联系，一般表现为经直接或间接公民选举而就任的政府首脑及其所属政务官员对选民或对方针所负的责任。”王成栋在《政府责任论》一书中认为：“政治责任相对于法律责任而言，与政府的行为是否违法无关，而是关系到政策是否失误。”〔1〕

可见，政治责任的涵义的不确定性是非常强的，政治责任与法律责任在解释责任政治（狭义的层面指行政机关的合法产生并对代议机关负责的政权组织形式，广义的层面指代议民主的理念，即公共权力的行使如何设计、如何规范行使从而符合民意、对人民负责）的责任形式时是很容易混淆的。因为任何公共决策都必然受制于多方制约和影响，而政治官员又作为法定的最终决定人和总负责人而承责。从此意义上而言，除政治官员以外的参与者对公共政策决策影响过程中的各种意志、利益、行为的表现，以及政治官员对这些表现的回应在整合和协调的过程中产生的具体结果，形成了公共政策。本书探讨的宏观调控将涉及广泛、普遍的公共政策，公共事务没有绝对的、确定性的正确与否的边界可寻。它不是追求真理，而是一种利

〔1〕 此段述评参见郭道晖：《法的时代精神》，湖南出版社 1997 年版，第 468 页；陈鉴波：《现代政治学》，三民书局 1974 年版，第 550 页；马起华：《政治制度》，台湾商务印书馆 1978 年版，第 257 页；萨孟武：《政治学》，三民书局 1986 年版，第 160 页；张国庆主编：《行政管理学》，北京大学出版社 1990 年版，第 414 页；[日]《现代政治学小辞典》（日文版），有斐阁 1978 年版；王成栋：《政府责任论》，中国政法大学出版社 1999 年版，第 80 页。

益诉求的博弈，在不同的时间、不同的地点、不同的情况下，这种利益平衡的方式和形态是不一样的、千变万化的，利益根据社会阶层、个人偏好等因素的差异也是不尽相同的。在这种内容不确定的动态语境下，没有所谓绝对的真理，正如追问正义的复杂性一样。凯尔森认为："正义是个永恒的话题，从柏拉图到康德，绞尽脑汁，可现在和未来这问题依然没有解决。"恩格斯主张："永恒公平的观念不仅因时而异因地而异还因人而异。米尔柏格'一个人有一个道理'。"博登海默则坚持："正义具有一张普罗透斯似的脸，随时可呈不同形状并具有极不相同的面貌。"政治的目标应该是"努力消除具体的罪恶而不是要实现抽象的善"。（卡尔·波普语）"政治是在现有行动路线中选择最小之恶的艺术，而不是人类社会追求至善的努力"。（奥克肖特语）因此，识别宏观调控法律责任与政治责任的区别和联系，对理解宏观调控承责方式的选择具有重大意义。

法律责任必须有法律的明文规定，而政治责任不可能完全精确地由法律明文规定。因为后者的不确定性，政治责任主体的决策行为符合法律程序是一种形式正义，决策及其后果的合理性则是一种实质正义。程序意义上的政治责任可以由法律以明文规定，但实质意义上的政治责任却很难用法律精确界定，而且即使有必要界定也是原则性、抽象性的，法律可以规定政治的程序运转模式，也可以规定政治的运转方向，但规定不了政治的运转结果。比如，各方利益主体博弈后产生的公共政策的具体内容，或者说法律不能判断一项按其规定的程序制定并趋向其规定的方向的具体政策是否合理可行。当然，假借符合法律程序而推卸政治责任的现象也是存在的，例如制定不合时宜的政策。一种情形是满足形式合法；另一种甚至是根本不违法，因为是依其自订之不合理的法规、规章而为的。

在笔者看来，结合我国单一制的国家结构治理模式及政治集权、经济分权的现实语境，将宏观调控行为限定在中央一级的宏观调控权进行论证，笔下的宏观调控法律责任设定为宏观调控决策法律责任。基于此，笔者认为，这种类型化研究既符合我国法治国家建设的进程要求，也契合了公有资本与社会主义市场经济相结合的法治经济建设应有之意。宏观调控法律责任的实现相对于政治责任、法律责任中特别是刑事法律责任的实现而言具有优先性。我国《行政诉讼法》第12条规定，人民法院不受理公民、法人，或者其它组织对于国防、外交等国家行为提起的诉讼，因为这些行为具有较强的政治性，含有较多的政策性成分。即使在法治程度相对成熟的美国，在1803年审理的“马伯里诉麦迪逊案”中，通过司法复审权解释宪法的过程，确立了政治问题不可由法院审理的原则。[1]可见，政治责任主要针对政治问题，司法机关针对法律问题，对政治问题的回避不是妥协，它的礼让表明它不是追究政治责任的合适地方。

混淆宏观调控法律责任与政治责任、刑事责任的承担方式，会导致以下后果。

第一，以政治责任代替宏观调控法律责任，事实上加重了责任主体应承担责任的程度。规范主义的“应然性”是一种强迫适用，现实主义将法律问题与社会问题相融。“应然”的宏观调控是“法治法”，但宏观调控面临变动不局的社会现实，将是不断修正的，是“不得不”，是最低限度的应该。诚然，决策行为的程序要素形式包括了时间和空间形式，违反法定义务是宏观调控决策法律责任的必然要件，但就决策本身追究责任的复杂性、可能性无法回避让能力判断成为事实判断和价值判断的

〔1〕参见［美］杰罗姆·巴伦等：《美国宪法概论》，刘瑞祥等译，社会科学文献出版社1995年版，第36～40页。

逻辑桥梁的前提，正如“不得不视为最低限度的‘应该’，它在选择事实与价值方面寻找平稳的逻辑过渡，亦如哈贝马斯主张的‘合意性’构造‘主体性’并以合意作为真实性和正当性的判断标准”。[1]因此，宏观调控决策法律责任违反法定义务的设计应当考量人的有限理性、集体有限理性，追寻宏观调控经济利益的实质正义实现是一个无限接近的过程。集体责任的特点是“对那些我们不曾做过的事情负有的替代性责任，这种对那些我们于其全然无辜的事情的后果的毅然承受，是我们为这个事实付出的代价：即我们不是独立生活，而是和我们的伙伴一起生活，并且作为最卓越的政治能力，行动的能力只能在一种人类共同体的形式中得到实现，尽管人类共同体的形式事实上是多种多样”。[2]可见，违反法定义务变通为强化决策程序义务，是对人的有限理性、集体有限理性的现实及法律的理性认知，宏观调控决策法律责任侧重于是否违反了法定决策程序。其本质上是为了识别。普通的行政官员的首要承责类型是法律责任，而政治家的首要承责类型则是政治责任，法律的归法律，政治的归政治。

第二，以刑事责任代替宏观调控法律责任，这又会产生两个方面的后果。一方面，对宏观调控法律责任问题用刑事责任的方式来追究，直接后果是使宏观调控责任主体付出过高的代价、承担过重的责任，间接后果——也是更危险的后果——是打击持不同意见者，其实质是压制民主；另一方面，也是比较

---

〔1〕 参见［德］尤尔根·哈贝马斯：《在事实与规范之间——关于法律与民主法治国的商谈理论》，童世骏译，生活·读书·新知三联书店2003年版，第33～40页。

〔2〕［美］汉娜·阿伦特：《责任与判断》，陈联营译，上海人民出版社2011年版，第129页。

常见的，以“通报批评或依法追究刑事责任”的抽象提法，甚至以抽象的不具操作性和法律强制力的“道德责任”“纪律责任”“责任感”和“领导责任”等抽象提法代替法律责任。[1]可见，用刑事责任的标准来衡量宏观调控法律责任，在实质上是借口达不到犯罪的程度、不必承担刑事责任而免去宏观调控法律责任。其提高了承担宏观调控法律责任的要求和标准，使宏观调控法律责任得不到实现。

第三，政治责任具有连带性特点，政治责任主体不仅要对自己的行为负政治责任，而且可能因为其下属的机构和人员的行为而承担政治责任。而法律责任是个别性的特点，任何人违法犯罪，其法律责任都只能由其个人承担而不能累及他人。“在政治秩序中，正如在宗教制度里的服从，这种服从在制度化的宗教中通过未来惩罚的威胁得到强化一样，法的秩序同样只是由于制裁的存在而存在，不能被惩罚的就是被许可的。”[2]制裁措施的效果又取决于两个变量：制裁的严厉性和确定性。当法律责任规定得较为严格时，制裁措施就具有较强的严厉性和较大的确定性；反之，制裁措施具有较弱的严厉性和较小的确定性。政治责任与法律责任，在一定程度上是交叉关系而不是法律责任涵盖政治责任的关系，让这两个变量关系更处于不确定性状态。首先，虽然很多时候是法律责任问题引发了政治责任问题，但法律责任有其自身的承责方式，以承担政治责任的方式来承担法律责任有弊端；其次，当然并不是所有政治责任问题都由法律责任问题引发，政治责任主体不必承担法律责任的

〔1〕刘俊海：“政府干预市场经济走向法治化的法理思考”，载徐杰主编；《经济法论丛》（第1卷），法律出版社2000年版，第72页。

〔2〕［美］汉娜·阿伦特：《责任与判断》，陈联营译，上海人民出版社2011年版，第54页。

行为并不意味着其可以不承担政治责任。如果用法律来替代事实，用原理来消化和解决政治实践中必须面对的利益平衡与权宜，用价值理性替代工具理性，很容易陷入由对政治的思考转向对政治的幻想。“无力从事集体的实验，没有办法检验行动的极限。”〔1〕

可见，政治责任不是从属于法律责任的，解释为一种交叉关系更合理些。对理性的绝对信任、对知识的绝对自负、对过去的全面批判、对未来的完整设计，是建构论理性主义的特点，利用人类固有的理性，完全主宰自己的命运，用理性设计能力来建设对自身有裨益的各种制度，这些制度可能产生的益处完全会实现。但政治问题本身极其复杂，理想和现实之间的距离和张力，超前的理论用于实践，不仅无益还有害，害即消融人们对理想的情怀和追求，人因此而更务实，社会经济活动是无法通过做实验来重塑社会结构的，对历史、传统的否定和阻断是对社会的整体性破坏。

2. 宏观调控法律责任与违宪责任的识别

违宪审查制度是保证宪法得以有效实施，裁定并处罚违宪行为的一项根本制度。即某个机构对涉嫌违反宪法的法令或行为进行审查，其包括事前审查和事后审查。违宪审查制度的模式有三大类：一类是以美国为代表的普通法院进行违宪审查的模式。也就是说，随便一个审理普通案件的法院，在审理具体案件时，都可以对本案所涉及的法律、政令是否违反宪法作出裁决。当然，最高法院的裁决效力最高。实行这种制度的有六十多个国家。第二种模式是以奥地利、德国、俄罗斯为代表的宪法法院模式，即设立一个宪法法院，专门解决宪法上的争端。

---

〔1〕 转引自罗雪飞：“当文人操弄权柄的时候”，载《读书》2013年第6期。

全世界实行这种制度的有四十多个国家。第三种是法国的宪政院模式。这是一个政治性机关，前任总统是当然成员，它的特别之处在于，法律在未通过之前，就可以对其是否合乎宪法进行审查。

我国违宪责任的实施机制表现为一种宪法监督，指由宪法授权或宪法惯例认可的机关以一定的方式进行合宪审查，纠正和处理违宪行为，以保障宪法实施的一种制度。我国宪法监督的特点是：中央集中监督与地方分级保证相结合、事先审查与事后审查相结合、专门机关监督与群众监督相结合。然而，我国现行宪法监督的实践问题也是存在的，比如宪法监督与人大监督重叠，宪法监督缺乏系统化、规范化、法律化的程序启动机制。

宏观调控决策法律责任的责任形态易于与宪法责任发生竞合，如弹劾、罢免、宣布法律文件无效、撤销法律法规的责任形式，与限制、剥夺经济管理资格（撤职、降级）、纠正、调整经济管理行为、变更、撤销决策和规范性文件的形态对应。因此，通过追究宏观调控决策的程序责任来解决这种竞合问题，秉承上位法优于下位法、一事不二罚的原则，决策的规范性内容应交由违宪责任的实施机制独立解决，决策的程序性审查是追究宏观调控法律责任的要害。而经济法语境下的宏观调控法律责任致力于程序的制度设计问题则是对现实的回应。

3. *宏观调控法律责任与行政法律责任的识别*

行政法律责任形式表现为：罚款、没收、吊销营业执照。宏观调控法律责任形式有“变更、撤销或重新作出决策”“停止对被调控主体的违法干预和予以改正”“实际履行”“对社会中间层主体的经济信誉责任追究”等。行政法律责任的主体主要是行政机关和经法律授权的非行政机关及其工作人员。而本书讨论的宏观调控法律责任的主体却是限定在中央一级的宏观调控主体。

在宏观调控的立法滞后、不完善的情况下，从其它部门法律规范中寻找依据便成了一种选择。经济法中实体规范甚多，以致行政机关在认定市场主体的行为是否构成违法以及如何进行行政处罚时，必须依经济法中的相关实体规定。市场主体作为行政相对人时对行政行为进行抗辩也依经济法中的实体规定，而经济法的这些实体法规定都须依赖行政主体和行政程序来实现。行政法律责任形式，如罚款、没收、吊销营业执照等成了两种部门法融通的责任形式。因此，这种事实上的互动关系要被剥离清楚尚需要制定宏观调控法或单行法，依赖于立法完善循序渐进地推进解决。

二、归责原则的识别

归责原则是指基于一定的归责事由而确定责任成立的法律原则，或者说是基于一定的归责事由而确定行为人是否承担责任的法律原则。

1. 过错责任

过错责任以过错为前提。过错责任有两个要件：违约和有过错。被告被推定有过错，须就自己无过错进行举证推翻推定。诚然，以推定过错来追究宏观调控主体的承责，是理想化的设计，违法性原则的适用对宏观调控行为存在特殊性，在宏观调控中只有违反决策程序才会导致宏观调控法律责任。所以，过错责任原则意味着决策主体在决策时存在主观的故意和过失去违反法定程序，本书探讨的宏观调控法律责任因此而存在。

2. 无过错责任

无过错责任不以过错为前提。无过错责任有两个要件：违约和无免责事由。双方无须证明过错是否存在。原告只需证明对方履行瑕疵；被告只需证明自己有免责事由。无过错责任具有如下优点：减轻原告举证责任；不履行与违约责任直接联系，促使当事人严肃对待约定；只要有损害，就要承担责任。其意义不在于制裁，而在于对不幸损害的合理分配，损害填补。在笔者看来，决策的规范性内容由违宪责任的实施机制独立解决，决策的程序性审查则是追究宏观调控法律责任的要害。宏观调控决策产生的损害，在违约层面，涉及的是宪法审查问题。普罗伊斯把“宪法”定义为一个可错的学习过程，通过这个学习过程，一个社会可以逐步克服其在规范性自我反思方面的无能状况：“一个社会之被立宪地构成，意味着在恰当的建制形式中，在具有规范导向的适应、抵制和自我纠正过程中，与自己面面相对。”〔1〕因为宪法审查的归责和机制的建立、实施将是另外一个谈论的问题。笔者认为，决策的程序性审查是追究宏观调控法律责任的要害，而宏观调控决策产生的损害，有一种情形是决策主体违反了法律规定的决策程序，将损害归责于程序违法，另一种情形是决策主体并没有违反法定程序但事实上却造成了损害后果。所以，无过错责任原则不易适用。

3. 结果责任

宏观调控行为一经作出便产生公定力（公定力来源于行政机关对行政权这种公权力的运用，来源于行政机关代表国家的意志对某一事项的注入和渗入，公定力的限度和范围取决于行政权运用的范围以及行政机关意志渗透的程度）〔2〕和公信力

---

〔1〕［德］尤尔根·哈贝马斯：《在事实与规范之间——关于法律与民主法治国的商谈理论》，童世骏译，生活·读书·新知三联书店2003年版，第549页。

〔2〕方世荣、羊亲：“论行政行为作为民事诉讼先决问题之解决——从行政行为效力差异的分析角度”，载《中国法学》2005年第4期。

（公信力并不是来源于行政权的渗透，只是法律拟制的使社会公众相信的效力）的效用后果。对于本书探讨的宏观调控行为，笔者主张进行一种形式审查，如果没有违反相应的法定决策程序，即上文提及的过错归责，那么因这种形式审查合法后具有的公定力即处于一种预设的合法性状态，对其内容的实质性审查可由违宪审查机制在不断修正中的过程给予渐进式的解决。结果责任在于弥补过错责任以现有的程序控权法律规范为依据，而法律规范不可能面向社会的一切事物现象和问题。法律虽然秉承对互相竞争的生活利益的秩序规制，但对于国家管理机构自身的立场和观念而言，国家立法不可能完全注意到或考虑到利益主体进行利益的充分交换问题在生活的方方面面的渗透，而给予彻底的、无遗漏的调整。这个逻辑大前提的限制可以在一定程度上诠释“法律的归法律，社会的归社会”，并为其划出适当的界限。但如果假定合法的宏观调控行为造成了事实损害，从现有的国家赔偿范围的局限性和国家补偿制度还处于系统化、程序化尚待建立之初期现状出发，经济法语境下的国家经济赔偿将很容易为某些损害在两种制度中都得不到救济时提供新的路径。美国学者伯纳德·施瓦茨认为：“政府活动的目的在于造福于社会，因此而产生的风险必须也由全社会来承担。”〔1〕因此结果责任的适用重在提供方向和实现法律的救济功能，即在法律的框架范围内，面对公共设施致害、高度危险、异常损害、隐性不作为造成公共利益的损害，如何在社会保障的福利制度方面着力保护公民、法人、其他组织的合法权益，着力实质正义的矫正。

人民主权学说认为，主权是绝对的，它属于人民，国家、

〔1〕刘嗣元：“论我国《国家赔偿法》的归责原则”，载《中国法学》2000年第2期。

政府机构及其公务人员只是公共权力的代表，公共权力在人民主权的委托和监控之下，从技术上将公共权力分解为立法权、行政权、司法权，遵守和执行主权者人民制定出来的法律和接受法律的制约，国家违反法律的行为也应当承担相应的法律责任。

人权保障学说认为，民主国家的重要任务或目标是保障人民权利不受侵害，国家承担的是一种保障责任，当人民的权利受到他人侵害时，国家有责任惩罚侵权者并让受害人得到赔偿，当国家侵害人民权利时，国家也应该承担赔偿责任。

法律拟制学说认为，国家和法人主体都是法律拟制的一种特殊主体，它们的关系是一种法律关系，接受法律的调整和制约。它们的行为侵害他人权利时，国家也应当如私人、法人一样承担法律上的赔偿责任。

公平负担学说认为，国家的活动是为了增进社会和公共利益，应当由全社会成员平等负担。国家财政来源于税收，属于全社会的财产，国家公共机构及其公务人员执行公务对特定人造成的损害，不由个人承担，而由全体社会成员共同分担。

保险责任学说认为，政府的活动是为了造福社会，因此而产生的风险必须也由全社会来承担。

国家不能对人民进行暴政，人民不能对国家进行革命，这就是进行法治的前提。既然法治要求以和平的理念为前提，但从理论上又找不到一种力量来约束国家的权力（只有靠国家权力的自我约束），于是就产生了国家机关把权力交给法律的情况。其权力来自于法律，同时遵守法律。这表现在，首先，国家要向公民作出承诺，如立宪。其次，国家要履行承诺。国家要遵守相应的机制。权力不受约束，国家就不存在法律责任，法律责任对公民来说是一种制裁，但对国家而言，却没有相应的强制力来制裁它，而只能采取一种补救性的法律责任来约束它。这表现在：①从法律上消灭这种违法的权力的效力，使它不再对公民的权利发生约束力，使公民的权利恢复原状。②对后果的补救。如果这种行为对公民造成实际损害，则涉及补偿，即国家赔偿责任。不同国家的国家赔偿责任制度建立在不同的理论学说基础之上，其归责原则也不尽相同，并且归责原则的内容也处于不断发展变化之中。就我国而言，法律认可的国家赔偿的一般归责原则是违法归责原则。但这种归责原则也存在相应的问题。例如，不违法但存在过错造成的损害，对不确定性的预先防范不足，赔偿范围过于狭窄，不对抽象行政行为进行侵权审查，审查行政行为违法标准的依据是法律和法规，规章只是参考而这个标准最终又延伸为国家赔偿责任的标准，从形式上评价是非的标准与弥补损害的标准等同给归责原则的实现带来的可操作性方面的障碍等。

立法行为进入国家赔偿范围，不是一个荒谬和绝对永远的问题，而只是发展阶段的渐进式问题。首先，“立法”的范围是需要限定的，立法赔偿是针对议会的立法行为，还是政府机关的立法行为或准立法行为是需要区别的。其次，审视国情，我国现行的国家赔偿归责采用的是违法归责，而不是过错归责。《行政复议条例》《行政复议法》规定对省政府或国务院部门行为的复议，直接起诉至法院，或申请国务院复议。如果选择国务院申请复议，其决定是最终的裁决，不能再提起行政诉讼。法律、法规、规章是具有法律特征属性的抽象立法行为，其违法实际上是违反宪法，而在没有确立宪法的司法审查体制的情况下，只能由我国现行立法的监督模式对其进行矫正，并因此使其被排除在了国家赔偿范围之外。本书主张应将制定不具有法律的特征属性（第一，法是调整人们行为或社会关系的一种行为规范，具有规范性的特征；第二，法是由国家制定或认可的，出自国家，具有国家意志性的特征；第三，法是规定人们权利和义务的社会规范，具有利益导向性和普遍约束力；第四，法是由国家强制力保障实施的社会规范，具有国家强制性）的其他规范性文件的抽象行政行为（由经济权力主体实施的行为）纳入国家赔偿范围进行讨论。一方面，这有助于解决违法标准的“法”与“非法”的混淆现状；另一方面，这有利于确立宏观调控领域中国家经济赔偿的独特归责原则。

本书认为，宏观调控领域中国家经济赔偿的归责设计要考虑设定弥补责任、评价责任、追究责任的有机衔接问题，避免完全把国家经济赔偿当成评价是非的制度，受害人需要弥补损害的事实才是关键。这需改变一味强调追责，造成国家机关对赔偿责任的负担产生天然的抵抗情绪，在事实层面造成人为阻却赔偿责任的确定和落实，阻却国家赔偿责任，阻却追究行为人的责任和问责。

综上论述，本书认为，国家经济赔偿对归责原则的选择适用将关系到国家经济赔偿的适用范围，在本质上反映着国家对公共权力与公民权利在法治的人文关怀层面的态度。当然，同时还要考虑国家财政承受的能力，兼顾民主法治发展的现实进程。在现行的法律体系大背景下，本书探讨的国家经济赔偿与其他法律的衔接，理性选择符合当下国情的模式。因此，国家经济赔偿在宏观调控领域中的归则原则，适宜于以过错责任（决策的程序性审查是追究宏观调控法律责任的要害，决策主体在决策时存在主观的故意或过失而违反法定程序，视为决策主体因违反了法律规定的决策程序，归责为程序违法）为主，结果责任（决策主体并没有违反法定程序但在事实上却造成了损害后果）为辅的归则原则。

第六节 国家经济赔偿对宏观调控主体经济法责任之优化

宏观调控权在平衡各种利益的过程中，对抗和合作的关系是激烈的也是必然的。宏观调控权的正当、合理、有效行使具有重要意义，但是，或因人的理性不足、集体理性的不足，或因试错过程中实践经验及其风险的代价，或因利益集团假借国家利益、社会整体利益之名侵吞私人利益的机会主义的存在，宏观调控权造成的客观损害是无法避免的。考虑到应给予部分受损者国家经济赔偿，防止制度的溢流现象出现，国家经济赔偿乃是在制度内的问题处理办法中一种优化选择。这样国家就可以控制处理问题，一旦受损者寻求制度外的问题处理办法，其后果难以控制、难以预料，造成的代价或社会成本也是巨大的。

一、宏观调控主体的经济法责任形式的反思

当今世界经济全球化已经使市场经济成了各国与世界经济接轨和发展本国经济的必由之路。二十多年来，我国以市场为取向的经济体制改革取得了非常显著的成效，市场在资源配置中的作用也明显增强，竞争机制初步形成，但整个社会的信用状况不容乐观，出现了很多信用问题：金融信用缺失、经济主体信用缺失、政府信用缺失。在这些信用缺失现象背后是伴随着经济的发展出现的新的社会群体。他们在经济政策的制定和实施过程中追求自己利益，而这种利益的实现则是以牺牲整个社会利益为代价，利益集团从经济增长中获利，并为维护既得利益，而对开放和自由的竞争施以限制，导致国家不断丧失独立性，各项政策逐渐偏离共同富裕的目标。当经济政策有沦为利益集团维护自身利益工具危险时，政治意愿便会脱离利益集

团的控制并在经济政策的制订时放眼于全社会的公共福利。这对国家、整个社会的稳定和发展具有战略意义。

在这种现实背景下，国人从当代中国的经验生活中体验到了中国正发生深刻的变化，也感受到了社会某种秩序的失落、某种紊乱的存在。社会失范是一个经验事实，承认这个事实本身并不困难也不重要，重要的是如何合理地说明这个事实，如何使社会摆脱这种失范，重建新的生活秩序。社会失范，是指规范生活的规范缺失，或者缺失有效性，不能对社会生活发挥有效的调节作用，从而在社会行为层面表现出混乱状况。[1]汤因比在历史研究过程中发现，人类文明是一个历史过程，在这个过程中，一些文明经历繁荣之后消失不见，一些文明经过压力、挑战、磨炼后生长壮大。文明生长过程是个"秩序—紊乱—秩序"的否定之否定的无限过程。马克思的唯物史观也认为历史是人类的创造性活动过程，否定性在历史过程中并不是纯粹消极的因素，它是生长的一个内在环节。文明演进中的社会失范是历史发展和现实生活中不可避免的现象之一。[2]

秩序自由主义要求国家是强大的、有为的国家，不是去控制整个经济，而是致力于经济秩序的建立和推进。政府能为什么？不能为什么？应该为什么？不应该为什么？这种行为的边界取决于人的知识的极限，而新的知识只有在竞争中才能被创造，政府行为的边界合理性在于利用竞争秩序的确定性知识，比如法律责任和竞争的重要性越来越大，并成为社会和经济发展的必要条件。市场规制领域国家的法律干预致力于通过营造竞争秩序保证各个群体公平分配社会财富，宏观调控领域国家

---

〔1〕 高兆明：《社会失范论》，江苏人民出版社2000年版，第2页。

〔2〕［英］汤因比：《历史研究》，转引自高兆明：《社会失范论》，江苏人民出版社2000年版，第12页。

的法律干预则致力于促进国家经济权力的规范行使，使经济权力主体在行使权力的同时，认识到权力即意味着义务（职责）和责任。政府主动承担更多的责任，意味着公民权利状况的改善和社会福利的增加，社会总体安全感的增强。国家承担更多的道义责任，虽然会加重国家的负担，但有助于增强公民对国家的归属感，从而有助于和谐社会目标的实现。除诉讼、政治责任的问责、宏观调控复议制度外，国家经济赔偿责任是对宏观调控行为公共参与性不足及其损害救济的又一适宜之路。国家经济赔偿在范围上不宜适用可诉路径对宏观调控过程中的受损利益进行救济。但是，国家可以通过国家经济赔偿的间接赔偿方式渐进式地修补这种不足和损害。

在笔者看来，国家干预语境下宏观调控的决策行为所呈现的整体性、不确定性、政治性、抽象性的特征，决定了国家机关对利益受损的个人进行直接的赔偿在现实上是不可能实现的。现代的服务性行政承担是提供基本生活保障、准备基础设施、制订计划和预防风险，也就是说其承担了很广义的政治导控任务，即社会稳定、经济发展、民生保障任务。这种政府行政的行动是面向未来的、面上铺开的，而且它们的干预所涉及的很多时候是公民之间和社会群体之间的关系。现代行政实践方式表现出了“如此高程度的复杂性、情境依赖性和不确定性，以致它无法事先在想象中被充分认识，也无法事后在规范上加以最后确定”，列出一些事实作为国家可以正当地进行干预的条件。在这里规范模式大致是失效了，法律形式的范围已经扩大了，扩及具体法规、试行法规、预备性法令，法律不确定危机随即出现。〔1〕行政部门在很大程度上承担了政治立法者的任务，

〔1〕［德］尤尔根·哈贝马斯：《在事实与规范之间——关于法律与民主法治国的商谈理论》，童世骏译，生活·读书·新知三联书店2003年版，第533页。

这是一种事物化趋势，并且在执行中发展它的纲领，法治国原则对越来越复杂的政府活动以及经济法调适权力提出了更高、更严格的要求。这种注意义务有别于民法上的注意义务，宏观调控或市场规制主体的专业水平、判断能力、防止妨害发生的能力要远远高于民法中的“一般人”，因此调控或规制机关及其工作人员的注意义务应当是管理者标准或者“道德、经验水平”的注意义务，其要求显然要比民法上的注意义务更高、更严格。

宏观调控的决策行为是好是坏，不可能有完全统一的客观标准，所谓的“正确”“科学”标准不可能超越因信息不对称、经验不足存在的客观障碍。因此，我们需要回归人性的不可知性来审视权力的规范行使在事实性和法律有效性之间的平衡。找这个平衡点是一个无限接近的过程，以诉讼非此即彼的法律结果特征来衡量经济宏观调控行为的成功和失败，可以说是对法治国原则适用的过度期盼。法治是人类所找到的文明、民主、秩序、自由、公平的发展方向是不容置疑的，但我们需要的不是超现实的法治概念，而是回应现实和本土化的制度设计反思。现行国家赔偿法的行政赔偿不包含对抽象行政行为的赔偿，即在对“立法赔偿”不予认可的情形下，要在国家经济赔偿中一步到位地提出国家经济赔偿（主要是指“立法赔偿”），在理论上显得有些“冒进”——跨度过大，在实际立法中可操作性也成问题（对于这方面问题，张守文教授的论文已经有了很好的论述）。

二、宏观调控主体的经济法责任形式的优化

一般而言，控权方式包括权利控制权力、权力控制权力、规则控制权力、程序控制权力，前两种控权路径在法理上由抽象的“人民主权”“分权制约平衡”提供理论支持，后两种控权方式在具体意义层面通过法律的规定提供预期性防范控制，特

别强调程序规则规范权力的运行。前面论证了宏观调控法律责任主要体现为一种违反程序决策所导致的独特的法律责任，因此程序控权对规范宏观调控行为的运行具有重大意义。本书探讨的宏观调控行为在职能本质上有别于行政管理职能，法治经济和对宏观经济利益的权衡、取舍、确权、保障、补救的配置关系，人的有限理性、集体的有限理性面临秩序与利益冲突的价值取向选择及其定位，这些综合因素是宏观调控法律责任产生的独特性，也是在实践中理性认知宏观调控法律责任承责方式选择的本质内因。

在正视国家政府的实际履行责任，承认宏观决策程序法律责任的前提下，宏观调控复议制度虽然提供了一条追究“经济法语境下的国家赔偿责任”的可行路径，但是只有违反法定决策程序的行为才会导致宏观调控法律责任，而在宏观调控决策的过程设计中，在常态下需经历计划、起草、审查、听政、通过、批准、发布、备案、反馈和反复修订。在紧急状态下货币政策、价格措施等的紧急性、随机性决定了由官僚精英、知识精英联手决策的事实。但无论在哪一种状态下，公共决策的民主性、公共性如何在各个环节进行设计及如何“法定”来规范宏观调控权，都将成为针对宏观调控中公众参与性不足而进行机制设计时的难题。所以本书认为，宏观调控领域中国家经济赔偿责任的设计务必要考虑弥补责任、评价责任、追究责任的有机衔接问题，从广义层面去诠释国家经济赔偿应当包含赔偿和补偿两种形式，在制度设计上避免完全把国家赔偿当成评价是非的制度，而是致力于矫正受害人需要弥补损害的事实，强调对损害的弥补而不是局限于对行为主体是非评价的一种超越。国家应正视在实践中国家机关对赔偿责任的负担存有的天然的抵抗情绪，改变一味强调追责，从而在事实层面造成人为阻却赔偿责任的确定和落实，因为阻却国家赔偿责任就等于阻却了追究行为人的责任。

三、国家经济赔偿责任是种优化的路径

笔者认为，在宏观调控领域中，国家经济赔偿有狭义和广义之分。狭义的理解是政府的经济法律责任抑或政府的社会责任。在宏观调控复议制度存在之前或存在之后（宏观调控的决策追责机制不完善或没有违反法定决策程序时），而出现的宏观调控不当、失误、失效，政治责任的追究又易产生全局的动荡性、破坏性前提下，国家应对于公共决策民主性、公共性不足、失误、失效而对特定群体制定的福利政策、优惠政策、开发政策、转移支付政策等以实质正义的补救方式给予弥补，对程序不足进行修正，致力于对损害的弥补而不仅仅是对行为主体是非的评价或追责。它所体现的是分配正义，但又是对分配正义中“不合理”的“分配”进行的矫正。犹如无过错、公平责任等在许多情况下，是通过保险制度将损害转嫁给众多投保人承担。诚然，这与正义是矛盾的，可是损失的分担和损害赔偿并不矛盾，而是在于社会立场的利益均衡，即个人社会负担平等原则。政府经济行为活动对特定人造成的损失，由政府代表全体人民公共承担赔偿责任，将政府经济活动造成的公共负担，由全体人民分担，从而实现利益均衡，这种社会责任的责任机能是恢复和补偿。“个人社会负担平等”是国家经济赔偿责任蕴含的社会整体利益均衡的价值内涵，而这种利益均衡观能修正集体有限理性的不足。

广义的理解是，国家经济赔偿责任是一种国家的道义责任，它指引了现代国家福利化的发展方向，其所揭示的正是国家的道义责任。道义责任论的核心内容在于行为人的意志具备了道

义上的可谴责性，强调行为受意志约束的责任形态。在国家经济赔偿的语境下，国家的道义责任蕴含了“责任政府”的理念，即政府对经济权力的运用应当承担责任，其通过经济赔偿手段得以实现但以福利制度为外观，修正经济权力主体的意志缺陷或人格上的过错、过失。“责任政府”是国家经济赔偿责任蕴含的道义价值内涵。笔者主张的这种广义责任理解并不是假想的，“国家责任”（National Responsibility）一词，最早来源于国际法，是指国家违反国际义务后所应承担的法律责任，这种责任因国家的不法行为而产生。随着全球化时代的到来，随着国际人权法与宪政的发展，“国家责任”这一概念的含义也随之扩大。现在的“国家责任”应从广义上理解，即指“在全球化时代，一个国家不仅要为其国民的生存、发展、安全、健康、幸福生活和可持续发展承担和履行责任，同时，国家作为国际社会中的一员，出于道义和社会责任，应为全人类的安全、健康、幸福和可持续发展承担和履行责任，这两方面即构成国家责任”。〔1〕因此，现在的“国家责任”概念应从广义和狭义两个视角去理解：广义的国家责任分为国际责任和国内责任两大类；而狭义的国家责任就是国际责任。国家责任所依存的理论可以概括如下：国际责任来源于根据“条约与国际法其它渊源而起之义务”；〔2〕国家责任来源于国家的治理者与领导者因人民赋予其权力而承担管护责任；国家责任来源于宪法和法律的强制性规定；国家责任来源于国家和政府恪守社会契约与政府契约之承诺；国家责任来源于普遍的、人类共通的人权价值保障之要求；法人拟制主义论，国家作为法人一样组织体，对自己的侵权行

〔1〕“中科院报告：全球国家责任指数中国居首美国垫底”，载 http://www.ch－inanews.com/gj/kong/news/2008/10－07/1403777.shtml，2012年4月7日访问。

〔2〕语出《联合国宪章》。

为负责；公共负担论，政府所有活动皆是为了公共利益，应当由全体公民公平负担；人权保障说，法治国家的任务是保护人权，国家机关的违法行为造成损害，应当赔偿；法律责任说，国家赔偿责任是国家对违法行为承担的一种法律责任。总之，无论用何种理论去诠释国家责任，国家责任都只有在法律的框架范围中才能得以真正践行。

四、国家经济赔偿责任的具体形式

福利国家中典型的法律化浪潮，是对既进行导控又进行补偿的国家机器的干预需要。韦伯看见了福利国家的调节性法律。在设法通过补偿性再分配来实现社会正义、提供具有稳定作用的导控服务、进行改造社会的干预的立法者那里，法律被当作是完成社会塑造任务的工具。因此，国家经济赔偿体现的道义责任将指引现代国家福利化的发展方向，只有当福利国家的补偿确立了平等利用法律保障的行动能力的机会平等的时候，对事实不平等的生活状况和权力地位的补偿，才有助于实现法律平等。因此，法律平等和事实平等之间的辩证已经成了法律发展的一个正当动力。“法律平等和事实平等之间的悖论，让在物质能力方面的可能收获将变成一种新的依附。”“国家对法律之执行的担保，所起的作用相当于原来由魅惑性权威所起的那种稳定期待作用。”〔1〕

在“主体－行为－责任”的研究框架下，主体、行为、责任三要素是所有法律制度的基本构成；同时，这一研究框架也揭示了三者之间的逻辑原理，即行为是主体的行为，责任是对

〔1〕［德］尤尔根·哈贝马斯：《在事实与规范之间——关于法律与民主法治国的商谈理论》，童世骏译，生活·读书·新知三联书店2003年版，第45、516、559页。

行为负责的责任。[1]从法经济学的角度看，有效率的法律制度必须设立对称的法律责任体系，一方面处理负外部性的内部化问题，另一方面则关注正外部性的内部化问题。因此，任何法律责任制度的设计都必须以此为指导，宏观调控主体的经济法责任制度构建也不例外。其在强调宏观调控主体应承担不利负担的同时，也应该鼓励宏观调控主体弘扬道义，而这种也是可以通过国家经济赔偿责任的方式体现的。

宏观调控领域中国家经济赔偿的道义责任体现为国家致力于社会保障、社会救助、社会优抚法律方面的建立和健全。这是国家对法律平等和事实平等之间的分离现实进行的正义矫正。

社会保障是以国家或社会为主体，根据法律规定，通过国民收入再分配，对公民在暂时或永久失去劳动能力，以及由于各种原因生活发生困难时给予物质帮助，保障其基本生活的一种制度。社会保障法是调整社会保障关系的法律规范的总称。作为社会保障法调整对象的社会保障关系，是政府及其有关部门、社会保障经办机构和有关非政府公共机构、企事业等单位以及公民在实现社会保障过程中所发生的经济关系。社会保障关系从不同的角度可以做出多种分类。依其内容不同，可以分为社会保险关系、社会救助关系、社会福利关系、社会优抚关系等。目前，我国还没有一部涵盖各种社会保障项目的综合性的社会保障法，而是采用与各类社会保障项目对应的、若干部法律规范并立的模式：有关社会保险制度的主要立法有《劳动保险条例》《关于建立统一的企业职工基本养老保险制度的决定》《失业保险条例》《国务院关于建立城镇职工基本医疗保险制度的决定》《企业职工工伤保险试行办法》《企业职工生育保

〔1〕 廖建求、姜孝贤：“法律责任模型之法经济学分析”，载《西北大学学报》2010年第6期。

险试行办法》等；有关社会救济制度的主要立法有《国务院关于在全国建立城市居民最低生活保障制度的通知》《农村五保供养工作条例》等；有关社会福利制度的主要立法有《城市社会福利事业单位管理工作试行办法》等；有关社会优抚制度的主要立法有《退伍义务兵安置条例》《军人抚恤优待条例》等。

社会救助也叫社会救济，是国家通过国民收入再分配，对因自然灾害或其他经济、社会原因而无法维持最低生活水平的社会成员给予救助，以保障其最低生活水平的一种制度。社会救助作为社会保障体系的一个组成部分，具有不同于社会保险、社会福利的社会保障目标。社会保险的目标是预防劳动风险，社会福利的目标是提高生活质量，而社会救助的目标则是缓解生活困难。社会救助的具体法律制度有灾害救助法律制度与贫困地区扶助法律制度。

社会福利是指在保障全体社会成员享受基本生存权利的基础上，随着社会经济的发展提高公民生活质量的制度。社会福利具有保障水平的高层次性、服务与保障的单向性、覆盖范围的普遍性、待遇享受的一致性等特点。社会福利的种类有公共福利、职工福利。职工福利待遇的内容有职工个人福利补贴、职工集体福利。

社会优抚是国家和社会对有特殊贡献的军人等特殊群体及其家属提供优待、抚恤、安置等物质帮助的特惠待遇，以保障其生活达到一定水平的制度。社会优抚待遇的内容包括社会优待、社会抚恤（含伤残抚恤和死亡抚恤）和社会安置三种。

综上所述，笔者认为，本书探讨的宏观调控领域界定的程序归责和国家、集体承责，实有语境限制。在中国语境下，意识形态层面关注集体的活动，有一种集体主义意识的渗透，承担责任的主体容易将个人责任融入整体社会生活语境中去评价。

瞿同祖在《中国法律与中国社会》中评价，我国法律渗透着阶级、家庭的基本精神价值观。这种对传统的延续的判断在一定程度上对于诠释我国目前景况仍然是有效的。个人融入阶级和家庭之中的意识，形成了一种强烈的集体意识认同感。惩罚一个人可能不仅仅是对违法者个人的惩罚，还可能牵涉到阶级和家族。在这种情况下，“责任可能不是个体化或者私人化，而可能是在个体、共同体和社会之间分配”。[1]因为经济权力主体实施的违法行为常常是一种理性的违法，所以，规则的强制抵不过内心的自我强制。我国的现实情况是，由于没有建立一个有效的权力制约机制，威慑主义总被大打折扣，法律表达得威严无比，在实践中却因各种各样的牵连关系而权威不足。所以，笔者主张根据“主体—行为—责任”的研究框架，宏观调控主体的违法行为引起的宏观调控法律责任与“政治责任”“违宪责任”“行政法律责任”“刑事责任”有密切联系但不应该是替代性的，宏观调控主体的合法行为良性违宪、良性违法引发的损害，经济危机、自然灾害、金融危机等经济事实引发的损害，国家制度供给责任与财政责任无疑都是行使宏观调控权对客观损害的国家救济。

本章小结

本章在经济法包括宏观调控法和市场规制法的“两构成”体系观点的基础上，对宏观调控行为、宏观调控主体之法律责任的经济价值、秩序价值及其冲突进行了较为深入的分析，并对调控主体应承担的经济法责任与政治责任、违宪责任和行政

〔1〕［英］艾伦·诺里：《刑罚、责任与正义》，杨丹译、冯军审校，中国人民大学出版社2009年版，第110页。

法律责任进行了识别，还对宏观调控主体法律责任进行了理性的反思，认为必须对宏观调控主体的责任进行优化选择，而优化路径就是确立国家经济赔偿责任。宏观经济利益是国家、社会从总体和全局进行权衡、取舍、确权、保障、补救，从而甄别出的更重要、更能影响国家、社会稳定发展的整体性利益。这种甄别对宏观调控权的正当、合理行使具有重要意义。因此，政府宏观调控权力及其行使，调控主体的法律责任优化及其制度设计都必须有明确的目的，即弥补市场缺陷，对市场主体私权进行限制，解决效率与公平、个体营利性与社会公益性的矛盾，促进经济稳定增长、社会与经济协调发展，有利于社会公平与经济公平的实现。目前，宏观调控权在更大程度上体现为宏观经济立法决策，其所呈现的整体性、不确定性、政治性、抽象性的特征，决定了国家机关通过现有的法律责任形式对利益受损的个人加以救济十分困难，在经济利益上予以救济在现实上不可能实现。而经济利益救济是符合“服务国家”“福利国家”“经济国家”“保障国家”“税收国家”“财政国家”的意愿和行为特征的，这种局面需要国家对宏观调控主体的法律责任结构进行补充和优化。国家经济赔偿，狭义为政府的经济法律责任抑或政府所承担的社会责任，广义为国家的道义责任即国家经济赔偿责任，其指引了现代国家福利化的发展方向。广义的国家经济赔偿更切合宏观调控主体法律责任的宗旨。同时，法律责任有正责任（正责任体现为行为主体对行为对象的一种负担）和负责任（负责任体现为行为主体对行为对象的一种鼓励、奖励或保障）之分。所以，社会保障、社会救助、社会福利、社会优抚等均应为国家经济赔偿责任的具体形式，更具体地说是宏观调控主体所应负的负责任。在具体归责原则适用上，国家经济赔偿适宜于以过错责任（决策的程序性审查是追究宏观调控法律责任的要害，决策主体在决策时存在主观的故意或过失而违反法定程序，视为决策主体因违反了法律规定的决策程序，归责为程序违法）为主，结果责任（决策主体并没有违反法定程序但事实上却造成了损害后果）为辅的归责原则。诚然，宏观调控主体的法律责任承担及其实现仍有诸多问题需深入探讨，比如在具体的调控行为中调控主体责任如何落实的问题等。

第六章
市场规制主体的经济法责任

第一节　市场规制的界定

一、市场规制的界定述评

市场监管是在一般的市场规制的基础上作出的特别市场规制，通常表现为对事关国计民生的特定行业、特定领域、特定市场的监管。信息、风险、安全、利益是市场监管区别于一般市场规制的最重要的方面。[1]

市场规制可以被界定为规制主体以治理市场失灵为己任，依法对市场主体的市场进入和退出、价格、数量、质量、投资、财务会计等进行限制的控制。[2]

管制在汉语中容易使人联想到统制经济和命令经济形式，强调强制性管理规定。而规制强调通过立法，通过实施法律和规章制度对经济社会事务进行约束并付诸实施，体现为在尊重市场规律前提下对市场主体的规范、激励或约束行为。市场规制权是市场规制主体依法享有和行使对市场主体的市场进入和

---

〔1〕 张守文：《经济法学》，中国人民大学出版社 2008 年，第 39、386 ~ 390 页。

〔2〕 王全兴、管斌："市场规制法的若干理论研究"，载《中国法学》2001 年第 S1 期。

退出、价格、数量、质量、投资和财务会计等微观市场行为进行限制性规范和控制的权力，目标是维持市场机制的有效运转、促进国民经济可持续发展和社会和谐。[1]

市场规制法律制度的运行是指在国家权力管辖的范围内采取经济法律手段管理市场。其有助于约束全部市场主体的行为，创造平等交换、公平竞争的环境，对有效解决市场经济发展过程中出现的垄断与竞争、公平与效率、个体营利性与社会公益性的矛盾和防止市场机制失灵至关重要。[2]

可见，市场规制中蕴含的“规制”包含了监管、管制、规制之意。其能够诠释市场经济不是排斥政府干预，不是纠结政府干预多或少，而是致力于解决干预什么？如何干预？什么方法干预？如何考量干预的绩效？如何修正干预手段必须付出的成本代价？基于此，学界对规制研究的对象范围是没有争议的。尽管表述上会有所不同，市场规制法无疑是调整在国家权力干预市场，调节市场结构，规范市场行为，维护市场秩序，保护和促进公平竞争的过程中产生的各种经济关系的法律规范的总称。市场规制法律以反垄断、反不正当竞争法、消费者权益保护法和产品质量法等为主干内容。这类法的目标是促进公平竞争、维护市场秩序和防止市场失灵。

二、本书的界定及基本观点

本书认为，秉承维护社会整体利益的价值目标，在市场经济活动中，市场规制权应当是一种经济法律权力。行使市场规制权的经济权力主体与被规制的经济权利主体之间，存在一种

---

〔1〕 韩志红等：《经济法权研究》，武汉大学出版社2012年版，第253、256~257页。

〔2〕 刘大洪：《经济法》，机械工业出版社2013年版，第4页。

既对抗又合作的复杂关系，经济权力与经济权利以及双方的经济义务，乃是其对抗与合作的基本工具。从对抗的角度而言，市场规制权力主体与经济权利主体始终存在冲突。市场规制权力主体协调经济活动的哲学基础乃是整体主义。而经济权利主体参加经济活动的根本目标是捍卫个人经济权利，并谋求自身经济利益的最大化，其遵循的是个人主义哲学。在经济活动中，经济权力主体与权利主体之间始终会存在一定的紧张和冲突。无论是经济权利还是市场规制权力本身都离不开人。人的脆弱性以及主观的恶性，不仅会使经济权利主体为了实现私利以及追求利润的最大化而肆意违背以及妨碍国家机关行使经济协调与经济管理的权力；同时，市场规制权力主体在行使市场规制权力的过程中，还可能出现权力异化的现象，即规制机关及其工作人员为了部门利益、地方利益或者为了一己私利而滥用手中的权力，侵害权利主体的经济权利以及国家利益。从合作的角度而言，市场规制权力主体执行市场规制经济权力，显然离不开经济权利主体积极服从市场规制权力主体依法行使的经济权力，同样经济权利主体在经济活动中要想使其经济权利得到有效保障，显然也需要市场规制经济权力的有效行使。对于经济权利主体的权利而言，其实现的根本不仅在于市场规制经济权力主体积极行使自己的权力，通过市场规制化解经济风险，提高经济效益，也需要市场规制权力主体积极防范和规制市场中的违法行为。压缩市场规制经济权力主体的权力并不是也不可能是增进经济权利主体利益的最好途径。通过制度性的控权防止侵害经济权利，同时保障市场规制经济权力主体权力的正当行使以及义务的依法履行，乃是市场规制经济权力主体与经济权利主体权利实现合作的关键保障。所以，笔者认为，我们亟须解决市场规制权用什么方法干预，干预手段的选择会付出哪些成本代价等问题，研究市场规制权，市场规制权力主体的法律责任，市场规制权力主体的承责方式与法律制裁——国家经济赔偿，将有助于在法律的框架范围内，促进行使市场规制权的经济权力主体与被规制的经济权利主体之间在既对抗又合作的复杂关系中形成良性互动，从而实现对社会整体利益的保护。

第二节　市场规制权产生的基础理论梳理

当社会经济发展到了现代市场经济的时候，我们对市场经济的运行知识已经到了一个相对理性的阶段。首先，我们强调市场机制调节经济活动的基础作用，但也意识到市场这只“无形之手”并非是唯一的、万能的，任何夸大市场作用或将市场作用绝对化的观点、学说，都是有待商榷的。市场机制不能解决所有经济问题，存在着“市场失灵”，这是市场规制权产生的经济学语境下的正当性、合理性基础理由。其主要表现在以下几个方面：

一、市场机制无法解决外部性问题

这是一种市场机制无法克服市场主体行为的外部效应问题。从经济学的角度来看，“外部性”的概念是由马歇尔和庇古在20世纪初提出的，是指一个经济主体（生产者或消费者）在自己的活动中对旁观者的福利产生了一种有利影响或不利影响。这种有利影响带来的利益（或者说收益）或不利影响带来的损失（或者说成本），都不是生产者或消费者本人所获得或承担的，而是一种经济力量对另一种经济力量“非市场性”的附带影响。外部性的存在使得社会脱离最有效的生产状态，使市场经济体制不能很好地实现其优化资源配置的基本功能。换一种说法，即在边际私人收益与边际社会收益、边际私人成本与边际社会成本相背离的情况下，依靠自由竞争是不可能达到社会福利最大化的。于是由政府采取适当的经济政策，消除这种背离。比如政府应采取的经济政策是：对边际私人成本小于边际社会成本的部门征税，即存在外部不经济效应时，向企业征税；对边际私人收益小于边际社会收益的部门实行奖励和津贴，即存在外部经济效应时，给企业以补贴。因此，应对外部效应问题时，政府运用财政、税收、金融和规制等手段增加了正外部效应收益，也增加了负外部效应行为的成本。

二、市场机制无法实现公共资源的利用

西方经济学家认为，公共产品的本质特征决定了政府提供的必要性。公共产品的基本特征是非排他性、非竞争性和外部性。非排他性决定了人们在消费这类产品时，往往都会有不付费的动机而倾向于成为免费搭乘者，这种情形不会影响他人消费这种产品，也不会受到他人的反对（由公共产品的非竞争性特点所决定）。在一个经济社会中，只要有公共产品存在，“免费搭车者”就不可避免。这样，私人企业如果提供公共产品，就无法收回成本。同时，由于公共产品的个人消费“量”是不确定的，价格机制不能有效发挥作用，竞争市场上一般无法提供这类产品。就像经济学家所说的，竞争性的市场不可能达到公共产品供给的帕累托最优，无法满足社会对这类产品的需求，因此，需要政府用公共财政资金以国家名义生产和提供。

当然，市场失灵只构成了政府提供公共产品的必要条件，但这并不意味着政府提供公共产品的条件是充分的。严格地讲，人们对公共产品的需求才是产生政府制度和政府职能存在的理由。正因为人们有这样一个理性的预期，把社会需要和社会安

全置于一个重要的地位，才选择了政府制度，才为公共产品政府提供的制度安排留下了空间，同时还预留下了社会政策发挥作用的空间。例如，某些公共产品的生产具有可分割性，生产的可分割性就产生了私人提供的可能性，通过价格机制发挥市场调节，在边际效益等于边际成本的资源配置的最优条件下，进行市场交易，可分割性公共产品的市场提供也就变成了一种可能。此外，还可以通过市场定价将免费搭便车的情形排除在公共产品的消费范围之外，政府与市场的联合提供，或社会中的私人部门的联合提供都成为可能。如国防、法律、治安、社会保障等，不存在生产的可分割性，这类公共产品的提供由市场失灵理论来假设政府存在的必然性，存在其合理性。从总体而言，这种基于社会需求和社会安全理念的制度选择，降低了社会的运行成本，将资源配置于社会最重要的目标，并有效克服了市场制度的某些缺陷，如通过外部性的内部化，解决了公共产品消费中的搭便车问题，化解了社会风险。市场机制无法解决垄断行为和自然垄断现象，垄断的危害性在于限制了一定市场上的自由竞争，甚至产生完全排斥竞争的恶果。其危害性直接针对这三类利益：一是损害其他经营者的利益；二是损害消费者的利益；三是损害社会整体利益。认定垄断的危害性，当然也必须理性认知，排斥或限制竞争并非当然有害，比如国家的竞争政策、产业政策等社会经济政策目标甚至政治目标，需要生产和资本的集中，理性诠释竞争价值目标不是简单的、机械的，不是纯粹为竞争而竞争，在市场机制主导下的竞争目标之上，还存在更高的体现法治的人文关怀的目标，如社会生产效率、整体福利、消费者的利益、弱势群体的利益等。

三、市场机制无法解决信息不对称问题

法律虽然秉承对互相竞争的生活利益的秩序规制，但以国

家管理机构自身的立场和观念而言，国家立法不可能注意到或很少考虑到利益主体进行利益的充分交换问题在生活的方方面面的渗透，而给予彻底的、无遗漏的调整。这个逻辑大前提的限制可以一定程度上去诠释法律的归法律、社会的归社会，并为其划出适当的界限。各类市场主体的理性决策依赖于自身的各种优势，特别是对信息的及时、充分、真实性的掌控，决定了交易的平等、风险和收益。例如，经营者滥用形式平等和自身的优势损害消费者利益已是不争的事实。首先，交易过程中存在不对等性，如专业优势、信息优势、销售手段和经验优势等。其次，集团性侵害的抽象性、隐蔽性，受侵犯利益的扩散性和被害主体的分散性，经济人的私利性和普遍存在的搭便车的心理和行为，形成了集体行动的内在动力缺乏。最后，格式合同被泛化，消费者“被合同”在经济事实生活中的情况普遍存在。消费者的信息弱势和经营者的信息强势，这种实质上的不平等需要法律的强力干预，法律的秩序因法律制裁的存在而存在，法律预期的保护也应当为了生活的存在而存在。因此，政府对信息的披露进行规制就成为必要，以解决市场机制的弊端——自身无法解决信息的不充分和不均衡现象。

四、市场机制无法克服分配不公现象

市场机制的自发调整是有限制的，过度竞争、私人自由意志的滥用和失范也是悲剧性的。当然，个人权益集体性的丧失演化为公共利益受损、市场扭曲、浪费社会资源，乃至整体社会利益的破坏也是悲剧性的，突破从限制对纯粹私人权利保护的模式，并从不特定具体受害的私人侵权向救济抽象社会整体利益的保护模式发展的趋势，即反映了经济法的宗旨，即矫正扭曲的平等，实现实质的正义。从而，经济法将民事主体还原，借以区分强弱势群体。从社会整体利益出发，赋予弱势群体利益的倾斜性保护来实现结果的均衡。民法理论从“经济人”假定的形式平等逻辑起点出发，以平等的契约意思表示一致、权利义务对等关系解析民事主体的关系，这种抽象平等与事实不平等是有出入的，只有当法律在本质上反射了福利国家的一种补偿理念，确立了平等利用法律保障的行动能力的机会平等的时候，能够对事实不平等的生活状况和权力地位进行补偿矫正，才有助于实现法律平等。因此，在私益与公益的激烈冲突下，因社会整体利益的保护和救济问题的存在，传统的其他部门法都不能很好地解决问题，如法律的形式、机会平等与事实上出现的实质不平等现象，对社会弱势群体、消费者、女性、老人、未成年人、残疾等的利益保护，如何在这种失衡中寻找新的依附就是一个实质意义的问题了？经济法本着对社会经济整体公益的保护，就是修正私法自治的缺陷和对传统诉讼制度固有缺陷的补充，在事实和法律的有效性之间找到平衡，为群体受害者、社会弱势群体提供更有实效性的法律援助。因此，市场规制领域国家的法律干预，致力于通过营造竞争秩序保证各个群体公平分配社会财富，致力于抽象的整体利益的救济保护。

五、市场机制无法实现经济的协调发展

经济周期是指国民经济运行过程中出现的起起落落、扩张与收缩趋势不断交替的周期性波动。狭义层面的理解是，宏观调控从总体、总量方面对经济运行过程的调节和控制；广义层面的理解，凡可以归属为政府对经济运行过程施加的影响，皆可以归属于宏观调控，包括总量关系调节的控制、产业结构调整方面的政策控制、对经济运行的调节控制。从政府经济职能角度而言，宏观调控预期达到的目的，主要是稳定经济运行中

的总量关系，从而稳定通货水平、稳定物价总水平，进而减小经济增长的波动幅度，而最基本、最终的目标则是保证经济稳定增长。

六、市场机制无法应付社会突发事件

比如美国次贷危机的连锁影响，世界金融市场的震荡，本国雨雪冰冻、地震灾害对经济的影响，都不是简单的市场机制可以解决的。特别是自然灾害的发生。我国历史上一直是一个受自然灾害影响较为严重的国家。旱灾、洪涝灾害、地震灾害、台风、沙尘暴、冰冻灾害、虫灾（其中蝗虫尤甚）……自然灾害发生频率高、影响范围广。由于环境的变化，近年来自然灾害发生的次数和造成的影响都有上升的趋势，造成了严重的经济损失。对此，我国以财政救济为主的灾害补偿机制，通过三种途径即政府救济、保险赔付、社会捐助，对我国社会生产和人民生活造成的直接经济与社会损失进行补救。

在社会经济活动的运行中，削弱市场作用，或者排斥市场作用的观点和做法也是行不通的。20 世纪 30 年代以后，西方市场经济发达国家反思了市场失灵的经验教训，继而推行凯恩斯主义的干预调控，主张国家（政府）对经济生活实行干预和调节，与此同时，市场作用受到忽视、削弱，但干预过度的结果出现了新的危机，国家（政府）干预主义在后来“滞胀”并存的经济危机面前变得无能为力。相反的经验路径是，战后新生的社会主义国家普遍推行计划经济体制，由以国家名义政府全面管理经济的做法导致国民经济缺乏活力乃至崩溃，进而不得不实行市场转轨取向的经济改革。这些后果使得人们不能不理性认识政府干预的缺陷，即“政府失灵”。

政府利益往往指的是中央及地方的各级行政机关自身的利

益，从国家和政府产生的历史看，政府理应代表最广大社会公众的利益，但政府本身也是一个利益组织，有其自身的利益。著名经济学家诺斯在研究国家理论时就引入了国家利益的概念，他认为，国家有两种职能，一是促进社会福利的最大化，二是追求自身利益的最大化。两个职能是矛盾的，即人们通常说的诺斯悖论。他还根据这两个职能，将国家分为中性的国家、契约的国家和掠夺的国家。前两种类型的国家，以促进社会福利为己任，提供有效的产权安排，在各利益集团之间形成相对平衡的态势，而后一种则在利益集团之间的冲突中保护强势利益集团。诺斯的国家理论告诉我们，政府以国家名义，除了代表社会公众的利益，也会代表自身的利益，代表公众利益是它的法定义务，体现它"道德人""政治人"的属性，但它代表自身利益时则体现它"经济人"的属性。

总之，人的有限理性、集体有限理性，决定了市场失灵而政府善意治理是人类的预期，而作为多种角色代表的政府以国家名义调控时，"政府失灵"也是客观存在的产物。这主要表现在：第一，政府居于市场之外，没有随时会受到市场惩罚的直接压力，导致政府调控市场的行为缺乏直接的效率和直接的责任心。第二，政府难以也不可能完全掌握市场信息，从而只能保证对经济现象做相对评估，而非做出符合客观经济规律的完备状态下的正确认识，并科学决策。第三，国家政府机关作为一个整体与社会公众的矛盾中会体现出利益之争。第四，国家政府工作人员凭借权力为个人牟取利益。因此，政府官员的权力寻租行为，会导致决策的非理性化，在执行中的非法性、有欠公正性。第五，各级国家政府机关发生矛盾时会表现出利益之争，因此，官僚化和政策效应递减，最终导致效率低下。

我国社会主义市场经济是在渐进中朝现代市场经济不断发

展和完善的，政府以国家名义利用市场规制和宏观调控等经济管理手段实现国家的经济社会管理职能，从而促进社会整体利益的增长和公共福利。这就既要发挥市场的作用，也要发挥政府的作用，注重市场与政府关系的互动、互补。从现实情况看，我国市场经济具有以下的特征：第一，它是公有制经济成分占主体基础多种经济成分并存的市场经济；第二，发展中大国的市场经济；第三，由计划经济转型而来的社会主义市场经济；第四，是压缩发展阶段的市场经济；第五，是民主和法治条件尚不完备，在渐进中需要不断完善的市场经济。

第三节　市场规制权的控权路径

秉承国家权力的“法无授权则禁止”的原则，国家协调经济活动的行为必须有法律的授权，并且必须依照法律规定的权力行使。因此，国家协调经济活动的过程实质上乃是经济权力主体行使经济权力和履行其经济义务的过程。市场规制权力主体的经济权力和义务的法律规定乃是国家协调经济活动的逻辑起点，市场规制权力主体依法行使经济权力和履行义务的行为乃是国家协调经济活动的伴生物。坚持义务本位，实行职权职责化，市场规制权力主体才不致怠于行使自己的职权，出现市场规制权力主体的权力寻租和权力专制现象。当市场规制权力主体进行权力寻租或者怠于履行自己的职权时，国家才有正当理由追究没有履行义务的市场规制权力主体的法律责任，为国家经济赔偿这种法律制裁提供责任基础支持。下文，笔者将从市场规制权力类型、程序控权、文化传统制约及法律责任制裁入手，来诠释市场规制权的控制。

一、市场规制权的类型化

市场规制权破除了传统权力体制的框架即立法、司法、行政的划分，在这三种权力形态的互动中，在国家与社会互动过程中，发挥了独特的调节治理功能。“市场规制权所体现的国家调节权是独立于传统的立法权、行政权和司法权之外的第四种权力形态，并由此产生了规制这种新型权力的新的法律部门——经济法。”〔1〕市场规制权具有独特性、多样性、复杂性、交叉性的特点。市场规制权以主体、对象、内容、领域、手段类型为标准的分类如下：政府规制权、非政府组织公共部门的规制权、竞争型的规制权、交易型的规制权、中介型的规制权、价格规制权、数量规制权、质量规制权、财务会计规制权、经济领域中的规制权、社会领域中的规制权、奖励型手段的规制权、惩罚型手段的规制权、以行政命令、合同或商谈方式进行的数量、质量控制手段的规制权等等。

1. 政府规制权、非政府组织公共部门的规制权

此类规制权是制定规则的权力，这种权力是一种规制机构在规制领域中制定颁发的具有普遍约束力的规范性文件的权力。传统立法权专属于权力机构，但随着社会经济的高速发展以及专业分工的细化、技术化，某些领域中需要规范的客观事实存在，授权立法应事势而生。

例如，《立法法》第9条规定：“本法第八条规定的事项尚未制定法律的，全国人民代表大会及其常务委员会有权作出决定，授权国务院可以根据实际需要，对其中的部分事项先制定行政法规，但是有关犯罪和刑罚、对公民政治权利的剥夺和限

〔1〕陈云良：“国家调节权：第四种权力形态”，载《现代法学》2007年第6期。

制人身自由的强制措施和处罚、司法制度等事项除外。”《立法法》第10条规定：“授权决定应当明确授权的目的、范围。被授权机关应当严格按照授权目的和范围行使该项权力。被授权机关不得将该项权力转授给其他机关。”《立法法》第11条规定：“授权立法事项，经过实践检验，制定法律的条件成熟时，由全国人民代表大会及其常务委员会及时制定法律。法律制定后，相应立法事项的授权终止。”

《中华人民共和国银行业监督管理法》第15条规定：“国务院银行业监督管理机构依照法律、行政法规制定并发布对银行业金融机构及其业务活动监督管理的规章、规则。”《反垄断法》第9条规定：“国务院设立反垄断委员会，负责组织、协调、指导反垄断工作，履行下列职责：（一）研究拟订有关竞争政策；（二）组织调查、评估市场总体竞争状况，发布评估报告；（三）制定、发布反垄断指南；（四）协调反垄断行政执法工作；（五）国务院规定的其他职责。国务院反垄断委员会的组成和工作规则由国务院规定。”

《消费者权益保护法》第26条规定：“国家制定有关消费者权益的法律、法规和政策时，应听取消费者的意见和要求。”《中华人民共和国药品管理法》第9条规定：“《药品生产质量管理规范》的具体实施办法、实施步骤由国务院药品监督管理部门规定。”《中华人民共和国药品管理法》第29条规定：“药物临床试验机构资格的认定办法，由国务院药品监督管理部门、国务院卫生行政部门共同完成。”《中华人民共和国药品管理法》第30条规定：“药物非临床研究质量管理规范、药物临床试验质量管理规范由国务院确定的部门制定。”《中华人民共和国药品管理法》第31条规定：“实施批准文号管理的中药材、中药饮片品种目录由国务院药品监督管理部门会同国务院中医药管理部门制定。”《中华人民共和国药品管理法》第32条规定：“国务院药品监督管理部门组织药典委员会，负责国家药品标准的制定和修订。”

可见，中国人民银行、银监会、保监会、证监会、国务院各部、委、局、署等在其规制领域发布的规范性文件，所行使的其实是一种“准立法权”。但对于规制权主体的权力配置而言，在现行的法律上并没有系统的说明，规定得过于原则、简单并缺乏可操作性，法律规定不明晰。对于权力而言，法有授权才可为，法律规定不明晰产生的后果则是为权力的恣意行使预留了空间，使得行政性文件和政策缺乏稳定性、规范性、权威性。这种规制过程中的授权立法不清晰极易产生混乱，所以权力滥用便是自然而然的了。重复执法、多头执法，为利益之争而执法，无利益相互推诿或扯皮，部门利益之争贯穿着市场规制权的分配混乱不明的因果关系。因此，将市场规制权力主体的经济权力通过明确的法律授权、行政授权或项目委托等法律规范下的多种方式，向非政府公共部门适当放权，培育自治性团体，促进民间服务组织的行业管理职能、社会监督职能，政府通过社会组织来执行部分职能，增强政府合法性的支持，依法有效控权，并为多元主体的需求预留空间，主体多元化发展的方向和法律渠道的通畅是必要的保障。

2. 竞争型的规制权、交易型的规制权、中介型的规制权

此类规制权是根据受规制方提供的申请，确认获得某种资格、确认某种权利、许可从事某种行为的权力。我国在这方面的规定是生产经营者必须事先从有关机关获得许可证和营业执照、核定经营范围、获准某种商品进入某一特定市场等，如金融许可、证券发行的核准、电信运营牌照的发放。确认获得某种资格的许可权、确认某种权利的认证权、许可从事某种行为

的权力，不是一种普遍性的规制权，而是居于特定行业、特定领域、特殊市场而进行的一种通常表现为对事关国计民生的特定行业、特定领域、特定市场的监管规制。信息、风险、安全、利益是这种市场监管规制区别于一般市场规制的最重要的方面。因此，此类规制权主要是中央政府及其相关部门所拥有的规制权。可以说，这种市场规制权力的调整在本质上具有了宏观调控的效果，因此法律责任和竞争秩序的建构对此类规制权治理的意义重大。

《商业银行法》第16条规定："经批准设立的商业银行，由中国人民银行颁发经营许可证，并凭该许可证向工商行政管理部门办理登记，领取营业执照。"《商业银行法》第21条规定："经批准设立的商业银行分支机构，由中国人民银行颁发经营许可证，并凭该许可证向工商行政管理部门办理登记，领取营业执照。"

《电信条例》第7条规定："国家对电信业务经营按照电信业务分类，实行许可制度。经营电信业务，必须依照本条例的规定取得国务院信息产业主管部门或者省、自治区、直辖市电信管理机构颁发的电信业务经营许可证。未取得电信业务经营许可证，任何组织或者个人不得从事电信业务经营活动。"

《拍卖法》第8条规定："依照法律或者按照国务院规定需经审批才能转让的物品或者财产权利，在拍卖前，应当依法办理审批手续。委托拍卖的文物，在拍卖前，应当经拍卖人住所地的文物行政管理部门依法鉴定、许可。"《拍卖法》第11条规定："拍卖企业可以在设区的市设立。设立拍卖企业必须经所在地的省、自治区、直辖市人民政府负责管理，拍卖业的部门审核许可，并向工商行政管理部门申请登记，领取营业执照。"

3. 价格规制权、数量规制权、质量规制权、财务会计规制权

此类规制权是一种在微观经济视角下对微观市场行为进行规制的权力。此类规制权的特征是规制市场主体的微观市场行为，因为地方政府及其相关职能部门直接和各类市场主体打交道，在交往活动中更容易获得真实、便捷的进行规制所必需的信息内容，确保地方及其职能部门依法规制市场的能动性、积极性、创造性。而这类规制权则体现出了“准司法权”的特征，规制机构对特殊案件在具体裁决的方式、手段的选择上，履行了司法机关的某些职能，听证裁决或对某些事项的行使调查权、强制权、禁止权、命令权、处罚权。比如规制过程中的调查权（《产品质量法》第15、18条的规定，《食品安全法》第72~75、77条的规定，《反不正当竞争》第17条的规定，《银行监督管理法》第34、42条）、监督权、协调权、命令权、禁止权、奖励权、强制权（《食品安全法》第72条第2、3款和第77条第4、5款，《反不正当竞争》第17条第3款，《反垄断法》第39条，《银行监督管理法》第41条，《证券法》第180条第6款，《保险法》第155条第7款等）、处罚权（《反不正当竞争》第21~30条，《商业银行法》第74~77、83条）等。

4. 经济领域中的规制权、社会领域中的规制权

此类规制权主要体现在其规制范围对象上的差别，经济领域中的规制致力于防范竞争性的市场秩序失灵，严格控制市场主体资格的获得，严格规制价格控制、产量控制，并针对退出的影响做全局性评估和风险防范。社会领域中的规制则致力于规避社会风险的发生，对危及公共安全、公共福利、公共健康的领域中，严格规制标准、奖惩机制和执行机制、抗风险机制，如生产安全、交通运输安全、食品安全、药品安全等重要领域。

二、市场规制权的程序控权路径

如前所述，我国现行的法律非常重视市场规制权力主体的经济权力。当前，我国不同类型和层级的经济法中，大多充斥着关于经济权力的规定，其范围涉及国民经济决策权、经济协调权、经济命令权以及经济活动监督权等众多权力。市场规制法中关于市场规制权力主体的经济权力的规定始终是经济法的重心。正如这样的总结，我国至今都没有关于政府经济干预权的专门立法；在经济干预立法权方面，立法应有的层级顺序被颠倒，部门立法和地方立法产生了恶性膨胀；[1]在经济干预执法权方面，对于执行权主体的总体分配缺乏系统的法律规定，对政府经济职权的规定过于原则和简单，一些政府职能部门的权限缺乏法律的明确规定。上述问题对于调制机关正确行使调制权无疑有较大的负面影响。[2]市场规制权扩张到社会的各个领域，一方面是现代社会的现实需要；另一方面，市场规制权的膨胀也对现代社会中的个人权利与自由带来潜在或现实的威胁。从实体上对权力进行制约是必要的，但现代社会在实体上不得不给予政府强大的市场规制权力，对于这种权力的约束如何从程序上进行事前、事中、事后的监督、制约和救济，程序控权即要害。

1. 对市场规制权力在授权立法活动中的控权

市场规制权应当是一种经济法律权力，应当来源于法律的授权和确权，而且是在一种控权思路下的法律确认。当然这种控权是在承认国家机关“权力利益”的客观存在基础上，实现权力利益与权利利益（私人利益）之间的平衡调节，为公众提

[1] 李昌麒：《经济法学》（第2版），法律出版社2008年版，第145页。

[2] 李昌麒：《经济法学》（第2版），法律出版社2008年版，第145页。

供充分的参与经济事务的机会，让公众的意见通过合法途径得以表达，并最终得到一切社会主体所认同，被纳入共同遵守的法律之中。首先，政府机构或其他社会组织所享有的市场规制权，其所代表、代言的利益要在其法定权限之内，在内容上要具有必要性、正当性，为此，需要设置一种能够捍卫和保障代表的真实性、全面性、公正性的议事机构。其次，利益的不同代表主体之间也必然发生围绕利益的纠纷，因此，也必须存在一种程序机制来解决利益不同代表人之间的纷争。涉及市场规制权与政府、企业、私人主体、行业组织的利益博弈时，需要法定的程序规则支撑这种利益博弈秩序。即先通过一定方式、途径（如网络、媒体、座谈会、听证会、论证会等）征求和听取相应社会不同利益主体的意见。可见，利益调整法律化中正当程序的完善成了解决问题的关键。政府要保障知情权、参与权、听证权等基本权利。政府在作出影响到经济权利主体的经济权利行为时，要遵循正当法律程序，事先告知相对人，说明行为的根源理由，听取其的陈述，申辩，事后为相对人提供救济的途径。例如，配置说明理由程序，设置公众参与程序，预留公正补偿程序。最后，受损害人依法享有获得法律层面救济的权利，包括申诉权、补偿权、诉讼权等，对于最终被确定为非法利益而进行的侵害，当事人拥有要求经济赔偿的权利。

2. 市场规制权在行使过程中应当遵守的原则

经济法律权力的实现常常借助行政主体和行政程序，强调行政合法原则、行政合理原则、行政公正原则、责任原则贯穿于市场规制权在行使过程中始终具有重大意义。

行政合法原则主张市场规制经济权力主体依法设立并依法行政，控制滥用自由裁量权。行政合理原则主张政府行使市场规制权力在以公共利益为目标而不得不限制公民权利时，必须在法律保护的必要范围内。为了实现经济管理目标而可能对行政相对人的权益造成某种不利影响时，应当让这种影响限制在尽可能小的范围和限度内，使二者的关系处于适度比例。行政公正原则主张在立法上公正地分配政府与公民的经济权力、权利、义务，在市场规制执法过程中关注市场规制权力行使的实体公正和程序公正。“阳光是最好的防腐剂”，市场规制主体应当实现决定公开、过程公开、信息公开。因为“程序公正是看得见的公正，程序公正不一定能保证实体的公正，但程序公正是实体公正的起码前提”。[1]责任原则主张权力与义务（职责）、权力与责任的平衡与统一，凡是属于市场规制权力主体义务的行为，都不宜采用“可以……”和“有权……”等职权式的规定，而应该表述为“应当……”和“必须……”等。只有坚持义务本位，实行职权职责化，市场规制权力主体才不致怠于行使自己的职权，不致出现市场规制权力主体的权力寻租和权力专制现象。当市场规制权力主体进行权力寻租或者怠于履行自己的职权时，国家才有正当理由追究没有履行义务的市场规制权力主体的法律责任，为国家经济赔偿这种法律制裁提供责任基础的支持。

3. 市场规制权在市场业务中的行政管理行为有限化

行政主体在市场管理职能中表现为三方面：一为组织市场活动，利用行政手段提供交易的条件和场所，制定交易规则，促进市场形态形成；二为调节市场活动，运用经济和法律手段通过价格、税收及指导性计划等调节商品流通；三为监督市场活动。市场业务的行政管理行为有限化主要体现在第二种职能上，即由行业行政主管机关或行业性公司来制定市场发展规划

〔1〕 孙笑侠：《法律对行政的控制》，山东人民出版社1999年版，第202页。

和活动规范。我国的现状是管制的范围波及市场活动的内外，而管制过多会带来大量的短期行为和机会主义。一方面，管制起到维持市场竞争秩序的作用；但另一方面，它自己的力量却内生性地不断膨胀。所以限制市场管制活动要倾向于外在管理如合同、商标、广告等，而不是在内在活动上如商品流通、价格变动经营等（除特殊情形外）强硬干预，要保持一个中立、公正、不偏不倚的政策，尽量用市场化的方式来改变公共权力的行使方式。随着社会经济的发展，大量非政府的社会中间阶层主体涌现，如行业协会（消费者协会、旅游协会、劳工协会、律师协会、会计师协会、弱势群体保护协会、商会等），这些行业协会在一定范围内履行着部分规制职能，规制主体的公共性趋势出现。

三、市场规制权的文化传统影响路径

从下文“契约－身份”语境下的市场经济解读中，我们会发现文化传统对市场规制权的深刻影响缺乏一个较为宽松的政治环境，没有发达的市场经济背景并且市场主体普遍缺失。

英国的法律史学家亨利·梅因认为，迄今为止，所有进步社会的运动，都是一个“从身份到契约”的运动。论证契约代替身份是近代人类社会进步的标志，将契约对人类社会的作用给予了高度的评价，其“从身份到契约”成为几百年来人们广泛引用的名言。事实上，“从身份到契约”、从“契约”到“契约文明”，某种程度上正是最近几百年西方法治化进程、社会进步的一个最简捷的概括。

契约和社会契约观念的推广，极大地促进了西方的社会进步，梅因的“从身份到契约”也成了法学界最著名的格言之一。反观中国社会契约的产生和利用具有极为久远的历史，但契约始终只停滞在一种器具的层面上，由于这个器具容量太小，它只能容下“信”，至于其他自由、平等、权利等价值就再也装不下了。也因此，中国传统契约的价值内涵，从来只停留在“信”这一工具价值的层面上，而不具备自身独立的价值。《周礼》曰：“以质剂结信而止讼”表达了西周时期人们对契约的认识，应该是在长期的契约活动经验上抽象出来的结果。正是因为契约的价值是信用，而不是自由或平等，契约作为信用工具在中国社会得到了广泛的运用，所谓的“官有政法，人从私契，两共平章，书指为记”，即将契约的内容和效力视为与法律具有同等效力的观念。可以说，中国传统契约的效力的确立过程，也是信用价值的意义和权威在社会中得到普及的过程。也正因如此，在几千年的中国社会，契约始终只是一种信用工具而已。换言之，契约只具备信用价值，而不可能再包含其他价值，契约观念以及与此观念相关的自由、平等、权利等思想长期以来一直未能对我们社会的进步有任何实质性的贡献。“契约”始终只是“契约”，而未能形成“契约文明”，也不能演化成“社会契约”，事实上，“从身份到契约”至今也仍然是需要我们补上的很重要的一课。

1. 平等、自由等契约观念的形成，有赖于一个较为宽松的政治环境

在中国几千年的文明历史中，君主的绝对专制、不受任何制约的绝对权力，对于众多人来说是无处不在的。所谓“普天之下，莫非王土，率土之滨，莫非王臣”便是最好的概括。在这种背景之下，人们的私人空间的个人财富无时无刻不处在皇权制度的威胁之下，大臣们作威作福到这种地步，以致没有一个人可以说自己的财产是安全的，人人都整天提心吊胆，唯恐受到诬告而被剥夺他所有的一切。在政治上高压的同时，皇权

制度很早就开始在思想上对人们进行“禁锢”，秦始皇“焚书坑儒”，而清朝的“文字狱”也莫不是如此。在文化专制的同时，皇权制度还通过“科举”取仕来笼络知识分子，利用知识分子“齐家、治国、平天下”的理想，通过“四书五经”等成功地“规训”本来最具有独立思考能力的读书人的思想，将其“格式化”于皇权制度所需要的模式中，“忠”“孝”构成了知识分子以致整个社会的终极价值观，使知识分子成为皇权专制制度的卫道士。而知识分子作为“社会良心”的“自由思考，独立人格”品质则荡然无存，为了保持住自己的气节，了不起“达则兼济天下，穷则独善其身”，而想要“兼济天下”，“忠”必须是首要的条件。

海瑞是中国历史上少有的广受称赞的清官之一，也是通过科举进入仕途的“读书人”的优秀代表。《明史·海瑞传》载海瑞的上书称“夫天下者，陛下之家”为了表达自己对皇朝即对皇上的忠心，海瑞甚至让人抬着棺材押后向皇上进谏，以示自己之所以直言上书，目的是为皇朝而不是为自己，一句话，是“忠”字使然。就算是到了近代，同时代的西方公民争取自由、民主、人权运动方兴未艾的时候，中国有名的思想启蒙家顾炎武仍然在其所著的《日知录·才用》中不容置疑地宣称：“天下一家，何非君土；中外之财，皆陛下府库。”

在这样一种绝对专制的背景下，类似西方市民社会那样的组织是不可能产生的，面对皇权的无处不在，人们没有任何遮蔽的空间。而西方平等、自由等与契约相关联的观念形成正是依赖于有了一个对抗王权的“私域”的培植。

2. *西方契约观念的广泛传播，离不开其发达的市场背景*

西方的城市是工商文化和市场精神的发源地，契约观念与契约精神离不开工商发达的城市环境。城市、贸易和资本主义在欧洲同时出现。商业、制造业、银行业、经营技术、信贷，全都起源于城市。而中国的城市与西方的城市不一样，中国的城市是政治中心（封建堡垒）而不是经济中心，大城市与小城市的区别并不在于其经济的发达程度，而在于其是首都还是督抚所在地抑或是州县的所在地。针对中国经济的发展状况，19世纪古典政治经济学的创始人亚当·斯密曾经有一段很有见地的意见："中国，一向是世界最富的国家。其土地最沃，其耕作最优，其人民最繁多且最勤勉。然而，许久以前，它就停滞于静止状态了。今日旅行家关于中国耕作、勤劳及人口状况的报告，与500年前客居于该国之马可波罗客居时代相同，而很久以前，中国财富就已经达到了该国法律制度所允许之要限。"亚当·斯密的论述揭示了一个事实，即中国经济尽管在历史上曾处于世界领先地位，尽管在西方人的传说中，中国一直是一个充满财富的东方神秘王国，但事实上，其经济很早以来就处在一种停滞不前的状态。

经济停滞的原因在于中国专制统治者长期以来一直奉行以农为本、重农轻商的基本国策。其目的是防止商人尾大不掉，避免其在经济强大之后，再谋求政治上的权利，形成对皇权制度的挑战。这种国策早在春秋战国时期就已见端倪。《吕氏春秋·沿农篇》说："古先圣王之所以导其民者，先务于农；民农徒非为地利也，贵其志也。民农则朴，朴则易用，易用则边境治，主为尊。民农则重，重则少私义，少私义则公法立，力专一。……民舍本而事末，则好智，好智则多诈，多诈则巧法令，以是为非，以非为是。"在封建专制统治者看来，民务农，则民相朴易治，而商人则奸诈狡猾，智谋多出，只要重农轻商，就可以达到国泰民安、尊卑有序、农者安于本分而不会犯上作乱的理想状态。

对于专制统治者来说，安居乐业、安田重土的农民对于封建秩序的稳定是极为有利的，而富裕起来的商人却有可能成为一种不稳定因素，成为封建专制统沼的潜在威胁。以农民为主的小生产者被固定在土地上，以家庭为单位，在家长的率领下从事农业生产，其产品主要满足自身的需要，很少与他人发生交换与交往，形成了老子所描绘的人人“甘其食、美其服、安其居、乐其俗、邻国相望、鸡犬之声相闻、民至老死不相往来”的情形。人员很少进行流动，人们的婚丧嫁都局限在一定的小范围内，从而形成了一个以血缘关系为基础的“熟人的社会”。在这个“熟人的社会”里，人们竭力维持一种温情脉脉的气氛。正如《诗经·木瓜》所说的“投我以木瓜，报之以琼琚。匪报也，永以为好也。投我以木桃，报之以琼瑶。匪报也，永以为好也”。通过这种互惠式的赠受，亲属、邻里之间形成了一种互助式的情分，所谓“施惠莫念，受因莫忘”，人们依靠这种彼此之间的恩惠形成一种长期和相对稳定的信任关系。在这里，人们的身份是第一位的，中国人所常说的“面子”“情面”构成了人际交往的重要规则，而冷冰冰的契约则不是人们喜欢的交换方式，人们交往所凭借的是关系而不是法律契约。

总体上的重农轻商政策，使许多商人感到从事商业活动不如从事封建性的剥削有利和可靠，因而他们往往在积累了一定的财产以后，就转向农村购买土地，从事地租剥削或高利贷经营。斯大林曾经指出，中国的商业资本是和封建主的统治、和地主的统治独特地结合着的，它从地主那里袭用了中世纪的剥削和压迫农民的方法。商人转化为地主或高利贷者，不仅使商业资本本身的发展受到很大的限制，同时，这种结合也削弱了商业资本对自然经济解体作用，甚至还会反过来维护自然经济，这又在一定程度上延缓了中国商业资本的发展速度。一个具有神圣不可动摇的传统的王国和一个具有绝对自由的专横与仁慈的王国并存。这种情况，无论是在中国还是在其他各国，都会阻碍对这些政治因素特别敏感的工商业资本主义的发展。因为在这种情况下工商业发展所必需的那种理性的、可预计的管理与法律机器并不存在。

3. 文化背景亦是影响中国商品经济形成的重要原因之一

西方有名的韦伯命题认为，西方的新教伦理与资本主义精神是强调要有“一种要求伦理认可的确定生活准则”，是一种合法化的，对人会产生心理约束力的规范。它认为，对世俗生活（即对利益的谋取）的道德辩护从而合法化为某种伦理，正是资本主义的精神支持与动力，而资本主义发展的动力正在于人们对利益最大化的不懈追求。新教认为，财富与上帝的眷爱是联系在一起的，赚钱越多，你的财富积累越多，越能证明你受到上帝的庇护，越能说明你是上帝的选民。而且赚钱本身就是一项值得称赞的荣耀上帝给选民的“天职”，人类的存在完全是为了上帝。一切造物，只有一个生存意义，即服务于上帝的荣耀与最高权威。圣徒的生活完全是为了一个超验的结局，即获得拯救。……这使其信仰有其独特的禁欲倾向。这种倾向所宣扬的至善——就是尽可能地挣钱，使人们严格避免任何本能的对享受的冲动，人们完全被赚钱的动机所支配，把获利看作人生唯一最终级的目的。社交尘埃，无聊闲谈，耽于享乐，甚至超过了对健康来说是必不可少之时辰（至多为6~8个小时）的睡眠，凡此种种皆位于应遭受道德谴责之列。……时光无价，因为虚掷一寸光阴即丧失一寸为上帝荣耀而效劳的宝贵时辰。

反观同时代的明清时期，发财致富了的中国人，由于没有“一种要求伦理认可的确定生活准则这样种意义上所说的资本主义精神”的支撑，赚钱只是为了个体富贵，缺乏一种“超验”

的精神，都耽于舒适豪奢的生活，发财之后，就失去了目标感，除了把钱用于购田造房屋就是以享受奢华、排场为荣。

在《琅文集·自为墓志铭》中，明朝晚期的张岱自述：“少纨绔弟子，极爱奢华，好精舍，好美婢，好娈童，好鲜衣，好美食，好骏马，好华灯，好烟灯，好梨园，好鼓吹，好古董，好花鸟，兼以茶淫桔虐，书蠹诗魔，劳碌半生，皆成梦幻。”

时人田艺衡《留青日扎》说晚明权臣严嵩：“严嵩孙亚绍庚严鹄堂对人言，一年尽费二万金，尚苦多藏无可用处。无于竞相穷奢极欲。”

归有光说：“江南诸郡县，土地肥美，多粳稻，……欲好偷靡，美衣鲜食，时节馈遗，饮酒燕会，竭力以饰美观。富家豪氏，兼百家之产，役财骄淫，妇女、玉帛、甲弟、田园、音乐，拟于王侯。”

顾炎武《天下郡国利病书》说：“苏州……富室召客，须以馔相高，陆水之珍，常至万丈。……一会之费，常耗数月之食。丧葬之家，置酒留客，若有嘉宾，丧车之前，彩亭绣账，炫耀道途，聊夸市童，……大家僮仆，多指万指。”

中国人的这种对待财富的态度足可与印第安人的“Potlatsh”（保特拉赤，意译为夸富宴）一争高下。在“Fighting with Property”中，科迪尔为我们描述了流行在夸扣特印第安人中的“Potlatsh”行为。夸扣特人是一个十分注重社会地位和荣耀的民族，而获得社会地位和荣耀的最好的方式就是“Potlatsh”。这是一种宴请与送礼的盛大仪式，是一种显示财富的竞争，挑战的双方都竭尽全力把自己的宴席摆得更加豪华，送出更加昂贵的礼品，以此获得族人的尊重和崇高的社会地位。

正是由于存在这样一种对待财富的态度，对于中国人来说，“富不过三代”就是一种很正常的逻辑了。

商品经济是契约观念产生和发展的温床，“商品是天生的平等派”，离开了发达的商品经济的土壤，自由、平等观念也就无从生存了。

契约观念产生和传播，要求社会成员都是自主的主体。

主体之间的地位是完全平等的。不论其身份、地位如何，在商品生产和交换中，都具有自己独立、自主的人格。参加交换的个人已默认彼此是平等的个人，是他们用来交换的财物的所有者。

希腊、罗马文化是西方文化的源头。古希腊人追求智慧、公正、节制、勇敢等道德规范，主要满足个体对于幸福的追求。在希腊人的眼中，智慧能使人获取各种知识，以指导个人获得幸福。对后世产生过广泛影响的罗马法强调法律不只是“不应如何”，更应当是“应该如何，可以如何”，希望在教导人们行善时不仅借助刑罚的威吓，而且也利用奖赏的鼓励。法律的基本原则是：“为人诚实，不损害别人，给予每个人他应得的部分。”

而在中国古代，事实上并不存在具有自己自主权利的平等主体和平等个人。中国古代人口的基本单位从来都是“户”而不是“口”，因而，其民事法律关系的主体不是自然人，当然法人的概念也就更不可能产生了。长期以来，享有民事权利和承担民事义务的主体都是户。“一家曰户”，一户的范围包括同居共同财的直系亲属和同居一起的姻亲（如上门婿）。家长是户的代表，家长代表其户承担全家的民事法律责任，以及经济、行政法律责任和义务，行使全家的民事权利。

《大清律例》卷八之“户律、户役·脱漏户口”条规定：“凡户全不附籍，有户役者，家长，杖一百；无户役者，杖十。若将他隐蔽在户不报，及相冒合户附籍，有户役者，亦杖一百……若将另居亲属隐蔽在户不报，及相冒合户附籍者，积压减二等……

其同宗叔伯弟侄及婿，自来不曾分居者，不在此限。……若隐蔽他人丁口不附籍者，罪亦如之。”家长享有整个家庭财产的支配权，中国儒家化的法律一直规定，只要父母在，子孙不得私人拥财产，即《礼记·内则》所说的“不敢私其财”“子孙无私货、无私蓄、无私器、不敢私假、不敢私与”。明清律中“卑幼私擅用财”，“二十贯笞二十，每增二十加一等，罪止杖一百”。父母在，子孙“别籍异财”是历代均严禁的属于“不孝”的重罪之一，宋律处三年徒刑，明清杖一百。

中国传统法律制度中，家庭是社会的基本单位，个人只是这种家庭中的一个普通成员，个人是不重要的，个体也是不重要的，重要的是每一个人把自己的社会角色扮演好，父像父的样子，子像子的样子，君像君的样子，臣像臣的样子，这样才有助于实现社会的和谐。这种以家族、集体为本位的思想，使得个人的人格只能从属或融解于一个更大的集体生命之中才有意义。个人的存在和价值只能由集体派生，而并非先天给定、不可剥夺的。个人的价值取决于他能为集体所贡献的服务。所以，中国人从不追问而西方人永恒追问的一个问题——“我是谁?”因为这个问题对中国人来说，是父亲或儿子，是丈夫或妻子！自然而然地存在。

中国传统哲学中占据统治地位的“天人合一”理论同样使个人的主体地位无法确立。“无人合一”强调“人与天地一物也”“物我一理”。既然如此，人们在认识上便应做到“视天下无一物非我”，即我是万物，万物就是我，人们只有首先将自己融化在天地万之物之中，才能将处身的修养品质提升到至高的层次。“天人合一”的前提是无我，从而自然否认了人的独立和个体存在的必要性。

四、市场规制权的法律责任制裁路径

“制裁”在字义上的理解，是用强制力去管制、约束并惩处，使得不能胡作非为。或表达为由于不遵守法律、规则或命令，而导致适用刑罚或强制措施去矫正。前一种是《现代汉语词典》的描述性的界定，后一种是《布莱克法律词典》所作的描述性界定。

国内法学界的学者们关于法律制裁的界定述评：①沈宗灵先生的观点。他认为，法律制裁分为刑事制裁、民事制裁、行政制裁和违宪制裁四种，并且这些法律制裁是与国家强制力密切联系的。它不同于违反纪律、道德或其它社会规范、行业规则中的制裁，其根据只能是法律，由具有国家强制力的国家机关按法定的程序决定并依法实施。[1]②张文显先生的观点。他也主张法律制裁分为民事制裁、行政制裁、刑事制裁和违宪制裁。他认为，法律制裁意味着惩罚，国家针对责任主体用强制力保障实施的在人身、财产、精神方面给以制裁的责任方式，惩罚是法律责任中最严厉的手段方式。③孙国华、朱景文主编的《法理学》中，他们认为的法律制裁，是国家司法机关或国家授权的专门机关，对违法者应当承担的法律责任而采取的惩罚措施。体现国家保护和恢复法律秩序的强制性措施，包括恢复权利性措施，对构成违法、犯罪者实施的惩罚性措施。[2]

国外学者边沁的观点。他认为制裁体系分为四类：身体制

〔1〕 沈宗灵：“法律责任与法律制裁”，载《北京大学学报（哲学社会科学版）》1994 年第 1 期。

〔2〕 孙国华、朱景文主编：《法理学》，中国人民大学出版社 1999 年版，第 390 页。

裁、宗教制裁、道德制裁和政治制裁。[1]托马斯·莱塞尔的观点。他认为的制裁分为惩罚类和奖赏类，或者表述为消极制裁和积极制裁。消极制裁即对违法者实施一种痛苦或恐吓的阻却，其目的是消除违法行为造成的社会秩序紊乱。他认为的消极制裁还可以细化为三类：最轻微的语言制裁，被谴责、被嘲笑、被咒骂而起的警告作用；有形制裁，体罚、剥夺自由、死刑；社会制裁和经济制裁的交汇，如货币和财产惩罚、公开展示等。他认为的积极制裁，是因为对符合规范的行为而提供好处或奖赏。如表扬、肯定、祝贺、授予称号和奖励、授予勋章和荣誉称号或礼物、任命、涨薪、提升或提供非物质特权等。[2]

本书认为，经济法律责任的独立性可以帮助我们对法律“制裁”作更全面意义的理解，奖赏和惩罚都是一种社会控制的方式，把二者完全割裂分开也许是不全面的、不客观的。法律用积极范式、消极范式、有效性、无效性的示范性效果为人们的行为提供预期选择，以疏导私人的私法自治行为，发挥法律的指引、规范作用。所以，法律制裁也许用这种方式表述更符合对人性的疏导，即国家机关根据法律或授权对违法者进行的惩罚，或对符合规范的行为提供好处和奖赏。

诉讼、仲裁是传统法律制裁的方式，在市场规制权力行使的过程中，用司法权治模式所体现的就是一种消极制裁的社会控制方式。但由于市场规制权的“准立法权”“准司法权”特征，及其借助行政主体和行政程序用市场规制权力调整实现社会整体利益的目标，积极制裁、预期疏导的功能不是传统的立

---

〔1〕［美］迈克尔·戈特弗里德森、特拉维斯·赫西：《犯罪的一般理论》，吴宗宪、苏明月译，中国人民公安大学出版社 2009 年版，第 5 ~6 页。

〔2〕［德］托马斯·莱塞尔：《法社会学导论》，高旭军译，上海人民出版社 2008 年版，第 203 ~205 页。

法权、行政权、司法权所能简单覆盖的。正如劳伦斯·M. 弗里德曼认为法学研究总的说来对奖赏注意不多。〔1〕本书认为，市场规制法律责任在承责方式上的选择适用上多样化：诉讼、仲裁、私人秩序的调解、政府规制、国家经济赔偿。

行政执法和诉讼是一种渠道，在我国现行的体制下，这是一种主要规制经济权利主体的制裁方式。“根据法律规定，违反经济法律、法规应负的法律责任有民事责任、行政责任和刑事责任三种。”〔2〕对于这一观点，中国一些权威性教材是认可了的。〔3〕有学者指出，法律的发展经过了从责任中心主义到义务本位再到权利本位的过程。责任中心主义围绕法律责任的形式、依据和内容等展开，而不以权利义务方式事先为人们预设行为模式；义务本位坚持的是义务-责任模式，该模式以义务为设置和归结责任的根据，相比责任中心主义，这一模式使人们被追究责任前有选择自己行为方式的权利；而权利本位坚持的是权利-义务-责任的理论逻辑，在这一模式中，法律义务的设置乃是为了保障法律权利，法律责任的设置也是为了督促义务主体履行义务并最终保障权利。在这一模式中，“权利、义务和责任构成了三位一体的关系。权利和义务成为责任存在的依据和正当前提，责任则是权利义务安排的必需结果”。〔4〕正是沿着这一理论逻辑，该学者认为，综合责任论没有也不可能从经济法中的权利义务推出经济法律责任乃是综合责任，综合责任论可能完全脱离了自身对经济法调整对象的界定，是对经济法

---

〔1〕［美］劳伦斯·M. 弗里德曼：《法律制度——从社会科学角度观察》，李琼英、林欣译，中国政法大学出版社2004年版，第91页。

〔2〕杨紫烜、徐杰主编：《经济法学》，北京大学出版社2001年版，第34页。

〔3〕李昌麒主编：《经济法学》（第2版），法律出版社2008年版，第673页。

〔4〕薛克鹏：“经济法综合责任质疑”，载《政法论坛》2005年第4期。

本身的自我否定。笔者认为，对于市场规制权力主体的而言，这种表述是存在值得质疑的地方。笔者将结合相关法规作具体的分析。

在市场规制过程中刑事责任的设计现状：一方面，违反市场规制法行为的刑事责任是指市场主体违反法律规定，实施了不正当竞争行为或垄断行为，破坏市场竞争秩序，构成犯罪，依法应承担的法律后果。另一方面，对于造成严重后果，追究直接执行监管责任人员的刑事责任。我国是将刑事责任作为民事责任与行政责任的补充作为规定，在《反不正当竞争法》中有 11 种不正当竞争的行为，但仅规定了 6 种情节特别严重的不正当竞争行为的刑事责任：①假冒他人注册商标的行为；②擅自使用知名商品特有的或与知名商品相似的名称、包装、装潢并借此销售伪劣商品的行为；③商业贿赂行为；④被保证国家工作人员忠于职守、认真履行监督行为检查不正当行为的职责，追究国家机关工作人员徇私舞弊和玩忽职守的刑事责任；⑤作引人误解的虚假广告行为；⑥侵犯他人商业秘密行为。责任形式不应限于行政责任，而应增设刑事责任。主要是因为行政罚款不足以起到威慑作用，恶的收益远远高于成本，罚款相对于其收益来说可谓九牛一毛。因此，增设刑事责任是一种必要选择，特别是加重直接责任人的刑事责任，加大违法成本的作用，无论是对市场规制权利主体还是对市场规制权力主体的约束都是必要的。

违反市场规制法行为的行政责任是指实施了不正当竞争行为或垄断行为等违法行为的责任所承担的法律后果。行政责任主要是由市场规制执行机关给予的，分为责令改正或撤销决定以及处罚责任人，还有就是追究行政机关的行政责任，这点主要是强调罚款。行政责任的适用范围是最广泛的，从市场规制法实践看，一国对行政责任的运用决定了该国对经济干预程度和范围。例如，一些国家的行政责任只适用于垄断和限制竞争行为，不涉及其他不正当竞争行为，如日本和德国；而有的行政责任则普遍适用于垄断、限制竞争和其他一切不正当竞争行为。我国政府对市场干预很强，而完善行政责任则非常需要强调两点：一是应当增强行政机关本身的责任意识。预期责任是一种比追究过去责任更理性、更节约成本的矫正手段。行政监管本身的责任也是很重的，市场主体日益庞大，其行为的影响力也深深渗透到了监管过程中的方方面面。行政过程中的不诚信往往伴随市场主体的投机行为，防范投机主体实施造成将来损害的行为动机除承担常规责任外，还必须加重罚款，在常规的惩罚也起不了约束作用的情况下，要加大违法成本的计算，在预期上给予威慑。二是加重对于直接责任人员的行政处分。我国《反不正当竞争法》第30条规定："情节严重的，由同级或上级机关对直接责任人员给予行政处分。"这一规定对行政垄断行为的打击力度很不够，所以要完善行政责任就有必要补充如何规制行政垄断行为的问题，即对直接责任人员给予行政处分如果导致竞争秩序遭到严重破坏，应转为追究刑事责任。

在市场规制过程中民事责任的设计现状。违反市场规制法的民事责任是指市场主体实施了不正当竞争行为、垄断行为、限制竞争行为所要承担的相应的民事责任。这种责任是违法行为人承担民事责任的方式，也是对受害人权利的救济。这种民事责任的形式主要有三种：①赔偿损失。我国《反不正当竞争法》第20条规定，经营者给"被侵害的经营者造成损失的，应当承担赔偿责任。被侵害的经营者的损失难以估量的，赔偿额为侵权人在侵权期间因侵权所获得的利润，并应当承担被侵害人因调查……不正当竞争行为所支付的合理费用"。②停止侵害。我国《反不正当竞争法》规定了 6 种使用停止侵害的民事责任方式，分别为商业混同行为、公用企业限制竞争行为、虚假广告行为、引人误解的宣传行为、侵犯商业秘密行为、违反该法第 10 条规定的有奖销售行为等。③消除影响、恢复名誉。对违反市场规制法的人给予民事制裁应由法院应专门机构起诉而作出，其制裁方式包括罚款和责令解散、分离或放弃合并或联营。从市场规制法执行的实践看，违法者承担民事责任主要是通过损害赔偿的方式。对此，很多国家的做法也是不统一的：有的赔偿责任以受害人实际损害为限，如日本和德国；有的采惩罚性赔偿原则，违法人必须承担超过受害人损害的赔偿责任，如《美国反垄断法》依不同当事人作了相应规定，对国家因垄断行为而造成的实际损失进行赔偿，而对于私人主张的损害赔偿，其赔偿额为损害的 3 倍。所以在民事责任上要完善赔偿制度（惩罚性赔偿制度〔1〕的衔接将是一个关键），要确认受害人

---

〔1〕《消费者权益保护法》第 49 条的规定是我国第一个适用惩罚性赔偿的立法例，其内容如下：经营者提供商品或者服务有欺诈行为的，应当按照消费者的要求增加赔偿其受到的损失，增加赔偿的金额为消费者购买商品的价格或者接受服务的费用的一倍。对经营者的欺诈行为，消费者不仅可以获得补偿性的赔付，还可要求增加赔偿额。增加赔偿的金额为消费者购买商品的价款或者接受服务的费用的 1 倍。由于增加的这部分赔偿金额是超出消费者的实际损失的，因此带有惩罚性质。这种立法精神得到了 1999 年颁布的《合同法》第 113 条第 2 款的回应。《消费者权益保护法》第 49 条规定的惩罚性赔偿，属于特别法上的责任规则，其目的在于惩罚性地制止损害消费者的欺诈行为人，特别是制造、销售假货的经营者，鼓励消费者同欺诈行为和假货做斗争。随后在我国的另外几部法律都规定了惩罚性赔偿的内容，可见，在立法上是渐进式得接受惩罚性赔偿制度。1993 年 10 月 31 日颁发的《消费者权益保护法》，不过只限定在产品或服务欺诈方面，而在 2009 年 12 月 26 日颁布的《侵权责任法》中把惩罚性赔偿扩展到所有产品的侵权领域。最高人民法院发布了《关于审理商品房买卖合同纠纷案适用法律若干问题的解释》（简称《商品房买卖合同司法解释》），《商品房买卖合同司法解释》中的第 8、9、14 条，规定了在商品房买卖合同中买受人在 6 种情形下，可以要求惩罚性赔偿。如先买卖后抵押情形、一房数卖情形、无证销售情形、先抵后卖情形、一房数卖的其他情形和房屋面积差

有权提起侵权行为之诉，使其损害得到补偿。赔偿责任由直接责任人承担的，由其负责；如果责任人完全丧失赔偿能力，则由国家给予当事人补偿。

如果上述三种法律制裁都不能消除违法造成的巨大社会成本，增设国家经济赔偿制度便成了一种必然选择。在市场规制的范围内，本书认为，国家经济赔偿是在国家机关及其工作人员在市场规制过程中，由于不作为、乱作为或怠于作为，对不特定的公民群体的财产和人身造成了严重损失和损害，同时，这种损失和损害又是市场受制主体无力承担或无力独立承担的情形下，国家机关向不特定的受损公民群体所承担或分担的一种责任。

第四节　市场规制权主体的法律责任及归责原则识别

笔者认为，法治经济是市场规制法律责任产生的法理基础。经济法律权力主体具有调制市场的权力，但这种权力本身也应当是一种受到规范的权力，这种规范体现在权力与义务（职责）、权力与责任的平衡与统一。如果只享受权力而不承担义务，或享受很大权力而承担较小义务，那么经济法律权力必然导致权力的失范。因此，就经济法律权力本身而言，其与法理

（接上页）异情形等。为了规范食品安全，国家出台了《食品安全法》，也规定了惩罚性赔偿。其第96条规定：生产不符合食品安全标准的食品或者销售明知是不符合食品安全标准的食品，消费者除要求赔偿损失外，还可以向生产者或者销售者要求支付价款10倍的赔偿金。我国《侵权责任法》第47条规定：明知产品存在缺陷仍然生产、销售，造成他人死亡或者健康严重损害的，被侵权人有权请求相应的惩罚性赔偿。这是在我国法律条文中第一次明确出现了惩罚性赔偿的概念。《消费者保护法》主要限定在产品或服务的欺诈上，《食品安全法》限定在食品安全领域，而《侵权责任法》则适用所有的产品侵权领域，具有一般性。

学上的权力在本质上是相通的。权力与义务（职责）是相生相伴的，一项权力必然与一项义务（职责）相关联，只享受权力而不承担义务即违背了权力必然与责任相伴的法理常识。因此，笔者认为，可以从以下几个方面来诠释经济法律权力与职责的平衡与统一性：第一，市场规制法律责任与相关法律责任的识别；第二，归责原则的识别。

一、市场规制法律责任与相关法律责任如“行政责任”“民事责任”“刑事责任”的识别

1. 责任“含义”及法律责任的概述

在古代汉语中，“责任”同“责”，根据《辞源》《辞海》等辞书，“责”有六种意义。第一种，求、索取。第二种，要求、督促。第三种，谴责，诘问，责备。第四种，处罚、责罚、加刑。第五种，同“则”，责任、负责。第六种，债，所欠的钱财。〔1〕

《布莱克法律辞典》把责任界定为“对一项义务应予负责的状态，包括判断、技巧、能力”；把“负责”界定为“有义务的，在法律上应予说明的或者负责的”。〔2〕

张文显主编的《法理学》教材对“责任”一词的几种诠释如下：①分内应做的事。即一种角色义务，因地位或职务的角色，每个人根据在社会中扮演的角色，承担与其角色相应的义务。②特定人对特定事项的发生、发展、变化及其成果负有积极的助长义务。③因没有做好分内的事情，没有履行好助长义

〔1〕 张文显主编：《法理学》（第2版），高等教育出版社2005年版，第142页。

〔2〕 王立峰：《惩罚的哲理》，清华大学出版社2006年版，第225页。

务，而承担的不利后果或强制性的义务。[1]

可见，“责任”在不同语境下存有不同的理解，因而对“责任”的界定没有形成一个统一的认识。①哈特主张的义务责任说。认为将责任与义务发生联系，责任可以被理解为职责或义务。②道义法律责任说。责任揭示了行为人存在道德或法律上的评价过错，是一种否定性评价，具备应受谴责的特点。③责任后果说。责任表示一种后果。是一种有利后果或是一种不利后果，但绝大部分情况下，当责任归于个人的行为时，责任代表了一种不利后果——惩罚，是道德或法律不希望或不支持的行为。责任表示一种有利后果——称赞、表扬、物质奖励，是道德或法律希望或支持的行为。④因果责任说。首先，义务与谴责之间具有因果关系，如侵权民事责任首先需有损害事实的存在。侵权行为给受害人造成的不利后果损害包括财产损害、人身伤害和精神损害。其次，违法行为，侵权行为具有违法性。行为人的行为符合法律规定，即使造成损害，也不应当承担民事责任。再次，因果关系，侵权人实施的违法行为和损害后果之间存在因果上的联系。此种因果关系是行为人对损害事实承担民事责任的必备条件之一。最后，主观过错，即当事人通过其实施的侵权行为所表现出来的法律和道德上应受非难的故意和过失状态。没有因果联系，就不会产生归责。当然，严格责任或替代责任除外，其并非是因存在因果关系而归责，而是依据法律或其他规范而设定的。⑤能力责任说。除了因果责任关系我们还需要考量行为人的能力，即能力责任的评估标准：理解能力、推论能力、行为人的控制能力。如果不具备，或能力欠缺，则

[1] 张文显主编：《法理学》（第2版），高等教育出版社2005年版，第142页。

不产生责任。[1]

对“责任”一词的多元理解，自然会导致法律责任的定义也呈现多元化。有关法律责任定义的述评有：义务说、强制说、法律关系说、处罚说、后果论、状态说、责任说。[2]

我国法学界主流性的代表观点如下：法律责任代表否定性的评价判断；法律责任是法律上的一种不利后果；法律责任是第二性义务，是由第一性义务的违反而产生的特殊意义的义务。[3]

2. 责任种类的相关理论梳理

过去责任与预期责任。H. L. A. 哈特在《惩罚与责任》中提出了责任的分类观点：①地位责任，或者表述为职务责任。某人在某一社会组织中如果具有一种特殊的地位或职位，而为了给他人谋福利或为了以某种特殊的方式促成该组织的目标或目的，该地位或职位又被赋予了某些特殊的职责，那么我们便可以恰当地说，他有责任履行这些职责，或有责任作为履行这些职责所必需的事情。这些职责便是人的责任。[4]②原因责任。即因人的行为、事件、动物的因果关系产生的责任。③义务责任。因道德义务或法律义务，道德义务上升为法律义务后，将不仅招致道德的谴责，而且也将被要求承担法律上的不利后果。

〔1〕 此段述评参考了以下文献资料：①［英］H. L. A. 哈特：《惩罚与责任》，王勇、张志铭、方蕾译，华夏出版社 1989 年版，第 201～217 页；②叶传星：“法律责任研究”，载朱景文主编：《法理学研究》（下册），中国人民大学出版社 2006 年版，第 831～832 页。

〔2〕 叶传星：“法律责任研究”，载朱景文主编：《法理学研究》（下册），中国人民大学出版社 2006 年版，第 835～836 页。

〔3〕 张文显主编：《法理学》（第 2 版），高等教育出版社 2005 年版，第 143 页。

〔4〕 ［英］H. L. A. 哈特：《惩罚与责任》，王勇、张志铭、方蕾译，华夏出版社 1989 年版，第 202 页。

④能力责任。即负有道德或法律责任所必须具有的最低的精神能力或身体能力。哈特认为，课责引起的制裁是责任的核心，其理论强调否定的结果评价和惩罚的功能

凯恩对哈特的责任分类进行了扬弃式的批判。首先，他认为哈特责任理论中的分类就时间纬度而言多指向过去，即是对一种过去责任的探讨，就过去的行为和事件从责任性、应负责任性及如何课责角度问责。其次，他认为哈特责任理论侧重于否定的结果评价和惩罚的功能，偏重于刑法领域。再次，他认为哈特责任分类理论没有系统性地对职务责任、因果责任和能力责如何在动态层面下，将概念与行为就法律课责责任和道德课责责任结合进行论述。最后，在民法和公法领域中的论述存在不足，侧重于对过去坏的结果的责任性讨论，认识范围有限制。〔1〕

在扬弃式的批判基础之上，凯恩提出了其最重要的理论，即有关过去责任和预期责任的划分。

第一，过去责任和预期责任的分类。首先，即朝后看或朝前看的分法。朝后看的责任，即对一种过去责任的探讨，就过去的行为和事件从责任性、应负责任性及如何课责角度问责。朝前看的责任，即对一种预期责任的探讨，法律责任的探讨不能固守在过去，而忽略了预期责任。其次，预期责任可以被分为两类：第一类是“建设性的”责任——预期责任产生好的结果；第二类是“预防性”责任——预防坏的结果发生，也可以被称为“保护性”的责任。建设性责任与预防性责任在交往活动中或自决活动中，能发挥出重要作用，能有效促进人们的沟

〔1〕［澳大利亚］皮特·凯恩：《法律与道德中的责任》，罗杰华译，商务印书馆2008年版，第48页。

通、交流、合作与创造价值。[1]

第二，过去责任和预期责任的互动性。凯恩不反对过去责任向后看的定位，也不否认过去责任的重要性。过去责任注重争议和纠纷冲突的解决，但认为为了防止争议和促进合作，建设性的互动行为更好，预防比治理更好，完成预期法律责任比惩罚未完成或耗费人力、物力修补后果更好。“在一个运作良好且成功的法律制度里，不遵守预期责任并且因而施加过去责任的机会被降低到最低点。过去责任只有在未完成预期责任时才能找到他的角色和意义，在这个意义上它是从属和寄生的，当然施加过去责任有助于最大限度遵守预期责任。”[2]

第三，个人责任与替代责任。凯恩认为，除了个人责任外，还存在替代责任说，替代责任在法律中也扮演了一个极为重要的角色。比如替代责任是“严格的”责任的一个表现形式，即无论有无过错的责任。替代责任只是严格责任中的一种形式。[3]替代责任是基于行为发生的，由特定角色引起，即负有责任的人的角色引起，并与个人责任方相对应。在凯恩看来，替代责任有两个重要的功能：一是它促进对团体施加法律课责；二是它通过向受害人提供一个索赔的额外途径促进民法的修复功能。[4]尽管责任是作为人的一个机能存在，但个人责任不是唯一的责任。替代性责任在复杂性、多变性的现代社会中已经成为一种客观

---

〔1〕［澳大利亚］皮特·凯恩：《法律与道德中的责任》，罗杰华译，商务印书馆2008年版，第50页。

〔2〕［澳大利亚］皮特·凯恩：《法律与道德中的责任》，罗杰华译，商务印书馆2008年版，第55页。

〔3〕严格责任有四大类，它们分别是“被动的”“基于权利的”“基于行为的”以及“基于后果的”。

〔4〕［澳大利亚］皮特·凯恩：《法律与道德中的责任》，罗杰华译，商务印书馆2008年版，第62页。

事实存在。

第四，个体责任、共同责任与团体责任。凯恩还认为，除了个体责任，还存在共同责任和团体责任。共同责任是在共同过失以及违法行为人之间的连带等原则中普遍存在的法律现象。团体责任归属于法人。〔1〕法人不是自然生命个体，是法律预设的组织体，不是“自然”是“人为”。而非法人的团体组织和法人组织一样，也可以通过法律设定条件而承担责任。非法人的团体组织具有法定的结社权，拥有属于自身的成员组织结构并制定决策规则。其决定在组织成员间有约束力，在团体利益受损时，可以拥有作为诉讼主体提起诉权的资格。因而，在现实中，团体责任是普遍存在的客观事实。

3. 市场规制法律责任中识别“行政责任”“民事责任”“刑事责任”

民事责任是指民事主体因违反合同或者不履行其他民事义务或者侵害他人民事权利所应承担的民事法律后果。我国《民法通则》第106条规定：“公民、法人违反合同或者不履行其他义务的，应当承担民事责任。”“公民、法人由于过错侵害国家、集体的财产，侵害他人财产、人身的，应当承担民事责任。”“没有过错，但法律规定定当承担民事责任的，应当承担民事责任。”民事责任的特征有：① 财产性。民事责任以财产责任为主，非财产责任为辅。一方不履行民事义务，给他方造成财产和精神上的损失的，行为人应支付一定的财产代价。但是，对人格权和身份权的侵害，仅通过财产性的赔偿是难以完全消除侵害所造成的后果的。因此，《民法通则》规定了一些辅助性的非财产责任，如赔礼道歉、消除影响、恢复名誉等。②补偿性。

〔1〕［澳大利亚］皮特·凯恩：《法律与道德中的责任》，罗杰华译，商务印书馆2008年版，第63页。

由于行为人与受害人同属平等的民事法律主体，所以民事责任以补足一方民事主体所受损失为限。就违约责任而言，其旨在使当事人的利益达到合同获得适当履行的状态，而侵权民事责任则旨在使当事人的利益恢复到受损害以前的状态。③任意性。民事责任的任意性主要表现在两方面：一方面，行为人给受害人造成损失的，受害人是否追究行为人的责任取决于受害人的意思，法院或仲裁机构不告不理；另一方面，受害人欲追究行为人责任，可与行为人协商而至互谅互让，也可以撤诉，判决生效后也可以放弃权利。

根据《民法通则》第134条的规定，承担民事责任的方式主要包括以下十种：停止侵害，排除妨碍，消除危险，返还财产，恢复原状、修理、重作、更换，赔偿损失，支付违约金，消除影响，恢复名誉，赔礼道歉。

可见，在民法范式中，民法的责任是双向的，既关注行为人的行为，又关注行为对受害人的影响，还关注行为对他人的影响。而受害人在民事司法活动的过程中扮演了一个中心的角色。其意志自由决定了起诉、上诉或和解等权利的行使。受害人的损害应该得到修复，这才是正义的、公平的，因此民法责任既针对人也针对事，既关注行为又关注行为的结果。民法制裁体现为救济和补偿性，民事制裁主要是补偿受害人，其以被告的行为造成受害人的负面影响为限度，以受害人的损失或被告造成被害人损害而所得为限度，而不是对被告的惩罚。被害人的补偿性赔偿不足以威慑到社会上潜在的违法者。因而这样的人际性是不完善的，忽视了行为人的行为可能对社会的其他共同体的行为产生示范的影响力。民法范式中的传统的民事责任的人际性，侧重考虑行为人和受害人，而忽视了其他共同体。著名的“南京彭宇案”便可反映这种不周全性。“彭宇案”中的双方当事人在二审期间双方达成了和解协议，同意申请撤回上诉，案件最终以和解撤诉结案，双方当事人均对案件处理结果表示满意。但在该案判决后，我国出现了许多类似事件，使得许多人不是不想做好人而是不敢做好人。[1]该案件顾及了当事人责任的公平分配问题，但却对社会其他共同体造成了负面影响，其社会价值观的影响范围之广、之深，令人深思。制裁肯定会对民众产生影响，民众把法院的判决作为一种信息策略，预期将来的行为，并进行策略的排序。“法律制裁的一个功能就是发信号。一个制裁就是向一般民众传达一种不满或赞成的信号，在奈特看来，制裁被当作实施某种策略的成本来看待，它们通常改变行为人可选策略的排列顺序。”[2]

刑事责任是依照《刑法》规定，针对犯罪行为及其他社会危害事实，犯罪人应当承担而国家司法机关也强制犯罪人接受的刑法上的否定评价（刑事责难），是刑法制裁（主要是刑法处罚）的标准。刑事责任是刑法强制犯罪人向国家而不是向被害人所承担的一种责任。其逻辑进路为“行为—犯罪—刑事责任—定罪判刑（定罪免刑、消灭处理、转移处理）”。主刑分类为管制、拘役、有期徒刑、无期徒刑、死刑（死缓），附加刑分类为罚金、剥夺政治权利、没收财产、驱逐出境。

与民法范式一样，刑事责任也存在人际性不完善。它着重强调了行为人和社会、国家之间的联系，认为犯罪侵犯的是国家或社会的利益，不是受害人的利益，因此注重对犯罪行为人的惩罚，而不注重对受害人损害的补偿。惩罚罪犯的目的是防

---

〔1〕具体事件参见 http://baike. baidu. com/view/1380384. htm，2014 年 3 月 31 日访问。

〔2〕［美］杰克·奈特：《制度与社会冲突》，周伟林译，上海人民出版社 2009 年版，第 65 页。

止罪犯将来再犯，并威慑潜在的犯罪行为人。可以说，其关注行为又关注行为的结果。在以行为人（即犯罪人）为中心的时候，受害人在刑事审判过程中大多会扮演一个被动的角色。对犯罪嫌疑人的起诉、上诉主要是由检察机关完成，受害人没有多大的主动性，受害人主要作为提供证据和证人的角色。刑法制裁主要体现为刑罚和惩罚的方式。刑法制裁设计容易忽视受害人。

行政法律责任是指行政主体和行政公务人员因违反行政法规范而依法必须承担的法律责任，它主要是行政违法引起的法律后果。制裁性责任的承担方式包括：通报批评、没收、追缴或责令退赔违法所得、行政处分。补救性责任的方式包括：赔礼道歉、恢复名誉、返还权益、履行职责、撤销违法决定、行政赔偿。行政法律责任必须由有关国家机关依照行政法律规范——包括实体规范和程序规范所规定的条件和程序——予以追究。行政法律责任是基于行政法律关系而发生的。行政法律责任追究机关及追究程序具有多样性，承担行政法律责任的主体具有多元性，作出行政制裁措施的机关及程序具有多样性。这些多样性与多元性区别了行政法律责任与民事法律责任和刑事法律责任的不同之处。民事法律责任和刑事法律责任的追究机关都具有单一性，只能由国家的司法机关来追究，而行政法律责任的追究机关则包括国家的权力机关、司法机关和行政机关。

在行政法范式中，法在人民通过各种形式、各种途径参与的前提下由代议机关（或人民代表机关）制定。行政机关通过授权和固有的规章制定权越来越多地实际行使立法权，它的重要功能之一是为人民参与行使国家权力、参与国家管理、参与对国家权力行使的监督提供运作程序和保障的规范机制，调整和平衡人民和政府、政府与社会以及公民、法人和其它各种组织、各种利益集团之间的关系。“行政法责任范式与民法责任范式有两点不同：一是它引进了‘政治责任’的概念。政治责任的执行不像法律责任的执行那样高度制度化和具有强制力，但是比道德的执行要强。二是行政法范式与民法及刑法范式的区别在于它更重视团体，并且注重政治与‘市民社会’之间的互动，而不是市民社会内部的互动。”〔1〕

在法律责任的三个范式中，民事责任的对象既针对人也针对事，民法范式主要关注受害人；刑事责任的对象主要针对行为人，刑法范式主要关注行为人；公法责任的对象相对于前两者而言更注重团体。行政法范式主要关注的是团体。〔2〕与法律责任对应的法律制裁的对象也各不相同：刑事制裁以罪犯为中心，民事制裁以受害人为中心，公法制裁相比前两者是以社会为中心。〔3〕可以说，刑法责任主要和行为发生联系，民法责任和行政法责任主要和行为及行为导致结果发生联系。在凯恩看来，这三种范式中的责任承担主体都是独立的，提出这种理论的非常重要的原因是其没有考虑到三种主体之间的人际性。同时，他认为：“法律中的责任是一个人际性的概念和实践，因为它关注行为人、‘受害人’以及更为广泛的共同体三方面的关

---

〔1〕［澳大利亚］皮特·凯恩：《法律与道德中的责任》，罗杰华译，商务印书馆2008年版，第81页。

〔2〕公法责任由两个新维度，一是政治责任的概念。政治责任的执行不像法律责任的执行那样高度制度化合具有强制力，但是比道德责任的执行要强。二是公法范式与民法范式及刑法范式的区别在于它更重视团体，并且注重政治与市民社会之间的互动，而不是市民社会内部的互动。参见［澳大利亚］皮特·凯恩：《法律与道德中的责任》，罗杰华译，商务印书馆2008年版，第81页。

〔3〕公法的责任原则最终致力于保护所有公民共享的社会利益，将之与公民行动自由、人身与财产安全以及公民和团体的利益提升平衡。

系。”〔1〕

本书认为，通过上述的分析，市场规制权力主体承担的法律责任具有过去责任和预期责任的特点，并强调过去责任和预期责任的互动性，特别关注对团体责任的规制尤其注重预期责任的设计，具有较强的公法责任的特色。私人主体之间的利益用民商事私法手段来解决，但私法无法解决社会成本（违法行为对社会整体秩序的影响从而增加了运行和维护等新的成本）或制度运行过程中高成本的问题。因此，公法的介入就成了必然。责成违法主体不仅对造成的损害承担责任还需对成本做出补偿。其关注市场规制活动中发生的违法、违规或不作为的市场规制行为造成的私人成本、社会成本问题。所以，其调控功能在今日社会普遍存在，并广泛地在社会中运行。市场规制法律责任的设计应当既保护公民，为他们提供有责任性的资源，又制裁政府的不当行为。市场规制权力主体有职责承担组织性的共同体责任，有职责承担替代性责任，依法规制非法人组织的团体性责任，对非个体的权利和义务的整体性修复。其应采取类似民法的补救措施修复损害，强化市场规制权在监管过程中的必要性、预期性，弥补以工作人员的行政责任和刑事责任代替对权利主体应承担的法律责任。在直接侵权主体的一方不具备足够赔偿能力的条件下，赔偿比起报应、威慑和修复这些方式能够做得更好，具有更好的覆盖性。适用惩罚性赔偿手段给予矫正，修正行政责任中因预期责任、政治责任的抽象性、不确定性而难以问责的不足。

市场规制法律责任所确立的责任边界是规制市场主体和市场规制权力主体的最重要的，也是最后的一道防线。民商事法

---

〔1〕［澳大利亚］皮特·凯恩：《法律与道德中的责任》，罗杰华译，商务印书馆2008年版，第86页。

律侧重于个人本位，行政法律侧重于国家本位，经济法律则侧重于社会整体利益本位。市场规制领域国家的法律干预致力于通过营造竞争秩序来保证各个群体公平分配社会财富。市场规制法律责任的存在秉承将社会整体利益置于保护下的法治经济理念。市场规制法律责任的承责方式——国家经济赔偿——将突破传统法律责任的属性和弊端，对于私法手段矫正不足，滥用权力或怠于履行职责的不作为、难作为等更务实、更便捷地课以法律责任。

二、市场规制权主体的法律责任归责原则的识别

归责原则是基于一定的归责事由而确定责任成立的法律原则，或者说是基于一定的归责事由而确定行为人是否承担责任的法律原则。宏观调控重在决策，而市场规制重在执行，所以，本书认为应适用有区别的责任归则原则。

1. 过错责任原则

过错责任原则以过错为前提，必须具备两个要件：违约和有过错。被告被推定有过错，须就自己无过错进行举证以推翻推定。诚然，以推定过错来追究市场规制主体的承责，具有强化规制权力主体的道德风尚、确定执行规制行为的标准、协调利益冲突和预先防范风险等多项功能。我国在司法实践中已经确立国家机关及其工作人员承担民事责任适用过错原则。例如，《民法通则》规定：“国家机关及其工作人员在执行职务中侵犯公民、法人合法权益的，应当承担民事责任。”但国家经济赔偿的主体是国家，是一种享有特殊权力并履行特殊义务的抽象主体，所以，国家承担赔偿责任是一种替代性责任，即只有国家的工作人员有过错时，国家才履行义务承担赔偿责任。考虑到国家财政承受的能力，兼顾民主法治发展的现实进程，过错原

则能合理、有效地限制国家赔偿的责任范围。

2. 无过错责任原则

无过错责任原则不以过错为前提，必须具备两个要件：违约和无免责事由。双方无须证明过错是否存在。原告只需证明对方履行瑕疵；被告只需证明自己有免责事由。无过错责任的优点如下：首先，减轻原告举证责任。其次，不履行与违约责任直接联系，促使当事人严肃对待约定。最后，只要有损害，就要承担责任。其意义不在于制裁，而在于对不幸损害的合理分配，损害填补。我国《宪法》规定："由于国家机关和国家机关工作人员侵犯公民权利而受到损失的人，有权依照法律规定取得赔偿权利。"这是我国现有的关于行政赔偿、司法赔偿制度的最高位阶的法律依据。对于适用无过错责任，如果国家需要对造成的所有损害均给予赔偿，而不论是否存在过错，那么国家赔偿的范围就太宽泛了，既不可能，也不具有可执行性和可接受性。当然，如果将国家赔偿与国家补偿区别对待，并用限制性免责的法律技术规定，便可解决范围过于宽泛的问题。同时，适用无过错责任的好处在于其能合理地解决将国家补偿制度纳入赔偿的问题。

3. 违法归责原则

违法归责原则认为只要存在致害行为违法，国家都应当承担赔偿责任。我国的《国家赔偿法》第2条规定："国家机关和国家机关工作人员行使职权，有本法规定的侵犯公民、法人和其他组织合法权益的情形，造成损害的，受害人有依照本法取得国家赔偿的权利。本法规定的赔偿义务机关，应当依照本法及时履行赔偿义务。"可见，我国确立的是违法归责原则。根据宪法和《行政诉讼法》第54条规定：人民法院经过审理，根据不同情况，分别作出以下判决：具体行政行为证据确凿，适用法律、法规正确，符合法定程序的，判决维持。具体行政行为有下列情形之一的，判决撤销或者部分撤销，并可以判决被告重新作出具体行政行为：①主要证据不足的；②适用法律、法规错误的；③违反法定程序的；④超越职权的；⑤滥用职权的。被告不履行或者拖延履行法定职责的，判决其在一定期限内履行；行政处罚显失公正的，可以判决变更。违法归责在宪法和行政诉讼法之间保持了衔接，也避免过错归责在主观认定方面标准不统一，认定困难的弊端，体现了一种单一归责的违法归责标准。但其问题在于：

第一，行政诉讼中审查行政行为违法的标准，有具体行政行为和抽象行政行为之分，而抽象行政行为不具有可诉性，国家赔偿责任的标准受制于这种违法标准的区分，很容易使国家赔偿的违法标准被曲解，将责任的标准、是非的标准、弥补损害的标准打上等号，使得赔偿的范围因此而变得非常的狭窄。

第二，违法的标准为何？违反宪法、法律、行政法规和规章以及其他规范文件和承认或参加的国际公约、条约或国家惯例等，适用法律、法规错误，违反法定程序，滥用职权或超越职权不作为或拖延履行法定职责。此外，违法的标准还有实体形式的违法、程序形式的违法之分，其蕴含的价值取向和标准如何取舍、统一也存在问题。

第三，现代社会的发展趋势是，法律授权给国家机关非常大的空间和自由裁量权，行政法律关系主体之间的权利义务关系既不互为等量，也不互为内容，具有非对等性。行政领域存在大量现实上以合法形式存在，而实为非法定的权利义务关系。因为没有恰当的法律规范或者根本没有法律规范，依行政主体单方面的意志和强制性，假定先合法性的存在，如何确保公正地分配政府与公民的经济权力、权利、义务，调控或规制执法过程中的正当干预、依法干预、有效干预，关注权力行使的实体公正和程序公正尤为关键。而经济法在实体公正和程序公正层面兼顾对权力的调适，除非具备了高度完善和发达的程序制度设计和程序信仰传统才能有效突破。在这种背景下，国家机关的行为与法的关系，不是良好预期的那样，而是常常与法背道而行，将法作为象征而不是实实在在地依法行政。将法律作为一种摆设或幌子的行政在自由裁量领域中只是人治行政，在这种情况下，法律没有权威；将法作为行政的一种手段即“以法行政”，行政机关应用行政法手段来管理各类社会事务，强调行政相对人应服从行政机关的管理；规避法律而行政，行政机关钻法律空子“逃法”，曲解法律和突破法律而行政；借口执行政策而违背法律规定。因此，在大量貌似合法的范围或形式状态下，国家机关及其工作人员完全有可能出现，因不关心、冷漠、懈怠而不愿意作为、怠于作为、加重损害，而工作人员在行为的合法形式掩盖下，确实又存在故意或过失的可能。

4. 过错违法原则

过错违法原则是一种双重归责的标准，即只有国家机关的工作人员在履行职务行为时，在主观上存在故意或过失的过错，同时在客观行为上又发生了致害违法行为，国家才能承担赔偿责任。这是一种主观统一标准的归责原则。

5. 结果责任原则

行政行为一经作出即产生公定力、公信力的后果，在法制不完善的情形下，如果只采用违法原则，大量受到损害的事实情形是无法得到制度性的保障救济的。法律不可能将生活中的方方面面的事实行为都用法律的行为模式去设定，而强调对行为人主观上的过错归责则能修正这种不足。但以过错归责原则作为国家赔偿的依据和标准是有困难的，国家这个抽象主体不同于自然人和法人，判断其主观过错与否，无法回避人类理性有限性的先决条件。对自然人、法人的权利，适用“法无禁止即可为”并不为过，而国家机关及其工作人员的职权、职责法定，法律以明确的条件限制了公务行为，因此，违法归责能为国家经济赔偿提供相对容易量化的依据和标准。但是生活中形形色色的普通人、法人、非法人组织的事实行为产生的赔偿责任用此标准是非常困难的，因此，民事侵权法以过错责任规范自然人、法人、非法人组织是行得通的，但要作为国家赔偿的依据和标准则必须被限制性地使用。比如，国家机关或国家机关工作人员为了社会整体利益进行决策或执行公务行为，对于执行职务造成的损害，不考虑正当性、合法性就要求国家赔偿也是不现实的。

综上所述，本书认为，在不同的领域中归责原则的适用也是不同的，在宏观调控决策领域中、特殊种类的市场规制且具有宏观调控效果的市场监管中、具体的市场规制执行领域中的归责，其差别是客观存在的，不能被割裂分析，而是要正视经济法律责任的客观性、独立性、复杂性。在宏观调控领域中的归则原则，适宜于以过错责任（决策的程序性审查是追究宏观调控法律责任的要害，决策主体在决策时存在主观的故意或过失而违反法定程序，视为决策主体因违反了法律规定的决策程序，归责为程序违法）为主，结果责任（决策主体并没有违反法定程序但事实上却造成了损害后果）为辅的归责原则。特殊种类的市场规制且具有宏观调控效果的市场监管中，参照宏观调控领域中的归责原则。而在市场规制领域中，笔者主张违法归责为主，结果为辅的归责原则。市场规制权力主体代表国家的意志对社会经济活动的渗透，是一种公权力的合理、合法的干预，其规制权力运行的范围和实施机关及其具体工作人员的意志渗透，都将产生公定力的法律效果。同时，规制权发生法律拟制的使社会公众相信的效力，民众对规制权产生的这种公信力的社会效应后果的回应，将深深影响规制的预期效用。现有的国家赔偿主要以违法归责为标准，受制于抽象行政行为不可诉性，导致了其赔偿范围的局限性，同时由于国家补偿制度尚处于系统化、程序化尚待建立之初期，经济法语境下的国家经济赔偿将为某些损害于两种制度（行政赔偿、司法赔偿）中都得不到救济时提供新的路径。由于国家经济赔偿对归原则的选择适用，将关系到国家经济赔偿的适用范围，在本质上反映着国家对公共权力与公民权利在法治的人文关怀层面的态度——当然，同时还要考虑国家财政承受的能力，兼顾民主法治发展的现实进程——所以在正视现行的法律体系的大背景下，本书探讨的国家经济赔偿应充分考虑这种语境，并兼顾与其他法律的衔接，理性选择符合当下国情的模式。国家经济赔偿是市场规制法律责任的一种独特承责方式部分，对此后文将具体展开分析。

第五节　国家经济赔偿责任对市场规制主体现有责任的修正

惩罚的正当性原理，一般来说有三种：一是报应主义（retributivism）；二是威慑主义（deterrentism）；三是修复主义（rehabilitationalism）。[1]但大卫·布宁（David Boonin）认为赔偿

---

〔1〕在我国惩罚的正当性主要分为：报应主义、功利主义和二者结合的综合论。这种分类主要是梁根林在其著作：《刑事制裁：方式与选择》（法律出版社 2006 年版）中体现出来。再有就是在王立峰著作《惩罚的哲理》（清华大学出版社 2006 年版）中也有体现。

优于报应和威慑的理由主要表现在两个方面：一是没有报应或威慑的惩罚，赔偿也能够达到保护社会秩序或至少保护某种社会秩序；二是赔偿能够修复不法行为的伤害。即赔偿能够使伤害看起来好像从来没有发生过。虽然赔偿不能消除枉行，但能够消除伤害。然而报应或威慑的惩罚却既不能消除枉行又不能消除伤害。因此，在布宁（Boonin）看来，赔偿是我们可以做得最好的方式。[1]

查尔斯·F. 艾贝尔（Charles F. Abel）和弗兰克·H. 马什（Frank H. Marsh）认为报应、威慑和修复这些方式与赔偿相比是不令人满意的。在他们看来，惩罚的目的主要在两个方面：一是促进人类的福利；二是平衡分配社会利益和负担。而报应不能解决促进人类福利问题和平衡分配犯罪的社会利益和负担。威慑既忽视了人类福利和平衡分配社会利益和负担，又违反了人们对人类福利追求的自决的宪法原则。修复与威慑一样违反了人们对人类福利追求的自决的宪法原则。[2]赔偿不仅关注行为对个人的损害，还关注行为对社会的损害；赔偿把惩罚带回到直接关注人类福利、分配社会利益和负担，相比报应、威慑和修复，赔偿具有更好的覆盖性，因此可以做得更好。当然，赔偿与报应、威慑和修复的融合也能弥补赔偿存在的不足。

市场规制领域引入国家经济赔偿理论是很有意义的。国家经济赔偿制度的建立有助于促进国家经济权力的规范行使，使经济权力主体在行使权力的同时，认识到权力即意味着义务（职责）和责任，这既符合我国法治国家建设的进程要求，也契

〔1〕 David Boonin, *The Problem of Punishment*, Cambridge University Press, 2008, p. 275.

〔2〕 Charles F. Abel and Frank H. Marsh, *Punishment and Restitution: A Restitutionary Approach to Crime and the Criminal*, Greenwood Press, 1984, p. 85.

合了法治政府建设的应有之意。国家经济赔偿制度建立后，在食品安全等涉及国计民生的具有重大社会影响的领域，政府主动承担了更多的责任，这意味着公民权利状况的改善、社会福利的增加，以及社会总体安全感的增强，这恰恰是经济法的重要调整目标。同时，其也有助于提升政府公信力，树立责任政府的形象。国家经济赔偿制度中国家所承担的责任，在很大程度上是一种道义责任。国家承担更多的道义责任，虽然加重了其自身的负担，但有助于增强公民对国家的归属感，从而有助于和谐社会目标的实现。概括起来，国家经济赔偿理论能优于报应、威慑和修复作为惩罚的正当性基础主要表现为以下几个方面：

一、从“赔偿”的界定述评入手

田振洪在其博士论文《汉唐时期的损害赔偿制度》中指出，我国的损害赔偿责任法律规定可以被追溯至西周社会，特别是侵害公产的行为。[1]同时，他还梳理了“赔偿”一词在不同历史时期的表达，先秦文本有“更”“庚”“偿”；秦汉法律用“偿”“负”“备”“备偿”等语汇；在唐代的法律文本中，“赔偿”除以“偿”“备”“备偿”来表达外，还有“酬”“陪填”“陪备”“陪”“倍”等语例。明朝洪武年间，“赔”字表达赔偿之意，至清朝嘉庆年间“赔”字已经非常流行。此外，其还对古代赔偿概念蕴含的范围作了考究：在秦汉时期赔偿范围有“平价偿”“价以减偿”之分；区分赔偿比例则以“分负”“半负”“负一”“负二”“叁分偿”等表述，同时用“勿责”明确

---

〔1〕 田振洪：“汉唐时期的损害赔偿制度”，中国政法大学2008年博士学位论文，第28页。

表示免除赔偿责任。[1]可见，我国很早就有了赔偿的概念，不仅如此，古人还界定了赔偿的范围、比例和免责，我国古代赔偿制度之发达可见一斑。

从现代法的一般意义上而言，“赔偿”即“损害赔偿”，“当事人一方因侵权行为或不履行债务而给他方造成损害时，应承担补偿对方损失的民事责任”。[2]我国台湾学者曾隆兴认为：“在人类社会生活中，因人之行为，使他人财产或精神蒙受不利益，称为损害，……损害发生后，为恢复原状，于不能恢复原状时，以给付金钱赔偿损害，称为损害赔偿。”[3]布莱克的观点是：“赔偿是通过偿付受害方来处理不满的一种社会控制样式。”[4]从上述赔偿界定来看，我国是把赔偿限定在民事范围内，而且是补偿性的，这种界定过于狭窄。曾隆兴、布莱克对赔偿的界定只是阐述了赔偿对受害人一方要有利，而不界定适用范围，也不限定惩罚性或补偿性赔偿。可以说，前者是狭义理解，后者是广义理解。事实上，赔偿不仅仅在民事责任中使用，而且在刑事和行政责任中也可使用。市场规制法律责任的独特性，使得赔偿理论的设计也是一种非常重要的修复社会秩序的手段。因此，对赔偿的理解不宜狭义。“赔偿”既具有补偿性意义也具有惩罚性意义，是对已发生或可能发生损害的受害人的救济。所以，笔者主张在市场规制领域中以违法归责为主、结果为辅的归责原则，即保持与行政赔偿的衔接，同时修正其

---

〔1〕 田振洪：“汉唐时期的损害赔偿制度”，中国政法大学 2008 年博士学位论文，第 23 页。

〔2〕 中国大百科全书总编辑委员会主编：《中国大百科全书·法学卷》，中国大百科全书出版社 2004 年版，第 577 页。

〔3〕 曾隆兴：《详解损害赔偿法》，中国政法大学出版社 2004 年版，第 1 页。

〔4〕［美］唐纳德·布莱克：《正义的纯粹社会学》，徐昕、田璐译，浙江人民出版社 2009 年版，第 47 页。

范围过于狭窄的缺陷，从广义层面去理解“赔偿”之意。

二、国家经济赔偿责任是依法行使市场规制权力的有效途径

怠于履行职责行为在我国《国家赔偿法》中尚无明确规定，在司法解释中也只是部分涉及了怠于履行职责行为的司法赔偿责任。该解释虽然只明确了法院的赔偿责任，但对于检察、公安、监狱管理机关而言，也是适用的。而对行政领域的怠于履行职责行为的赔偿责任则并无涉及。我国《宪法》第 41 条规定：“由于国家机关和国家机关工作人员侵犯公民权利而受到损失的人，有权依照法律规定取得赔偿权利。”我国《国家赔偿法》第 2 条规定：“国家机关和国家机关工作人员违法行使职权侵犯公民、法人和其他组织合法权益的，受害人有依照本法取得国家赔偿的权利。”《行政诉讼法》第 67 条规定：“公民、法人和其他组织合法权益受到行政机关或行政机关作出的具体行政行为侵犯造成损害的，有权请求赔偿。”从法规的表述中可见，《宪法》中用的“侵犯”可以被理解为，侵犯的行为状态应该包括作为的侵犯和怠于履行职责行为的不作为侵犯。《国家赔偿法》中使用的“违法行使职权”的表述与上位法宪法的表述有差异。对于是否包含不作为、怠于履行职责行为有值得质疑的地方，拒绝可以与行使职权发生联系，久拖不决、不给予及时答复很难被判断为是在行使职权。《行政诉讼法》将受案范围限定在具体行政行为的种类上。行政法学界认可的通说是接受具体行政行为有作为或不作为两种形态的。因此，行政赔偿法与诉讼法的衔接，受制于抽象行政行为不可诉，怠于履行职责的不作为也自然而然地被排除在了国家赔偿的范围之外。从上文中对市场规制权所作的中国语境下的、实体和程序形式上的分析，笔者认为，市场规制权在借助行政主体和行政程序实

现治理过程中，既具有“准立法权”(持续立法过程中的不断自我修正)，又具有“准司法权”(积极执法的修正功能）的特色。因此，将其从行政权中剥离出来，并对应地设置国家经济赔偿，使之与行政赔偿和司法赔偿保持制度上的分工协作，非常有利于解决乱作为、不作为并造成巨大损害后果的问题，从而规范市场规制权力的无节制滥用，促进市场规制权力的依法有效运行。

总之，法律责任是法律制裁的基础，所有的法律制裁都能对应相应的法律责任，而在某些情况下，有责任并不一定意味着制裁（比如民事制裁的存在)。可以说，法律制裁是对法律课责的回应，在绝大多数情况下，法律制裁与法律责任始终是对应的。对法律制裁的关注，使得我们更关注责任，继而更加肯定责任在法律制裁中的基础作用。法律制裁反过来也可以影响和促进法律责任，使得对责任的研究更加广泛、深入。因此，可以说，一方面，对国家经济赔偿这种制裁方式的探讨，可以帮助我们更好地理解市场规制中的经济法律责任的独立性；另一方面，国家经济赔偿这种法律制裁的存在，在一定程度上可以促进经济法律责任的实然性研究。法律调整不同于宗教、道德的调整，法律制裁一般由国家权力介入。其对行为人的影响，较宗教和道德等而言更具有国家权威性，惩罚也更严厉和规范。法律制裁要求在惩罚时，法律责任必须清楚明白，不能含糊不清，而且对责任的证据和证明要求很高，所以法律制裁的存在，使得我们得以更深入地研究法律责任，理解法律责任。同时，法律制裁不仅可以促进我们更深入地研究责任，还能让我们理解法律制裁能够促进法律责任的进化、发展。

国家经济赔偿是市场规制法律责任的一种独特承责方式。就经济法律权力本身而言，其与法理学上的权力在本质上是相通的。权力与义务（职责）是相生相伴的，一项权力必然与一项义务（职责）相关联，只享受权力而不承担义务，或享受很大权力而承担较小义务的经济法律权力必然导致权力的失范。此种情形体现在现行几乎所有的经济法律法规中，经济法律权力主体的权力与义务的规定极为不平衡，经济法律权力主体的权力趋向于无穷大，而义务规定却很少。正因为在经济法律关系中学界对经济法律权力主体应该承担的义务缺乏足够的关注，导致了在目前有关经济法律责任相关讨论中，对经济法律权力主体应该承担的责任研究相对薄弱。同时，在现行的经济法律法规中，与经济法律权力主体的义务的规定情形相关联，经济法律权力主体的权力和责任规定明显不成比例，经济法律权力主体享受着极大的权力却承担着极少的责任，违背了权力必然与责任相伴的法理常识。同时，现行的《国家赔偿法》，只有行政赔偿和司法赔偿，并不能适应经济发展和法治建设的需要。在笔者看来，经济法律权力主体所承担的经济法律责任是经济法律责任中不可忽视的一个部分，而国家经济赔偿责任则是经济法律权力主体所承担的独特的经济法律责任形式。

2008 年的“三鹿奶粉事件”使数十万消费者的身体健康受到不同程度的伤害，三鹿集团因为三聚氰胺事件而宣告破产。按照破产法所规定的清偿顺序，三鹿集团的财产对普通债权的清除率为零。这就意味着 30 万结石患儿将无法从三鹿集团获得任何赔偿。“三鹿集团”的行为摧毁了广大消费者对全国牛奶行业的信心，也严重损害了国家在食品安全保障领域的公信力。针对“三鹿奶粉”，有学者提出可以借鉴美国的集体诉讼或使用现行民事诉讼中的代表人诉讼的方式来获得赔偿。问题是，不管是集体诉讼还是代表人诉讼，此时赔偿的主体“三鹿奶粉集团”已经破产，无力承担这种赔偿责任。事实上，就算其不破产，由于这种损害后果对于部分受害儿童可能是长期的，累计的损失赔偿可能巨大到不是一个企业所能承担得了的程度。据中国乳协介绍，三鹿婴幼儿奶粉事件发生以后，中国乳协协调有关责任企业出资筹集了总额11.1亿元的婴幼儿奶粉事件赔偿金。（其中2亿元医疗赔偿基金，用于报销患儿急性治疗终结后、年满18岁之前可能出现相关疾病发生的医疗费用。9.1亿元用于发放患儿一次性赔偿金以及支付患儿急性治疗期的医疗费、随诊费。统一执行的赔偿标准是死亡赔20万元，重症赔3万元，普通症状赔2000元。）由中国乳业统一筹集资金的办法，只是一种应急性的处理。针对此类对公民的身体和财产造成了重大损害，而国家机关及其工作人员在此过程中确实又存在不作为、乱作为或怠于作为的事件。国家经济赔偿的介入应该是一种较为便捷的制度性解决方案，理由在于：首先，它能够使受害人及其家属的情绪迅速稳定，坚信自己所受的损害是能够得到赔偿的，毕竟，政府的财力是任何企业都不能相比的；其次，有助于社会的和谐和稳定；最后，有助于修复和提升政府的社会公信力，树立责任政府的形象。

国家经济赔偿是国家机关及其工作人员，在市场规制过程中，由于不作为、乱作为或怠于作为的情形，对不特定的公民群体的财产和人身造成了严重损失和损害，同时，这种损失和损害又是市场受制主体无力承担或无力独立承担的情形下，国家机关向不特定的受损公民群体所承担或分担的一种责任。而国家宏观调控领域宏观调控不适宜用诉讼路径实现国家经济赔偿。在宏观调控的范围内，国家经济赔偿是在宏观调控不当、失误、失效，政治责任的追究又易产生全局的动荡性、破坏性的前提下，国家对于公共决策的民主性、公共性不足、失误、失效而对特定群体制定的福利政策、优惠政策、开发政策、转移支付政策等，以实质正义的补救方式给予弥补将促进责任、评价责任、追究责任的有机衔接，在制度设计上避免完全把国家经济赔偿当成评价是非的制度，而是致力于矫正受害人需要弥补损害的事实，强调对损害的弥补而不是局限于对行为主体是非评价的一种超越。宏观调控中，公众参与性不足问题除了通过诉讼、仲裁外，国家经济赔偿也是一条适宜之路。

同时，并不是市场规制的所有情形都可适用国家经济赔偿。国家经济赔偿只适用于与“三鹿奶粉事件”类似的事件。此类事件对公民的身体和财产造成了重大损害，而国家机关及其工作人员在此过程中确实又存在不作为、乱作为或怠于作为的情形，同时，还需要满足作为直接侵权主体的一方不具备足够赔偿能力的条件。笔者之所以主张严格限制这种范围，主要是基于以下的考虑：首先，国家经济赔偿对于国家而言是一种责任，国家经济赔偿使用的财力都是全民所有的，必须审慎地使用；其次，国家经济赔偿对于公民而言则是一种权利，而任何权利从获得到扩展都有一个渐进的过程。姚洋教授认为，我国迄今三十余年渐进的式改革可被称为“实践的务实主义”。在他看来，渐进改革的哲学基础是对单一和终极真理的否定，因此，它是务实的；同时，渐进改革又以不断的试验为先导，因此，它在行动上又是实践的。[1]

三、国家经济赔偿具有组织性、替代性的重要意义

个体对国家的侵害一般适用刑罚，国家对个体的侵害一般用赔偿解决。在集体中，集体责任大于个人责任，个人责任容易转移由组织承担，因为在集体性下，个体地位缺乏，即便有个体也是在集体性下的个体，受集体约束。当集体中的个人发

---

〔1〕 姚洋：“制度是人类的有意创造”，载《财经》2008年第21期。

生侵害行为造成损害时，组织会出面进行协调，以赔偿损害的方式达成和解。如果组织中个体无力赔偿，组织会先赔付受害人，然后再像侵害人追偿。虽然自改革开放以来，个体与集体已不再像过去那样紧密，个体获得了更多独立性。但集体性和个体性并列仍是我国传统文化中的特色，集体和家庭这样的组织，在我国社会中仍然起着重要作用。到了现代社会，发生在组织或群体之间的纠纷，大多也是以赔偿方式解决。而且在现代社会，各种社会组织正以前所未有速度激增，而正是组织和其他群体数量的增加促进了赔偿性样式的产生和发展。因此，越是个人主义的社会，赔偿越少。[1]群体尤其是商业组织经常被起诉要求损害赔偿。如个人受到商业组织侵害时，他们并不想通过刑罚制裁该组织，而是想以金钱解决。[2]现代社会出现了两种趋势：一种趋势是责任转移，即由个人承担的责任转向由组织承担。另一种趋势是组织依赖。组织的数量和作用日益增长，个人越来越依赖组织，如同中国过去个人依赖家庭一样。在如今这样一个风险社会，依靠一个人的力量可能无法承担风险或抵挡风险。如在灾难面前，个人需要依靠组织的帮助才能渡过难关。因此，用现代法治理念建构起来的法律制裁体系，仍然面临着组织性的影响，不得不接纳赔偿作为一种制裁形式。因此，在进行法律归责设计时如何考量组织性的特点是客观的社会现实。违法责任原则，或是过错责任原则、严格责任或结果责任原则、无错责任原则的分类分领域中的适用有其必要性和合理性，群体的责任大于个人责任，则严格责任和无过错责

---

〔1〕［美］唐纳德·布莱克：《正义的纯粹社会学》，徐昕、田璐译，浙江人民出版社2009年版，第53～54页。

〔2〕［美］唐纳德·布莱克：《正义的纯粹社会学》，徐昕、田璐译，浙江人民出版社2009年版，第54～56页。

任标准经常适用于集体而不是个人，在现代国家，国家救助本质上是一种单向的授益性行政给付行为，事关国家自身存在的正当性的证成。当然，如果经营和管理社会救助完全由政府掌控，单纯通过行政命令分配和调节社会保障资源，必然导致交易成本的增加和效率的低下。救助的供给应避免单一主体社会救助供给的缺陷，针对不同情形充分发挥国家、社会组织、家庭等不同责任性质主体的不同优势，适用不同的归责原则，强调国家、市场、社会组织和家庭之间的互动与补充作用，形成多元化社会救助供给体系。比如我国的严格责任和无过错责任主要是适用于组织（包括公司），很少适用于个人。但是当组织赔偿能力穷尽后，国家会扮演家、组织背后的更大的组织体去履行替代性的责任而承责，这种组织性的特征是国家经济赔偿得以存在且不同于行政赔偿、行政补偿的重要意义所在。

四、国家经济赔偿具有人道性的重要意义

改革开放以来，我国提出要依法治国，建设社会主义法治国家，并弘扬社会主义法治理念。赔偿理论强调对受害人损害的赔偿，以修复受害人的损失。受害人的损害如果得不到赔偿，他们是不会认可正义已经得以实现的。受害人容易对国家、对社会产生怨恨，甚至走向极端，施行报复性犯罪。如果被害人得不到加害人的赔偿又得不到其他补偿，抵触情绪会更严重，很多人会因此上访，而上访又会导致社会的不稳定。因此，切实地赔偿受害人才能抚慰他们。同时，国家也应该建立受害人国家赔偿制度，只有这样才能减少社会仇恨，减少受害人上访。因此，也可以说，国家赔偿制度的人道性增加了人类福利。由于增进人类福利有利于人类互动，实现优质生活，所以，赔偿不仅仅可以减少社会的恶，而且还可以增进、张扬社会的善。

其人道性的最终目的是规范和制约国家权力，并防范侵犯公民人权的行为，继而推进法治进程，实现民主化、法治化，落实宪政的艰巨任务。

五、国家经济赔偿具有人际性、关联性的重要意义

国家经济赔偿作为市场规制法律责任的一种承责方式，关注行为人、受害人和社会的其他共同体，从而凸现其人际性特点；关注行为人与社会情境之间的关联关系，凸现其关联性的特点。因此，国家经济赔偿可以融合报应、威慑和修复的一些优势。报应主义是向后看，即从已然之罪中去寻找惩罚的合理限度。在此意义下，人是目的，人的人权因此而受到正义的法律保护。体现追求社会公正性，人们从确定的预期中去安排自己的生活。威慑主义是向前看，即着眼于未然之罪，以达到防患于未然的目的。但被异化的威慑主义很容易蜕变成改造主义，即使得一切都变得没有稳定预期。在此意义下，人是手段，是达到某种目的的手段，人的权利经常被国家以某种目的侵犯或剥夺。我国自古便有重刑主义历史传统，其用威慑主义控制思想的能力是很强的，一定程度上，这将阻碍报应主义的发展，继而影响修复、赔偿理论的发展。但修复、赔偿的方式作为解决社会纠纷和纷争，也是一种很好的方式时，我们也许不应该漠视这种替代性的方案。当然，鉴于法制系统还未完全建立起来的现实，我国在现阶段以及以后很长一段时间内，仍然还会以报应为基础，而在报应的基础上兼顾威慑、修复和赔偿则是发展的方向。因此，国家经济赔偿的人际性需要去解释、去关注受害人的利益，对受害人的损害给予赔偿有朝后看的特点，因而也强调违法者的“应得”。我们应关注对加害行为的制约，同时关注其权利保障，关注案件的判决可能对社会其他人或共

同体的影响，而在特定的案件中，特别考虑威慑潜在的违法者。建立的制度应体现赔偿也具有威慑力的一面，要充分赔偿受害人，甚至在某些情况下发挥惩罚性赔偿的功能。因为一旦疏忽这种人际性便很可能导致某些公共事件的发生，从而引发民众对司法的质疑或不信任，以及对政府公信力的质疑，这些都是不好的现象。国家经济赔偿的关联性要求我们要将行为人的行为与社会情境或社会背景联系起来，赔偿的额度也应因社会情境或背景而变化，默许处于变量状态下的客观现实。比如在我国即存在责任与法律制裁分离，表达与实践分离的事实现象。我国受大陆法系的影响较重，强调责任与制裁二者的紧密联系。当然，法律责任与法律制裁二者本就有着密切联系，法律制裁是法律责任的实现方式。〔1〕法律责任的存在是实施法律制裁的前提，而法律制裁也可以看作是完整的法律责任的组成部分。〔2〕虽然这在理论上是完整的，但在实践中，基于国家战略和社会情势，常常出现国家的惩罚偏离责任基础的现象；国家随着民意而启动惩罚措施，又常常因为民意的压力而忽视责任或偏离责任基础。

第六节　市场规制主体承担国家经济赔偿责任程序保障

一、市场规制主体承担国家经济赔偿责任的情形

从个人利益和社会公共利益的划分角度看，市场规制主体在行使市场规制权时可能会侵害相对具体的个人利益，同时又

---

〔1〕 张文显主编:《法理学》（第2版），高等教育出版社2005年版，第149页。

〔2〕 朱景文主编:《法理学研究》（下册），中国人民大学出版社2006年版，第842页。

会侵害公共利益（比如竞争秩序、价格秩序、产品质量秩序等）。对于市场规制主体侵害的个人利益，在现有的法律制度框架内是可以得到救济的，如行政复议、行政诉讼及行政赔偿，而对于侵害公共利益的现象则很难得到救济。因此，探索市场主体在履行职责过程中带来公共利益损害时的国家经济赔偿是十分必要的。

现有的制度均受传统“个人利益中心论”的影响，保护相对人的个人利益是行政复议和行政诉讼的共同目标，而公共利益却被排除在外。但是，公共利益和个人是辩证统一、互相依存的关系，即“公共利益作为共性存在于作为个性的个人利益之中，作为个性的个人利益是作为共性的公共利益的特殊表现形式”。〔1〕因此，十分有必要在司法上确立维护公共利益的行政不作为审查机制，英国法院自20世纪50年代起即通过布莱克本和麦克沃特等一系列案件确立了对损害公共利益的行政不作为的司法审查救济机制。即“只要某个公民是该公共利益的享受者对该行政不作为的救济手段已经穷尽时，就有权向法院起诉，请求颁发执行令”。〔2〕据此，我国市场中竞争主管机关逾期不对违反经济法律制度的不正当竞争者进行规制，价格主管机关对于哄抬物价如“蒜你狠”“姜你军”等现象不予处罚或放任不管，即可被认定为损害了公共利益和社会秩序。虽然我国新修改的《民事诉讼法》增加规定，对污染环境、侵害众多消费者合法权益等损害社会公共利益的行为，法律规定的机关、有关组织可以向人民法院提起诉讼，但是该规定是解决民事主

---

〔1〕周佑勇：“论行政不作为的救济和责任”，载《法商研究》1997年第4期。

〔2〕［英］丹宁：《法律的训诫》，杨百揆、刘庸安译，群众出版社1985年版，第133页。

体侵害社会公共利益的问题，而非市场规制主体侵害社会公共利益的问题。在我国虽然某个系统、某个管理领域存在国家经济赔偿的规定，如海关总署发布的《中华人民共和国海关行政赔偿办法》（2003 年）第 6 条规定："海关及其工作人员有下列违法行使行政职权，侵犯公民、法人或者其他组织财产权情形之一的，受害人有取得赔偿的权利：……（七）对扣留的货物、物品、运输工具或者其他财产不履行保管职责，严重不负责任，造成财物毁损、灭失的，但依法交由有关单位负责保管的情形除外；（八）违法拒绝接受报关、核销等请求，拖延监管，故意刁难，或不履行其他法定义务，给公民、法人或者其他组织造成财产损失的；……（十）造成财产损害的其他违法行为。"但是，这些规定往往仅适用于某个系统、某个管理领域内部，而没有延伸至其他系统和领域。因此，将国家经济赔偿责任加之于市场规制主体极为必要。而将国家经济赔偿责任适用于市场规制主体的前提是必须对市场规制主体侵害社会公共利益的情形加以定型化。

在行政法学领域，学者们将行政不作为分为依申请的行政不作为和依职权的行政不作为，违反程序的行政不作为与形式作为而实质不作为的行政行为。这些分类对于经济法中市场规制主体的不作为具有十分重要的借鉴意义。依申请的行政不作为主要出现在市场规制法中的包括市场主体一般准入、特殊准入和产品准入在内的市场准入规制之中。依职权的行政不作为主要出现在市场规制主体对竞争行为、价格行为、质量行为及包括证券市场、保险市场、期货市场、房地产市场等在内的特殊要素市场的监督、检查和处理过程中。违反程序的行政不作为与形式作为而实质不作为的行政行为则在市场规制的各项当中均有可能存在。之所以要通过国家经济赔偿责任对市场规制主体的不作为加以克服是基于这样的法理——市场规制机关作为市场秩序的管理者和执法者均负有主观上的注意义务，〔1〕以防止管理权和执法权行使中给受害者造成经济损害结果的发生。“这种注意义务实际上就是要求行政机关尽心尽责地履行职责、执行职务，以保护受害人的权益，实现其‘防止危险责任’。”〔2〕下面，笔者将重点探讨市场规制主体怠于履行职责的不作为和形式作为而实质不作为的不作为。

市场规制主体怠于履行职责，简单地说，是指对市场规制机关及其工作人员依其职责，对市场主体、市场竞争、产品质量及要素市场有特定的作为义务，在有能力、有条件履行的情况下不履行、拖延履行或不完全履行作为义务的情形。例如，在“黄勇与海南省儋州工商行政管理局不履行法定职责行政争议纠纷上诉案”（海南省海南中级人民法院，［2008］海南行终字第117号）中，上诉人申请开业登记，被上诉人认为上诉人提供的经营场地属违章建筑，作出《设立登记不予受理通知书》。法院认定，儋州工商行政管理局对军屯建材市场属违章建筑的认定属越权行为，亦不符合事实，儋州工商行政管理局不予受理开业登记申请属不履行法定职责的不作为行为，判决儋州工商行政管理局限期对黄勇的工商登记申请履行法定职责。

一般来说，市场规制主体怠于履行职责必须具备以下要件：①主体必须是负有市场规制权的机关及其工作人员。②市场规制主体及工作人员负有特定的作为义务。这种作为义务的来源

〔1〕 这种注意义务有别民法上的注意义务，市场规制主体的专业水平、判断能力、防止妨害发生的能力要远远高于民法中“一般人”，因此市场规制机关及其工作人员的注意义务应当是管理者标准或者“水平”的注意义务，其要求显然要比民法上的注意义务更高、更严格。

〔2〕 杨小军：“怠于履行行政义务及其赔偿责任”，载《中国法学》2003年第6期。

或依据是多元化的，包括市场规制法律规范的直接规定和间接规定、对外公开但不违反法律规范明文规定的市场规制主体自我约束性规定（工作程序规则、纪律要求、廉政规定、服务承诺）、市场规制惯例、与市场规制有关的合同约定、市场规制机关的先行行为、已经生效的法律文书。而且，其原则上是市场规制主体一种特定的负担，是为了社会公益而承担的作为义务。③怠于履行职责的客观表现主要是不履行、拖延履行或不完全履行作为义务。不履行作为义务，例如对许可申请人不予理睬、拒绝办理工商登记等。拖延履行作为义务，例如政府在签订土地使用权出让合同以后，迟迟不实际交付土地给开发商进行开发利用。不完全履行作为义务，例如工商部门在查处违法生产伪劣商品时对生产大楼一层没有彻底清查，以致一些伪劣商品流入市场给消费者造成损失。④怠于履行职责的违法阻却事由不是不可抗力等客观原因。⑤市场规制主体对于损害结果具有预见可能性。市场规制主体对于损害结果具有预见可能性是指市场规制主体对于危险的发生能够预见，或者具有容易预见的可能性。在抽象危险和具体危险上，市场规制主体的预见能力要求是不一样的，比如食品药品等与公害相关的产品领域对市场规制主体的预见可能性义务要求显然较高，即根据当时社会的通念或者常识，一旦能够认定存在一般意义上的危险可能，即要求市场规制主体应当对此作出预见。换言之，一旦产品可能造成一般意义上的危害结果，尽管还没有相对应的具体危害结果或者结果倾向，市场规制主体也仍应当对其作出监管。而对于具体危险，则应根据案件当时的事实状况和行政机关的认识程度等来判断市场规制主体是否具有预见能力。⑥市场规制主体具有避免损害发生的可能性。市场规制具有避免损害发生的可能性是指行政机关通过行使规制权限而能够容易地避免损害结果的能力。在食品药品等与公害相关的产品领域存在抽象危险的场合，市场规制主体具有避免损害发生的可能性是绝对的，是不需要根据具体案例中市场规制主体的经济条件或者人员配备等情况进行判断的。而在一般的具体危险场合，则必须从市场规制主体的经济能力、当时所掌握的科技能力和水平及当时的人员配备等情况综合考量来判断市场规制主体是否具备避免损害发生的可能性。⑦相对人对于市场规制主体的行为具有期待可能性。相对人对于市场规制主体的行为具有期待可能性是指基于社会通念，国民对于市场规制主体行使权限的行为具有期待，享有信赖。此处的期待可能性并非是指具体被害者，而是指社会一般民众对市场规制主体在相应情形下的规制行为是否存在可期待性。并且，这种期待可能性必须符合成本效益评价标准以及作为受害者自力救济的补充机能。在抽象危险存在的领域，与公害相关的产品往往会产生极大的社会成本，受害者自力救济几乎不可能将这种危险降至最低，依靠行政机关将危险加以防范是切实可行的。⑧受损法益具有重大性。虽然日本学者对于重大法益的解读定位于生命、身体和重大财产，但是在国家赔偿的相关司法实践中对于财产的认定却较为罕见。但是，针对竞争执法、产品质量执法、产品安全执法等市场规制中给受害者带来的经济利益损失，笔者认为应该对这种受损法益予以扩大化，而不应仅限于生命、身体和重大财产。

所谓形式作为而实质不作为的行政行为是指行政主体虽然启动了行政程序但是并未实质性地履行法定义务的行为。[1]形式作为而实质不作为在市场规制中的主要表现是市场规制主体的方法、措施、手段不当，或者未尽到注意义务，或者根本就

---

〔1〕 黄学贤："形式作为而实质不作为行政行为探讨——行政不作为的新视角"，载《中国法学》2009年第5期。

未进行实质性行为。形式作为而实质不作为的市场规制行为必须具备以下构成要件：第一，市场规制主体负有法定义务，这是该行为的前提条件；第二，市场规制主体在形式上已经有作为表现，这是该行为的形式表现，也是其区别于市场主体怠于履行规制义务的特征所在；第三，市场规制主体在实质上并没有达成法定的目标，且这种未达成是由市场规制主体具有达成的可能性而由于其主观上的原因而造成的，这是该行为的核心要件。比如奶粉事件、矿难事件等，都是由有关行政机关已经查处却没有执行到底而导致的。对此，应当追究市场规制主体因形式作为而实质不作为而产生的违法责任。为了禁止东方红煤矿的越界开采行为，陕西省横山县矿管局曾经勒令煤矿停产整顿，但短暂的整顿并没有挡住煤矿的违法行为，越界开采甚至反而愈演愈烈。对此，横山县矿管局局长表示："现在煤炭是这样的价格，我们又不是警察，天天坐在井口，我们人力又有限，所以我认为，我们在管理上是尽力了。"〔1〕

二、市场规制主体承担国家经济赔偿责任的程序

1. 负有赔偿义务的市场规制主体先行处理程序

对于国家行政赔偿纠纷，现行法律一般都设置了行政先行处理的程序。所谓的行政赔偿先行处理制度是指行政机关及其工作人员的侵权行为已经被依法确认，赔偿请求人仅就赔偿问题提出请求的处理制度。法国称之为"预先决定准则"。即"预先决定准则乃是起诉人的一种义务，也就是说，起诉政府部门之前，必须先请该机关就其打算提交法官的诉求作出一个决定，

〔1〕"煤矿非法开采掏空村庄 村民维权却遭判赔百万"，载《报刊文摘》2008年9月22日。

若不具有政府部门的这一决定，起诉就会被拒绝受理”。[1]《美国联邦侵权赔偿法》第2675条规定：“诉合众国的，因政府雇员在其职务或雇佣范围内活动的疏忽或错误的作为与不作为引起的财产破坏和损失或人身伤害或死亡而提起的金钱赔偿请求，只有首先向适当的联邦机构提起并被该机关以书面形式最终拒绝，该拒绝以证明或挂号邮件送达时，法院才受理。”[2]

从国外经验看，行政赔偿先行处理一般通过“决定式”或者“协商式”两种方式结案。“决定式”完全由行政机关单方面决定，而“协商式”则采用协议契约的方式解决行政赔偿数额等内容。我国《国家赔偿法》第9条第2款规定：“赔偿请求人要求赔偿应当先向赔偿义务机关提出。”受害人应当先向赔偿义务机关提出赔偿请求，遵循“先行处理程序”的原则。实践中，行政赔偿义务机关多采用“决定式”。如《工商行政管理机关赔偿实施办法》第19条规定：“法制机构可以根据认定的事实，提出处理意见，报局长或提交局长办公室决定。”但是，行政赔偿先行处理组织没有统一、固定的模式，因而很难用具体的结构形式加以界定。归纳起来，行政先行处理方式主要三：一是由行政赔偿义务机关中原作出行政行为的工作人员在其他工作人员的协助下对行政赔偿作出处理决定；二是行政赔偿义务机关临时指定有一定行政级别的工作人员负责组成行政赔偿案件处理小组；三是行政赔偿义务机关设立专门的机构并配备专门工作人员来处理行政赔偿案件，实践中替代方式是由设立的法制办、科来处理。对于赔偿义务机关的先行处理，有学者

〔1〕［法］让·里韦罗、让·瓦利纳：《法国行政法》，鲁仁译，商务印书馆2008年版，第833页。

〔2〕行政立法研究组：《外国国家赔偿、行政程序、行政诉讼法规汇编》，中国政法大学出版社1994年版，第7页。

关注到了行政决定在解决国家赔偿中的效率，如“行政法一方面，它要进行法律管理，即依法行使管理权。另一方面，效率管理，即依法行使权力的基础上，注意寻找行政管理中的规律，发现最佳答案，以最小的消耗换来最大的社会效益。法律管理与效率管理两者相辅相成，密不可分”。[1]但笔者看来，对赔偿行政先行处理的效益评价也是建立在行政机关能基于维护国家与公民利益的目的客观公正的处理赔偿问题的基础上的。只是这个基础往往难以经受来自实践和正义主张学者的质疑。如有学者认为：“在行政赔偿先行处理程序中，赔偿义务机关既是侵权机关，又是赔偿决定机关，没有基本的公正性”；[2]“将义务赔偿机关先行处理作为国家赔偿的前置程序，就如同最初将行政复议作为行政诉讼的前置程序一样，不利保护当事主体的合法权益”；[3]“根据程序正义的基本要求：任何人不能成为自己案件的法官，行政机关的先行处理恰恰是由行政赔偿义务机关自身来判断双方的是非，从而做出决定，这正好违背了程序正义的要求。再从双方的地位来看，一方为强，一方为弱，两者地位明显不平等，让强者来处理双方的纠纷，弱者只能接受强者作出的决定，这样处理行政赔偿的方式让人难于相信它的公正性”。[4]在笔者看来，并非所有国家赔偿问题都需要到法院解决，赔偿义务机关先行处理程序仍然有存在的必要，仍然

〔1〕 关保英：《行政法的价值定位》，中国政法大学出版社 1997 年版，第 166～167 页。

〔2〕 参见马怀德主编：《完善国家赔偿立法基本问题研究》，北京大学出版社 2008 年版，第 167 页。

〔3〕 肖金明：“完善和发展国家赔偿制度——基于公民权益救济的立场、赔偿与补偿协调的角度”，载《山东大学学报》2010 年第 3 期。

〔4〕 高云：“浅议我国行政赔偿制度存在的问题及其完善”，载《辽宁行政学院学报》2006 年第 5 期。

是解决国家赔偿问题的一个主要渠道，关键是在认知先行处理程序和机制的制度规定缺陷基础上我们要如何去改造它。纵观《国家赔偿法》和《行政诉讼法》我们不难发现，国家赔偿的先行处理程序存在以下问题：对行政赔偿机关是否可以依职权提起行政赔偿并没有明确的规定；对行政赔偿先行处理申请受理时间的确认方式等没有专门的规定，这为实践中赔偿义务机关因程序上的漏洞而采用不确定受理时间的方式来搁置、拖延赔偿以损害赔偿请求人合法权益提供了机会；对赔偿先行处理时的调查、听取意见、处理决定等程序性事项均没有规定；对行政赔偿义务机关不按时履行自己作出的决定与协议时能否申请法院强制执行没有规定；等等。其实，这些问题反映出了赔偿义务机关先行处理的权力过大、程序不透明，以及程序参加人的参与权、听证权、监督权的缺位。

针对上述实践做法及部分缺陷，为了使二者有机结合起来，我们必须引入国家经济赔偿协商制度，让赔偿请求人亲自参加赔偿决定过程，使其在行政赔偿先行处理程序中充分表达自己的意见，在与赔偿义务机关平等协商的基础上获得赔偿决定。新《国家赔偿法》在“决定式”的先行处理制度基础之上新增了协商程序规定，即赔偿义务机关应当在充分听取赔偿请求人的意见的基础上作出赔偿决定，并可以就赔偿方式、赔偿项目和赔偿数额与赔偿请求人依照相关的规定进行协商；对作出不予赔偿决定的规定了程序性的要求，即应当书面通知赔偿请求人，并说明不予赔偿的理由。《国家赔偿法》第 13 条规定：“赔偿义务机关应当自收到申请之日起两个月内，作出是否赔偿的决定。赔偿义务机关作出赔偿决定，应当充分听取赔偿请求人的意见，并可以与赔偿请求人就赔偿方式、赔偿项目和赔偿数额依照本法第四章的规定进行协商。赔偿义务机关作出不予赔偿决定的，应当书面通知赔偿请求人，并说明不予赔偿的理由。”至于先行处理还是先行协商这个问题，笔者认为，我国应该在行政赔偿先行处理程序启动后首先采用协商式，协议不成后再在已经掌握的事实基础上以决定的方式处理国家经济赔偿纠纷。

协商程序，是受公权力不法侵害的权利人请求行政机关加以赔偿，而由赔偿义务机关与请求权人充分自由、平等地协议，就其是否有赔偿责任及损害赔偿的方法谋求一致的意见。这个程序最为核心的制度设计就是如何使赔偿义务机关与受侵害的权利人进行协商而达成赔偿协议。

《国家赔偿法》第12条规定了国家经济赔偿程序由赔偿请求人发起，以请求人向赔偿义务机关递交书面赔偿申请为开始标志。但该条却没有明确规定何为有效的先行处理请求。《国家赔偿法》第13条规定，义务机关经审理受理赔偿申请之后，承案机构应将协商时间、地点书面通知赔偿请求人，若有共同赔偿机关，应通知该机关，有具体实施侵权行为而应受到行政追偿的公务人员的，还应通知该责任人员到场参加协商事宜。同时规定协商内容为赔偿方式、赔偿项目和赔偿数额。对于协商内容有人主张不必仅限于“赔偿方式、赔偿项目和赔偿数额”，二者可以就侵权事实与理由、损害程度进行协商。[1]在笔者看来，只要双方协议事项不损害国家公共利益和他人合法权益，都应当允许双方进行自由、平等、充分的协商。其次，应全面明确协商达成协议的法律后果：①赔偿义务机关与赔偿请求人在赔偿方式、赔偿项目和赔偿数额等方面达成一致协议的，应制作国家经济赔偿协议书，双方签名盖章，协议产生效力。

[1] 许林华、杨林芹：“行政赔偿‘先行处理’协商程序探析”，载《广西政法管理干部学院学报》2008年第3期。

②协商不成功，协商承办机构作出协商决定书，赔偿请求人对该决定书不服，可以提起诉讼。③如果达成的协议显然违反了《合同法》第 52 条规定，应当被定位无效协议：以欺诈、胁迫的手段或乘人之危使对方在违背真实意思的情况下达成协议；恶意串通损害他人利益；损害公共利益等情形的。针对赔偿义务机关不履行行政赔偿协议的问题，现行的规范中也采取了比较保守的规定。例如，《海关行政赔偿办法》第 37 条规定："赔偿义务机关应当履行行政赔偿决定，行政赔偿协议、行政复议决定以及发生法律效力的行政赔偿判决、裁定或调解书。赔偿义务机关不履行或者无正当理由拖延履行的，上一级海关应当责令其限期履行。"《民航行政机关行政赔偿办法》第 33 条也规定："赔偿义务机关不履行或者无正当理由拖延履行的，上一级民航行政机关应当责令其限期履行。"在笔者看来，在今后的立法中可以采取三种措施：一是加大对赔偿义务机关履行国家经济赔偿协议的监督力度；二是设立独立的国家经济赔偿财政基金，所有应由国家承担的经济赔偿额均从该账户中支出，此基金管理可直接由财政部负责；三是人民法院从自管的赔偿经费中直接划拨，因为法院自管的赔偿经费也是来自国库专项支出。

2. 向法院提起诉讼

协商不成功，协商承办机构作出协商决定书，赔偿请求人对该决定书不服，可以提起诉讼。但是，法院对赔偿请求人的资格认定甚为严格，为了维护公共利益，迎合我国当前建设社会主义法治国家的实践，原告诉讼资格标准的解释口径需要适当放宽。一是应取消对原告主体资格的不恰当限制，将间接利害关系人纳入原告范围。二是应扩充诉讼利益解释范围。行政不作为国家赔偿诉讼应从保障"私人利益"转向"私人利益公共利益兼顾"，在公益与私益出现竞合时，受害人可以主张任一利益受到侵害向法院提起诉讼。三是为了防止法院面临无穷无尽的诉讼“洪水”以及将市场规制机关在内的行政机关从诉讼“泥潭”中解救出来，还必须限制国家无限的经济赔偿，将“法律上的利害关系”无限扩大化。

三、市场规制主体承担国家经济赔偿责任的范围

《最高人民法院关于公安机关不履行法定行政职责是否承担行政赔偿责任问题的批复》（法释［2001］23号）指出：“由于公安机关不履行法定行政职责，致使公民、法人和其他组织的合法权益遭受损害的，应当承担行政赔偿责任。在确定赔偿的数额时，应当考虑该不履行法定职责的行为在损害发生过程和结果中所起的作用等因素。”由此可以看出，在确定国家经济赔偿责任范围的时必须坚持因果关系，即由国家承担的经济损失必须是由市场规制主体不履行法定职责造成的。

市场规制主体的不作为赔偿应遵循“无损害即无赔偿”的准则。在市场规制主体不作为国家经济赔偿案件中，对于赔偿范围的确定必须坚持以财产损害、直接损害、既得利益损害为一般认定原则，以非财产性损害、间接损害、可得利益损害为特殊原则。行政许可等授益性不作为赔偿范围适用一般认定原则，限于财产性既得利益直接损害。行政合同相对人对于合同履行享有可得利益与信赖利益，若行政机关不作为致使合同履行不能，必将损害相对人可得利益与信赖利益，故行政合同不作为赔偿范围应当将可得利益损害包含在内。[1]

〔1〕王必伟、王乐：“反思与构想：行政不作为国家赔偿司法审查规则之新考量”，全国法院系统第二十二届学术讨论会征文，2010年7月。

本章小结

本章对市场规制法中的市场规制权主体法律责任进行了分析，内容涉及市场规制的界定、市场规制权运行的理论基础、基于主体标准产生的市场规制权类型化、市场规制权控制的途径、市场规制权主体法律责任的识别及归责原则、国家经济赔偿责任对现有市场规制权主体法律责任的突破、市场规制权主体国家经济赔偿责任实现的保障等。在市场经济活动中，市场规制权应当是一种经济法律权力。理清市场规制权的运行基础（市场失灵与政府失灵）、基本类型及其与市场规制权主体法律责任的关系，将有助于在法律的框架范围内，促进行使市场规制权的经济权力主体与被规制的经济权利主体在既对抗又合作的复杂关系中形成良性互动，实现社会整体利益的保护。市场规制权控制可以通过程序控权、法律责任制裁及传统文化的影响实现。就法律责任制裁途径而言，市场规制权力主体承担的法律责任具有过去责任和预期责任的特点，并强调过去责任和预期责任的互动性，特别关注对团体责任的规制尤其注重预期责任的设计。当市场规制活动中发生的违法、违规或不作为的市场规制行为造成的私人成本、社会成本问题时，还应当引入国家经济赔偿责任对经济法中的民事责任、行政责任和刑事责任予以修正。与宏观调控重在调控不同，市场规制重在执行。特殊种类的市场规制且具有宏观调控效果的市场监管中，参照宏观调控领域中的归责原则，而市场规制领域中，则应当以违法归责为主，结果为辅的归责原则。市场规制权主体的国家赔偿责任具有组织性、替代性、人道性、人际性和关联性，是依法规范市场规制权、防范怠于行使市场规制权的有效途径。当市场规制权主体出现依职权不作为而给受害人带来经济损害时，国家经济赔偿责任是可以通过行政决定和协商程序加以保障的。

结 语 

人应该都是有七情六欲的，这是自然而然的，人性中的忽明忽暗，启发人类不断地尽量利用法律和其他的社会控制，压抑每个人都具有的人性黑暗的一面，并发挥人性光明的一面。经济法中权力主体手中握着权力这把"魔剑"，一方面可以克服市场的肆意妄为，另一方面也带来了政府失灵的困境。稍一剑走偏锋，不仅会造成市场主体的利益损失，有时也会将公共利益击得粉碎。控制这把"魔剑"除了靠程序、文化传统之外，还要有另一副有力的枷锁——法律责任。经济法中权力主体除了承担它法责任（如刑事责任、民事责任、行政责任外），还承担着经济法自有的责任形式。法治在进步，权力主体的责任形式不断得到修正，权力主体的责任体系也在逐渐地完善起来。宏观调控主体和市场规制主体在潜移默化地规范着自己的权力，通过承担的责任意图将带给个人、社会的损失最小化。对宏观调控主体和市场规制主体的现有责任加以超越和优化是国家经济赔偿责任。因为国家经济赔偿责任反映出的是"服务国家""福利国家""经济国家""保障国家""税收国家""财政国家""规制国家"的逻辑思维和面相特征。所以，本书尝试将国家经济赔偿责任引入经济法中权力主体的法律责任体系以便对现有责任形式进行优化。但是，宏观调控主体的国家经济赔偿责任的追责机制却面临着建构问题，而市场规制主体的国家经济赔偿责任却面临着实体和程序的完善问题。笔者认为，提出一种解决问题的路径是重要的，但更重要的应该是如何实现这种路径。所以，如何使国家经济赔偿责任在宏观调控法和市场规制法中得以贯彻落实，应该是以后关于经济法权力主体国家经济赔偿研究的趋势和方向。

参考文献 

一、中文类

(一) 专著

[1] 杨紫烜主编:《经济法》(第4版),北京大学出版社、高等教育出版社2011年版。

[2] 李昌麒:《经济法——国家干预经济的基本法律形式》,四川人民出版社1999年版。

[3] 李昌麒主编:《经济法学》(第2版),法律出版社2008年版。

[4] 李昌麒主编:《经济法理念研究》,法律出版社2009年版。

[5] 李昌麒主编:《经济法学》(第4版),中国政法大学出版社2011年版。

[6] 刘大洪:《反不正当竞争法》,中国政法大学出版社2005年版。

[7] 吴汉东总主编,刘大洪主编:《经济法学》,北京大学出版社2007年版。

[8] 刘大洪:《法经济学视野中的经济法研究》(第2版),中国法制出版社2008年版。

[9] 刘大洪主编:《经济法学》,中国法制出版社2008年版。

[10] 漆多俊:《经济法基础理论》(第4版),武汉大学出版社2008年版。

[11] 漆多俊主编:《经济法学》(第2版),武汉大学出版社2010年版。
[12] 吕忠梅、刘大洪:《经济法的法学与经济学分析》,中国检察出版社1999年版。
[13] 吕忠梅等:《规范政府之法——政府经济行为的法律规制》,法律出版社2001年版。
[14] 吕忠梅、陈虹:《经济法原论》(第2版),法律出版社2008年版。
[15] 王保树主编:《经济法原理》(第2版),社会科学文献出版社2004年版。
[16] 胡光志:《人性经济法论》,法律出版社2010年版。
[17] 罗豪才:《软法与公共治理》,北京出版社2006年版。
[18] 罗豪才、宋功德:《软法亦法:公共治理呼软法之治》,法律出版社2009年版。
[19] 吴敬琏、江平主编:《规范评论:垄断与国有经济进退》,上海三联书店2011年版。
[20] 王全兴主编:《经济法前沿问题研究》,中国检察出版社2004年版。
[21] 侯怀霞、张慧平:《市场规制法律问题研究》,复旦大学出版社2011年版。
[22] 冯辉:《论经济国家——以经济法学为语境的研究》,中国政法大学出版社2011年版。
[23] 张世明:《经济法学理论演变研究》,中国民主法制出版社2009年版。
[24] 毛寿龙、李梅:《有限政府的经济分析》,上海三联书店2000年版。
[25] 韩志红等:《经济法权研究》,武汉大学出版社2012年版。
[26] 梁治平:《国家、市场、社会:当代中国的法律与发展》(第

7版)，中国政法大学出版社2006年版。
[27] 张守文:《经济法理论的重构》，人民出版社2004年版。
[28] 肖江平:《中国经济法学史研究》，人民法院出版社2002年版。
[29] 高小勇主编:《经济学帝国主义》(第4卷)，朝华出版社2005年版。
[30] 张曙光:《经济制裁研究》，上海人民出版社2010年版。
[31] 石佑启、刘嗣元:《最新国家赔偿法新论》，武汉大学出版社2010年版。
[32] 杨小君:《国家赔偿法律问题研究》，北京大学出版社2005年版。
[33] 陈彬等:《刑事被害人救济制度研究》，法律出版社2009年版。
[34] 王瑞君:《刑事被害人国家补偿研究》，山东大学出版社2011年版。
[35] 董文蕙:《犯罪被害人国家补偿制度基本问题研究》，中国检察出版社2012年版。
[36] 曾隆兴:《详解损害赔偿法》，中国政法大学出版社2004年版。
[37] 张红:《司法赔偿研究》，北京大学出版社2007年版。
[38] 陈瑞华:《程序性制裁理论》，中国法制出版社2010年版。
[39] 金福海:《惩罚性赔偿制度研究》，法律出版社2008年版。
[40] 邱兴隆:《关于惩罚的哲学》，法律出版社2000年版。
[41] 谢晓尧:《竞争秩序的道德解读》，法律出版社2005年版。
[42] 郑曙光、汪海军:《市场管理法新论》，中国检察出版社2005年版。
[43] 杨祖功等:《国家与市场》，社会科学文献出版社1999年版。
[44] 罗洪洋:《比较法律文化》，贵州人民出版社2001年版。

[45] 季卫东：《法治秩序的建构》，中国政法大学出版社1999年版。
[46] 季卫东：《正义思考的轨迹》，法律出版社2007年版。
[47] 苏力：《也许正在发生：转型中国的法学》，法律出版社2004年版。
[48] 刘水林：《经济法基本范畴的整体主义解释》，厦门大学出版社2006年版。
[49] 强世功：《法律的现代性剧场——哈特与富勒论战》，法律出版社2006年版。
[50] 强世功：《惩罚与法治——当代法治的兴起（1976~1981）》，法律出版社2009年版。
[51] 陈乃新：《经济法权利研究》（第1卷），中国检察出版社2007年版。
[52] 张文显：《法学基本范畴研究》，中国政法大学出版社1993年版。
[53] 张文显：《法哲学范畴研究》（修订版），中国政法大学出版社2001年版。
[54] 张文显主编：《法理学》（第2版），高等教育出版社2005年版。
[55] 刘星：《法律是什么?》，中国政法大学出版社1998年版。
[56] 刘星：《语境中的法学与法律——民主的一个叙事立场》，法律出版社2001年版。
[57] 孙笑侠：《程序的法理》，商务印书馆2005年版。
[58] 李龙主编：《西方法学经典命题》，江西人民出版社2006年版。
[59] 陈景辉：《法律的界限——实证主义命题群之展开》，中国政法大学出版社2007年版。
[60] 邓正来：《谁之全球化？何种法哲学——开放性全球化观与

中国法律哲学建构论纲》，商务印书馆2009年版。
[61] 燕树棠：《公道、自由与法》，清华大学出版社2006年版。

（二）译著

[1] [英] 大卫·休谟：《人类理解研究》，关文运译，商务印书馆2007年版。
[2] [德] 马克斯·韦伯：《经济与社会》（上、下卷），林荣远译，商务印书馆1997年版。
[3] [德] 马克斯·韦伯：《论经济与社会中的法律》，张乃根译，中国大百科全书出版社1998年版。
[4] [澳] 迈克尔·R. 达顿：《中国的规制与惩罚——从父权本位到人民本位》，郝方昉、崔杰译，清华大学出版社2009年版。
[5] [英] 弗里德里希·冯·哈耶克：《经济、科学与政治——哈耶克论文演讲集》，冯克利译，江苏人民出版社2003年版。
[6] [美] 奥利弗·霍姆斯：《法律的生命在于经验：霍姆斯法学文集》，明辉译，清华大学出版社2007年版。
[7] [美] 朗·富勒：《法律的道德性》，郑戈译，商务印书馆2005年版。
[8] [美] 劳伦斯·M. 弗里德曼：《经济学语境下的法律规则》，杨欣欣译，法律出版社2004年版。
[9] [美] 劳伦斯·M. 弗里德曼：《法律制度——从社会科学角度观察》，李琼英、林欣译，中国政法大学出版社2004年版。
[10] [德] 尤尔根·哈贝马斯：《在事实与规范之间：关于法律和民主法治国的商谈理论》，童世骏译，生活·读书·新知三联书店2003年版。
[11] [日] 金泽良雄：《经济法概论》，满达人译，甘肃人民出版社1985年版。
[12] [法] 阿莱克西·雅克曼、居伊·施朗斯：《经济法》，宇泉译，商务印书馆1997年版。

[13] [苏] B. B. 拉普捷夫主编:《经济法理论》,中国人民大学法律系民法室编译,中国人民大学出版社 1981 年版。

[14] [德] 罗尔夫・斯特博:《德国经济行政法》,苏颖霞、陈少康译,中国政法大学出版社 1999 年版。

[15] [美] 丹尼尔・F. 史普博:《管制与市场》,余晖等译,上海三联书店、上海人民出版社 1999 年版。

[16] [美] 罗伯特・考特、托马斯・尤伦:《法和经济学》,张军等译,上海三联书店、上海人民出版社 1995 年版。

[17] [美] 理查德・A. 波斯纳:《法律的经济分析》(上、下册),蒋兆康译,中国大百科全书出版社 1997 年版。

[18] [英] 弗里德里希・冯・哈耶克:《自由宪章》,杨玉生等译,中国社会科学出版社 1999 年版。

[19] [美] 罗纳德・H. 科斯、阿曼・A. 阿尔钦、道格拉斯・C. 诺斯:《财产权利与制度变迁——产权学派与新制度学派译文集》,上海三联书店、上海人民出版社 1994 年版。

[20] [英] 安东尼・阿特金森、[美] 约瑟夫・斯蒂格里茨:《公共经济学》,蔡江南等译,上海三联书店、上海人民出版社 1994 年版。

[21] [美] 凯斯・R. 孙斯坦:《自由市场与社会主义》,乔聪启、胡爱平、金朝武译,中国政法大学出版社 2002 年版。

[22] [日] 丹宗昭信、伊从宽:《经济法总论》,吉田庆子译,中国法制出版社 2010 年版。

[23] [德] 阿尔图・考夫曼:《法律哲学》,刘辛义译,法律出版社 2003 年版。

[24] [德] 黑格尔:《法哲学原理》,范扬、张企泰译,商务印书馆 1997 年版。

[25] [英] 马克・布劳格:《经济学方法论》,黎明星、陈一民、季勇译,北京大学出版社 1990 年版。

[26] [美] 查尔斯·A. 比尔德:《美国宪法的经济观》,何希齐译,商务印书馆2011年版。

[27] [美] 丹尼尔·贝尔:《资本主义文化矛盾》,生活·读书·新知三联书店1992年版。

[28] [美] 约翰·马丁·费舍、马克·拉维扎:《责任与控制——种道德责任理论》,杨绍刚译,华夏出版社2002年版。

[29] [美] 杰克·奈特:《制度与社会冲突》,周伟林译,上海人民出版社2009年版。

[30] [英] 汉斯·凯尔森:《法与国家的一般理论》,沈宗灵译,中国大百科全书出版社2003年版。

[31] [英] 安东尼·奥格斯:《规制:法律形式与经济学理论》,中国人民大学出版社2009年版。

[32] [英] H. L. A. 哈特:《法律的概念》,张文显等译,中国大百科全书出版社2003年版。

[33] [美] 约翰·菲尼斯:《自然法与自然权利》,董娇娇等译,中国政法大学出版社2005年版。

[34] [美] E. 博登海默:《法理学——法律哲学与法律方法》,邓正来译,中国政法大学出版社1999年版。

[35] [英] 丹尼斯·罗伊德:《法律的理念》,张茂柏译,新星出版社2006年版。

[36] [德] 托马斯·莱塞尔:《法社会学导论》,高旭军等译,上海人民出版社2008年版。

[37] [美] 唐纳德·J. 布莱克:《法律的运作行为》,唐越、苏力译,中国政法大学出版社2004年版。

[38] [德] 京特·雅科布斯:《规范·人格体·社会——法哲学前思》,冯军译,法律出版社2007年版。

[39] [美] 理查德·A. 波斯纳:《并非自杀契约——国家紧急状态时期的宪法》,苏力译,北京大学出版社2010年版。

[40] [美] 理查德·A. 波斯纳:《正义/司法的经济学》,苏力译,中国政法大学出版社2002年版。
[41] [美] 埃里克·A. 波斯纳《法律与社会规范》,沈明译,中国政法大学出版社2004年版。
[42] [德] 柯武刚、史漫飞:《制度经济学——社会秩序与公共政策》,韩朝华译,商务印书馆2002年版。
[43] [美] H. C. A. 哈特:《惩罚与责任》,王勇等译,华夏出版社1989年版。
[22] [德] 康德:《法的形而上学原理——权利的科学》,沈叔平译,商务印书馆1991年版。
[44] [德] 康德:《道德的形而上学原理》,苗力田译,上海人民出版社1986年版。
[45] [澳] J. J. C. 斯马特、B. 威廉斯:《功利主义:赞成与反对》,中国社会科学出版社1992年版。
[46] [英] 边沁:《道德与立法原理导论》,时殷弘译,商务印书馆2000年版。
[47] [英] 约瑟夫·拉兹:《法律体系的概念》,吴玉章译,中国法制出版社2004年版。
[48] [德] 黑格尔:《法哲学原理》,范扬、张企泰译,商务印书馆1961年版。
[49] [美] 唐纳德·布莱克:《正义的纯粹社会学》,徐昕、田璐译,浙江人民出版社2009年版。
[50] [澳大利亚] 皮特·凯恩:《法律与道德中的责任》,罗杰华译,张世泰校,商务印书馆2008年版。
[51] [法] 埃米尔·涂尔干:《社会分工论》,渠东译,生活·读书·新知三联书店2008年版。
[52] [美] 罗伯特·阿克赛尔罗德:《合作的进化》,吴坚忠译,上海世纪出版集团2009年版。

[53] [美] 罗斯科·庞德:《通过法律的社会控制》,商务印书馆2008年版。
[54] [美] 艾伯特·O. 赫希曼:《转变参与——私人利益与公共行动》,上海人民出版社2008年版。
[55] [法] 卢梭:《社会契约论》,何兆武译,商务印书馆2001年版。
[56] [法] 孟德斯鸠:《论法的精神》(上册),张雁深译,商务印书馆1961年版。
[57] [美] 丹尼尔·W. 布罗姆利:《充分理由——能动的实用主义和经济制度的含义》,简练等译,上海人民出版社2008年版。
[58] [美] 曼瑟尔·奥尔森:《集体行动的逻辑》,陈郁、郭宇峰、李崇新译,格致出版社2009年版。
[59] [美] 约翰·罗尔斯:《正义论》,何怀宏等译,中国社会科学出版社2001年版。
[60] [美] 埃尔菲·艾恩:《奖励的惩罚》,程寅、艾斐译,上海三联书店2006年版。
[61] [美] 戈登:《控制国家——西方宪政的历史》,应奇等译,江苏人民出版社2001年版。

(三) 期刊论文

[1] 刘大洪:“论独立的中国经济法”,载中国民商法律网。
[2] 刘大洪:“三农治理中第三部门的法学机理与制度变迁研究”,载中国民商法律网。
[3] 刘大洪:“关于政府经济行为的经济法思考”,载中国民商法律网。
[4] 刘大洪:“市场经济条件下企业法的重新定位”,载《法商研究》1997年第1期。
[5] 刘大洪:“试论市场经济下中国国有企业及国有企业法”,载《法律科学》1997年第3期。

[6] 刘大洪："经济违法行为的法经济学分析"，载《法制日报》1998年1月31日。

[7] 刘大洪、吕忠梅："现代经济法体系的反思与重构"，载《法律科学》1998年第1期。

[8] 刘大洪："论市场规制法的价值"，载《中国法学》2004年第2期。

[9] 刘大洪："宏观调控中政府诚信行为探析"，载《广东商学院学报》2004年第6期。

[10] 刘大洪："政府采购法的法经济学维度"，载《云南大学学报（法学版）》2005年第1期。

[11] 刘大洪："论经济法的发展理念——基于系统论的研究范式"，载《法学论坛》2005年第1期。

[12] 童之伟："论法理学的更新"，载《法学研究》1998年第6期。

[13] 童之伟："法的本质是一种实在还是一种虚无——法的本质研究之一"，载《法学》1998年第10期。

[14] 童之伟："法的本质是一种实在还是一种虚无——法的本质研究之二"，载《法学》1998年第11期。

[15] 童之伟："再论法理学的更新"，载《法学研究》1999年第2期。

[16] 童之伟："以'法权'为中心系统解释法现象的构想"，载《现代法学》2000年第2期。

[17] 赵汀阳："一种对存在不惑的形而上学"，载《哲学研究》2012年第1期。

[18] 井涛："经济法律责任的独立性问题探讨"，载《华东政法学院报》2004年第1期。

[19] 李昌庚："经济法律责任及其诉讼程序的反思与拷问"，载《法治研究》2009年第3期。

[20] 李中圣："经济法律责任论论略"，载《法律科学》1993年第4期。

[21] 刘水林："经济法律责任体系的二元结构及二重性"，载《政法论坛》2005年第3期。

[22] 蒋悟真、冯辉："经济法律责任研究的逻辑起点与理论框架论略"，载《吉首大学学报》2004年第4期。

[23] 翟继光："论经济法责任的独立性"，载《当代法学》（第18卷）2004年第4期。

[24] 李建华："论经济法责任的构成要件及承担方式"，载《法制与社会发展》1995年第6期。

[25] 徐孟洲、伍涛："论经济法责任的内涵与基本权义关系"，载《探索与争鸣——理论月刊》2011年第4期。

[26] 焦富民："论经济法责任制度的建构"，载《当代法学》2004年第11期。

[27] 陈婉玲："论经济法责任主体的二元结构"，载《中南大学学报》（第12卷）2006年第4期。

[28] 吕忠梅："经济法律责任论"，载《法商研究》1998年第4期。

[29] 沈岿："论怠于履行职责致害的国家赔偿"，载《中外法学》2011年第1期。

[30] 陈璐："国家赔偿的私法化趋势"，载《重庆邮电学院学报》2006年第1期。

[31] 肖华东："'中国式赔偿'困境待破"，载《南风窗》2006年第4期。

[32] 汤鸿沛、张玉娟："德国、法国与中国国家赔偿制度之比较"，载《人民司法》2005年第2期。

[33] 梁海燕、王中美："国家赔偿的经济学思考"，载《商业研究》2005年第1期。

[34] 应松年、杨小君：“国家赔偿若干理论与实践问题”，载《中国法学》2005 年第 1 期。

[35] 张红：“韩国国家赔偿制度及其借鉴意义——韩国国家赔偿法考察报告”，载《行政法学研究》2007 年第 4 期。

[36] 王立峰：“论惩罚性损害赔偿”，载梁慧星主编：《民商法论丛》（第 15 卷），法律出版社 2000 年版。

[37] 邱清：“经济合同法应对惩罚性违约金和赔偿性违约金作分别规定”，载《探索与争鸣》1987 年第 4 期。

[38] 王利明：“惩罚性赔偿研究”，载《中国社会科学》2000 年第 4 期。

[38] 沈宗灵：“法律责任与法律制裁”，载《北京大学学报（哲学社会科学版）》1994 年第 1 期。

[38] 邹爱华：“质疑‘法律规范由假定、处理和制裁构成’”，载《湖北大学学报（哲学社会科学版）》2003 年第 4 期。

[39] 胡水君：“社会理论中的惩罚：道德过程与权力技术”，载《中国法学》2009 年第 2 期。

[40] 张守文：“经济法学的法律经济学分析”，载《法学研究》1992 年第 5 期。

[41] 张守文：“中国‘新经济法理论’要略”，载《中外法学》1993 年第 1 期。

[42] 张守文：“略论经济法的宗旨”，载《中外法学》1994 年第 1 期。

[43] 张守文：“经济法的时空维度描述”，载《法商研究》1998 年第 6 期。

[44] 张守文：“论经济法的现代性”，载《中国法学》2000 年第 5 期。

[45] 张守文：“经济法学的基本假设”，载《现代法学》2001 年第 6 期。

[46] 张守文:“宏观调控法的周期变易”,载《中外法学》2002 年第 5 期。
[47] 张守文:“经济法理论的重构与创新”,载《法学论坛》2003 年第 2 期。
[48] 张守文:“经济法律责任理论拓补”,载《中国法学》2003 年第 4 期。
[49] 张守文:“经济法的政策分析初探”,载《法商研究》2003 年第 6 期。
[50] 张守文:“经济法学方法论问题刍议”,载《北京大学学报(哲社版)》2004 年第 4 期。
[51] 张守文:“经济法体系的结构分析”,载《法学论坛》2005 年第 3 期。
[52] 张守文:“论经济法的‘特异性范畴’”,载《北京大学学报(哲社版)》2006 年第 3 期。
[53] 张守文:“贯通中国经济法学发展的经脉——以分配为视角”,载《政法论坛》2009 年第 6 期。
[54] 邢会强:“宏观调控行为的不可诉探析”,载《法商研究》2002 年第 5 期。
[55] 邢会强:“宏观调控行为的不可诉再探”,载《法商研究》2012 年第 5 期。
[56] 肖顺武:“质疑宏观调控行为的可诉性”,载李昌麟主编:《经济法论坛》,群众出版社 2008 年版。
[57] 许娟:“经济法不可诉性探析”,载《当代经济》2005 年第 11 期。
[58] 韩志红:“论经济法律关系及其保护”,载《天津师大学报》1992 年第 1 期。
[59] 徐强胜:“经济法律关系略论”,载《经济纬度》2001 年第 3 期。

[60] 梁慧星:"经济法律关系论",载《法学研究》1985年第6期。
[61] 王全兴:"论经济法律关系的构成",载《法学评论》1988年第4期。
[62] 强世功:"迈向立法者的法理学",载《中国社会科学》2005年第1期。
[63] 樊浩:"'人文素质'的教育形态及其知识生态",载《教育研究》2005年第8期。
[64] 游斌:"希伯来传统中的国家合法性问题",载《哲学研究》2002年第3期。
[65] 韦森:"个人主义与社群主义——东西方社会秩序历史演进路径差异的文化原因",载《复旦学报》2003年第3期。
[66] 周平:"民族国家与国族建设",载《政治学研究》2009年第4期。
[67] 钱玉英:"'最低限度的国家':诺奇克国家理论述评",载《政治学研究》2008年第5期。
[68] 郁建兴:"黑格尔德国家观",载《政治学研究》1999年第3期。
[69] 陈那波:"国家、市场和农民生活机遇——广东三镇的经验对比",载《社会学研究》2009年第6期。
[70] 邓子滨:"法律制裁的历史回归",载《法学研究》2005年第6期。
[71] 陈屹立、陈刚:"威慑效应的理论与实证研究:过去、现在与未来",载《经济制度研究》2009年第3期。
[72] 苏力:"知识的分类",载《读书》1998年第3期。
[73] 蒋悟真:"迈向法理学的中国经济法学",载《法商研究》2008年第3期。
[74] 蒋悟真:"中国经济法研究范式",载《法学家》2007年第

5 期。
[75] 蒋悟真："现代经济法的法权结构论纲"，载《法学杂志》2008 年第 6 期。
[76] 杨忠孝："经济法中的权利与权权力之争"，载《法学》2009 年第 8 期。
[77] 岳彩申："经济法的范畴体系研究"，载李昌麒主编：《中国经济法治的反思与前瞻》，法律出版社 2001 年版。
[78] 韩志红："关于经济法中'新型责任'弥补'行政责任'缺陷的思考"，载《法商研究》2003 年第 2 期。
[79] 韩志红："经济法权利论纲——以社会成员权利的维度"，载《法学杂志》2010 年第 2 期。
[80] 程信和："经济法基本权利范畴论纲"，载《甘肃社会科学》2006 年第 1 期。
[81] 漆多俊："论权力"，载《法学研究》2001 年第 1 期。
[82] 冯果："宪法秩序下的经济法法权结构研究"，载《甘肃社会科学》2008 年第 5 期。
[83] 吴家庆、高翔："对我国行政不作为现象的思考——以三鹿奶粉事件为例"，载《湖南行政学院学报》2009 年第 2 期。
[84] 应飞虎："对免检制度的综合分析：坚持、放弃、抑制或改良"，载《中国法学》2008 年第 3 期。
[85] 杜仪方："从'三鹿事件'看我国行政不作为赔偿的法律空间——兼论《国家赔偿法修正案草案》"，载《现代法学》2009 年第 3 期。
[86] 单飞跃、李莉："经济权力的宪政之维——公共性事件的触角"，载《吉首大学学报》2006 年第 3 期。
[87] 秦国荣："维权与控权：经济法的本质及功能定位——对'需要干预说'的理论评析"，载《中国法学》2006 年第 2 期。
[88] 岳彩申、杨青贵："论经济法不确定性的成因与功能——解

释法律规范性的新视角”，载《法学评论》2010年第2期。
[89] 张贤明：“政治责任与法律责任的比较分析”，载《政治学研究》2000年第3期。

（四）学位论文

[1] 张德峰：“宏观调控法律责任研究”，中南大学2007年博士学位论文。
[2] 李永成：“经济法人本主义论”，西南政法大学2006年博士学位论文。
[3] 刘超杰：“国际政治中的制裁研究”，中央党校2006年博士学位论文。
[4] 郭欣：“法律强制理论研究”，吉林大学2006年博士学位论文。
[5] 周红阳：“预期与法律——朝向哈耶克的时间域”，吉林大学2006年博士学位论文。
[6] 吴新民：“柏拉图的惩罚理论”，浙江大学2007年博士学位论文。
[7] 岳彩申：“论经济法的形式理性”，西南政法大学2003年博士学位论文。
[8] 余艺：“惩罚性赔偿研究”，西南政法大学2008年博士学位论文。
[9] 邵亚楼：“国际经济制裁：历史演进与理论探析”，上海社会科学院2008年博士学位论文。
[10] 刘水林：“经济法基本范畴的整体主义诠释”，西南政法大学2003年博士学位论文。
[11] 田振洪：“汉唐时期的损害赔偿制度”，中国政法大学2008年博士学位论文。
[12] 冯娜：“国家赔偿责任理念与机制研究”，吉林大学2008年博士学位论文。
[13] 向朝霞：“法律制裁中的赔偿理论研究”，中南财经政法大学

2011 年博士学位论文。

[14] 黄鸿图："惩罚性损害赔偿制度之研究——兼论两岸《消保法》之法制"，中国政法大学 2006 年博士学位论文。

[15] 单飞跃："经济宪政哲学论纲——经济法哲学基础的建构"，西南政法大学 2005 年博士学位论文。

[16] 张革文："论法治的人文基础"，武汉大学 2004 年硕士学位论文。

[17] 周姬："惩罚本原的法理分析"，中山大学 2005 年硕士学位论文。

[18] 宋乾："宋代赔偿制度研究"，河北大学 2005 年硕士学位论文。

[19] 姚学勇："恢复性司法制度研究"，复旦大学 2008 年硕士学位论文。

[20] 王萌："国家赔偿归责原则研究"，东北大学 2008 年硕士学位论文。

[21] 李贤勇："习惯预期的生活——反方向法律研究的应用"，中南财经政法大学 2010 年硕士学位论文。

[22] 秦利："基于制度安排的中国食品安全治理研究"，东北林业大学 2010 年博士学位论文。

[23] 刘畅："日本食品安全规制研究"，吉林大学 2010 年博士学位论文。

（五）电子文献和报纸

[1] 赵庄："理性经济人是虚幻的"，载 http://www.tianya.cn/publicforum/Content/develop/1/115518.shtml.

[2] 羊城晚报："三聚氰胺医疗赔偿基金"，载 http://news.163.com/0517/14/748VMM5QJ00014AED.html.

[3] 新华网："三聚氰胺医疗赔偿基金去向成谜"，载 http://news.qq.com/a/20110516/000026.htm.

[4] 经济观察网："三聚氰胺医疗赔偿基金被曝未到位，媒体呼吁公开账单"，载 http://finance. qq. com/a/20110516/003915. htm.

[5] "三聚氰胺医疗赔偿基金：'谜'失人性"载 http://ssnly100. blog. 163. com/blog/static/115633920114199481758O/? zhuanlan.

[6] "'三聚氰胺医疗赔偿基金'请公布'机密'——理性经济人是虚幻的"，载 http://www. chinadaily. com. cn/hqpl/zggc/2011 -05 -17/content 2639091. html.

[7] 季卫东："《规训与惩罚》简评"，载 http://www. civillaw. com. cn/article/default. asp? id =23132.

[8] 王小东："法学家的'理性'无权凌驾于公众的'感情'之上"，载 http://www. caogen. com/blog/infor_ detail. aspx? id = 60&articleId = 15911.

[9] 王利明："论侵权法的发展"，载 http://www. civillaw. com. cn/Article/default. asp? id =47424.

[10] 黄尔梅："'赔钱减刑'是误读"，载 http://www. chinacourt. org/html/article/200903/06/347490. shtml.

[11] 陈卫东："打破'先刑后民'让司法价值回归"，载《新京报》2005 年 1 月 6 日。

二、外文文献

[1] Joseph Raz, *The Concept of a Legal System: An Introduction to the Theory of Legal System*, New York : Oxford University Press, 1980.

[2] David Boaz and Edward H. Crane (eds.), *Market Liberalism: A Paradigm for the 21st Century*, Washington, D. C. : Cato Institute, 1993.

[3] Jonathan Boston et al. , *Public Management: The New Zealand Model*, Oxford University Press, 1996.

[4] John J. Dilulio Jr. , *Deregulating the Public Service: Can Government be Improved?*, The Brookings Institution, 1994.

[5] George W. Downs and Patrick D. Larkey, *The Search for Government Efficiency*, *Random House Publishing Company*, *New York*, 1986.

[6] John Gray, *The Moral Foundations of MarketInstitutions*, The IEA Health and Welfare Unit, 1992.

[7] Terence Kealey, *Economic Laws of Scientific Research*, Palgrave MacMillan Press, 1997.

[8] Svetozar Pejovich, *Law*, *Informal Rules and Economic Performance*, Edward Elgar Publishing Ltd, 2010.

[9] Robert Cooter and Thomas Ulen, *Law and Economics*: *3rd Ed*, Addison – Wesley, 2000.

[10] Keith N. Hylton, *Antitrust Law and Economics*, Edward Elgar Publishing Ltd, 2010.

[11] Svetozar Pejovich, *Law*, *Informal Rules and Economic Performance*, Edward Elgar Publishing Ltd, 2010.

[12] Keith N. Hylton, *Antitrust Law and Economics*, Edward Elgar Publishing Ltd, 2010.

[13] John Rawls, "Two Concepts of Rules", *The Philosophical Review*, 64: 3～32 (1955).

[14] H. L. A. Hart, *Punishment and Responsibility*: *Essays in the Philosophy of Law*, Oxford: Clarendon Press, 1995.

[15] David Boonin, *The Problem of Punishment*, New York : Cambridge University Press, 2008.

[16] Leo Zaibert, *Punishment and Retribution*, Aldershot, Hants, England ; Burlington, VT : Ashgate, 2006.

[17] Christine Horne, *The Rewards of Punishment*: *A Relational Theory of Norm Enforcement*, Stanford University Press, 2009.

后 记

当我决定不放弃国家经济赔偿为研究主题时，痛苦的煎熬让我左右为难：坚持还是放弃？一个自己都不相信的理念，如何让别人相信。市场失灵置换了市场万能的观念，政府失效拒斥国家的神话，基础性制度的支持和论证将是写作中的难点。

经过时断时续的写作，我终于完成了博士论文。感到欣慰的是，在写作的过程中，我从一开始拒绝赔偿理念到现在确信国家经济赔偿这种制裁方式。当然，论文的缺陷，我希望能够在今后的学习和工作中不断努力去改进。而可以确信的是，写作中的这个过程是对我自我信念的一种超越。

能有这种自我信念的超越，我必须要特别感谢我的导师刘大洪教授。刘老师在选题、开题和撰写的过程中，给了我莫大的支持和鼓励，没有这种支持和鼓励，我可能不会坚持下来，师恩如雨露。导师自身的宽厚待人、严谨治学，更是最好的无言教诲。师母袁桂君老师平易近人，他们的人格魅力使为真正体会到了对他人的热情和宽容。

本书是在对博士论文进一步修改的基础上完成的，在此，我由衷地感谢蒋悟真教授给我提出了许多有益的建议。他对学术敏锐的洞察力以及对人生坦诚的态度，使愚钝的我茅舍顿开。感谢时建中教授、黎江虹教授、樊启荣教授、宁立志教授，他们对论文提出了诸多建设性的宝贵意见，令我受益匪浅。

感谢师兄王永强、廖建求和师妹苏丽芳、郑文丽、张弛、郑淑君和我的同门博士邓磊、尹超、王博、段宏磊等，感谢宁立标、廖艳夫妇，张林鸿、靳新夫妇及向朝霞博士，谢谢大家对我写作给予的关心和支持。

父亲为人随和，与世无争；淡泊名利。他走了，走在2013年父亲节前的夜晚。他走的这几年也“回来”过几次，是在我的梦里。父爱如伞为我遮风挡雨；父爱如雨露为我濯洗心灵；父爱如一盏不灭的灯火，照耀和指引我的人生之路。父爱深深……爸爸，可好?

特别的感谢送给我的姑父、姑母、我亲爱的兄弟姐妹们，幸福的一大家人给予我的无限关怀和爱。

最后的感谢送给我的母亲、先生罗洪洋和可爱的女儿罗楚然，母亲教会了我在逆境中寻找希望，使我懂得了如何乐观地面对生活。先生用他惯有的挑剔督促我更好地去完善书稿，女儿开朗、善良、努力，他们是我快乐和学习的源泉。

写作过程中，许多专家、学者的著作、论文，给予了我许多启发，在此，向这些专家、学者表示深深的谢意!

值此书出版之际，我希望各位专家和同仁予以批评和指正。

赵大华

2016年6月6日